国宝来了

马菁菁 著

北京联合出版公司
Beijing United Publishing Co.,Ltd.

自我來黃州已過三寒
食年年欲惜春春去不
容惜今年又苦雨兩月秋
蕭瑟臥聞海棠花泥
污燕支雪闇中偷負
去夜半真有力何殊病少
年子病起頭已白
春江欲入戶雨勢來
不已小屋如漁舟濛

目录

第一章

见字

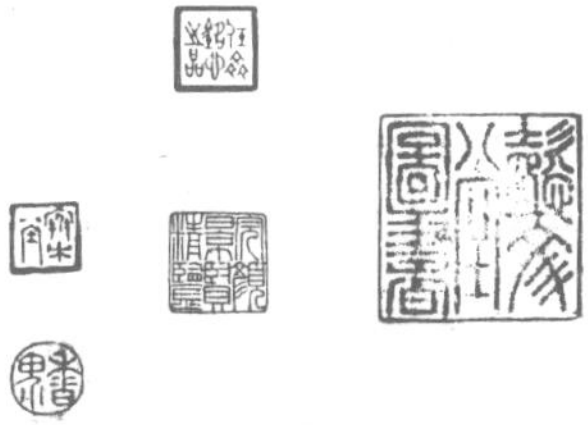

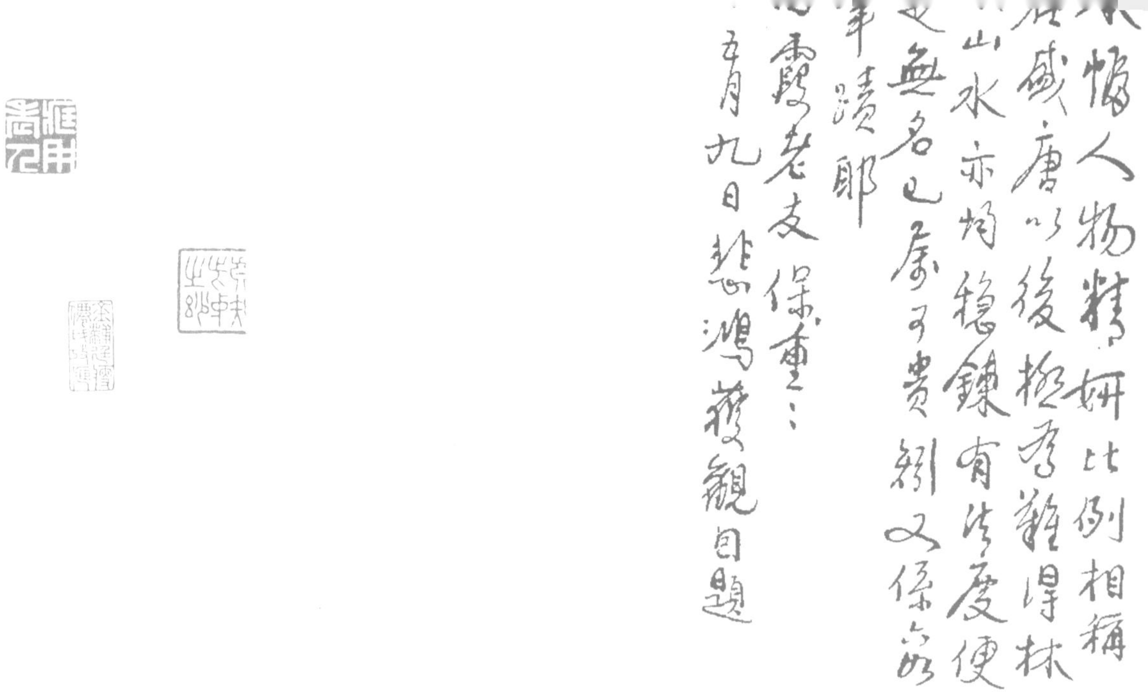

第二章 现场

第三章 山水

番外

序言

其实这本书在我心中有另外一个名字——《未尽之言》。

《山山水水聊聊画画》系列从魏晋两宋聊到元明清，基本覆盖了中国历史上所有重要的画家及画派，但受篇幅限制，不免仍有遗珠。

前人漫长的历史留给后世子孙一堆抓耳挠腮的问题。有再也达不到的工艺，有不知从哪个星球穿越到地球渡个劫拔腿就走的神秘艺术家，还有读不完的画作与画史。你刚刚觉得搞清楚了一个问题，立即会发现这只是冰山一角，更多的未知正得意扬扬地朝你挥手。如艾柯所说，所有你未读到的书，都比已读过的有价值。

追寻未知价值的过程就好像是玩一场游戏，只不过老祖宗留下的这场游戏，我们可能要玩一辈子。

走过千山万水，过去即故乡。

壁画。无论是莫高窟还是神秘的地宫，都是世上最孤独的博物馆，伫立在西北荒原之上。展子虔的春蚕吐丝、阎立本的外国人打样、吴道子的铁线描……历代绘画最高水平在这里都有最真实的表现，无数艺术家在此辛勤劳作一生，与热闹的人世远隔千里，却又一同野蛮生长。每一个洞窟都是一群手艺高超的匠人的工作室，虽不同于梵蒂冈拉斐尔画室那般气派辉煌，却也装饰着无数无名杰作。这里是老天爷留给世人的一条时光隧道，以千年之姿迎接众生。

书法。所有中国古代艺术家的启蒙。早在元代，赵孟頫便已在纸上明明白白地写下了七个大字：须知书画本来同。在中国古代，书法和绘画以一种“鸡生蛋”还是“蛋生鸡”的奇妙关系互为补充，和谐共生了几千年。画字，写画，才是中国艺术正确的打开方式。

现存书法作品中最有意思的莫过于“手帖”。《平复帖》为何被称为“墨皇”？陆机到底是哪路神仙？我们把一个西晋人的日记当宝贝，后人读前人，是在读历史。我相信，大多数人起初看不懂《祭侄文稿》的书法之美。一场安史之乱，颜家满门忠烈，血洒战场。这一场祸事令向来以字体骨骼端正著称的颜真卿方寸大乱，当时景，当时情，透过一张薄纸，倾泻而来。悲剧才能造就最伟大的艺术。郑板桥话：一枝一叶总关情。其实就是一笔一画总关情。书法当然不是抽象难懂，一本正经，只能摆在庙堂之上的供品，而是活生生有血有肉的历史、人物、行为之总和。作者将自己的私人信件甚至日记公之于众，时过境迁，成为艺术。书法讲究的“骨气”“力透纸背”，说白了，是在讲人，在讲情。

字写得漂亮至极，人能坏到哪儿去？你看宋徽宗，完全叫人恨不起来。

我的前两本书以绘画为主，挑选了历朝历代最有代表性、最具变革性的画家及其画作，为的是呈现清晰的脉络，打个底，吃饱了再喝美酒。书中选到的每一幅画，都是即便沧海桑田也不可能被遗忘的瑰宝，是我暗藏私心的小名录。

我永远记得那年展览，《清明上河图》前人头攒动，自己却站在空无一人的《游春图》前目瞪口呆；永远记得走过《千里江山图》时，努力将画上每个细节都印刻在脑子里的感受。那种感受就像是回到了小时候，后脑勺是清凉的，不再混沌。我被古代艺术照亮了。

喜欢《清明上河图》的朋友们，抱歉了，本书并未收录这幅画。

审美这东西实在是很私人的事，说不清道不明。本书的所有作品，冠以国宝称谓，自然当之无愧。可在我心里，它们更像是“我的国宝”，让我动心。佛说“一刹那”为一念，0.018 秒，约莫那正是我动心的时间。

它们是黑夜中的星星，在我唱着“一闪一闪亮晶晶”，为之倾倒的时候，已走过了千年。

愿这一闪一闪的星星，也能让你动心。

前方高能预警，国宝来了！

湍暎帶左右引以爲流觴曲水
列坐其次雖無絲竹管弦之
盛一觴一詠亦足以暢敘幽情
是日也天朗氣清惠風和暢仰
觀宇宙之大俯察品類之盛
所以遊目騁懷足以極視聽之
娛信可樂也夫人之相與俯仰

第一章

见字

〇一

延绵千年的筵席

兰亭集序

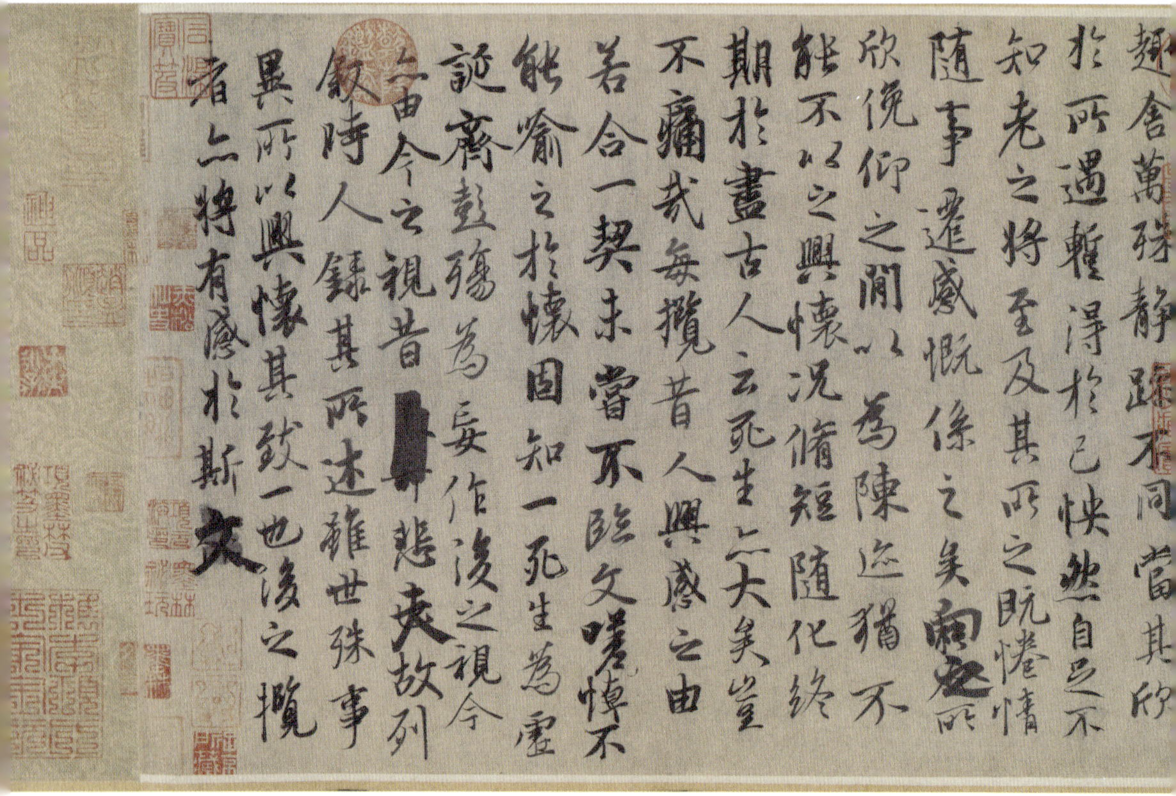
趣舍萬殊靜躁不同當其欣
於所遇暫得於己快然自足不
知老之將至及其所之既惓情
隨事遷感慨係之矣向之所
欣俛仰之閒以為陳迹猶不
能不以之興懷況脩短隨化終
期於盡古人云死生亦大矣豈
不痛哉每攬昔人興感之由
若合一契未嘗不臨文嗟悼不
能喻之於懷固知一死生為虛
誕齊彭殤為妄作後之視今
亦由今之視昔悲夫故列
敘時人錄其所述雖世殊事
異所以興懷其致一也後之攬
者亦將有感於斯文

《兰亭集序》
唐 冯承素摹
纵 24.5 厘米
横 69.9 厘米
纸本行书
北京故宫博物院

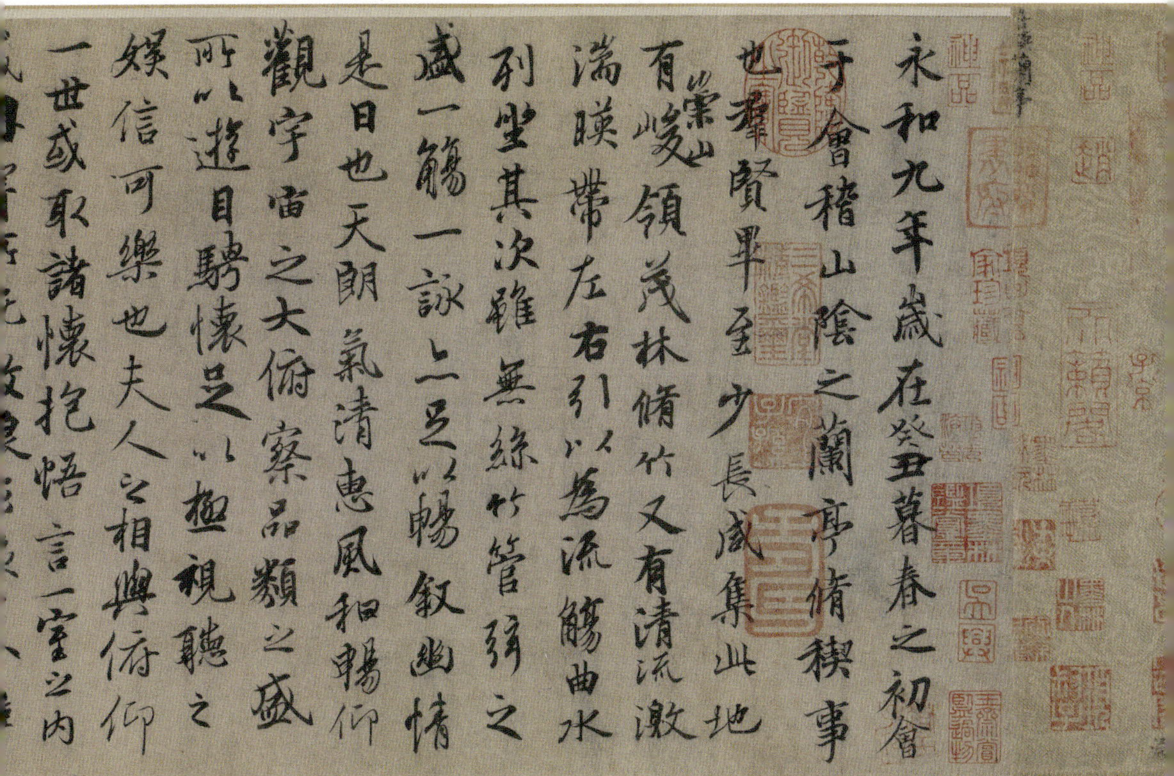

永和九年，岁在癸丑，暮春之初，会于会稽山阴之兰亭，修禊事也。群贤毕至，少长咸集。

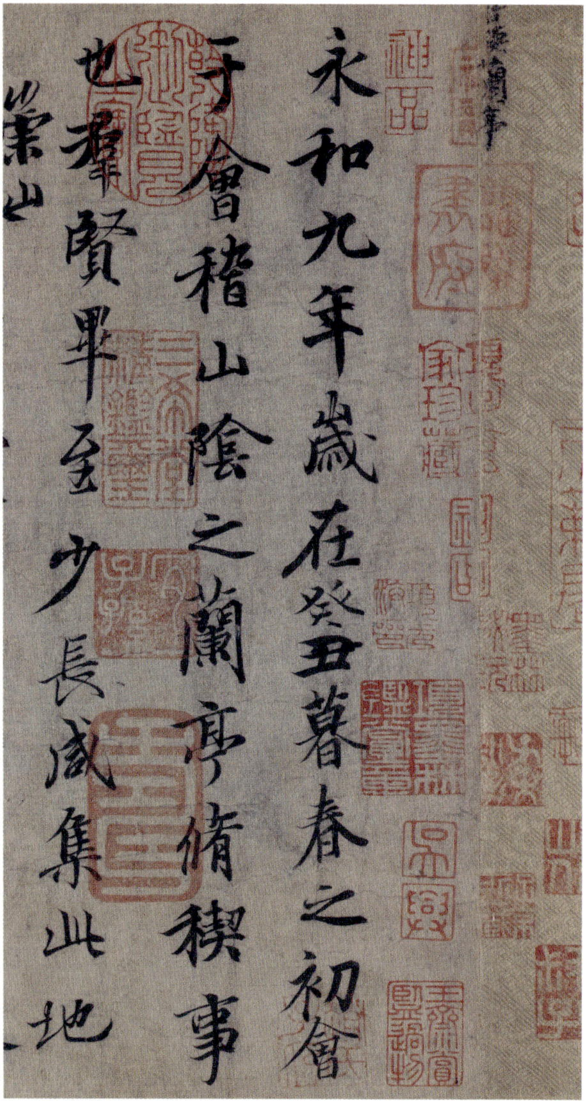

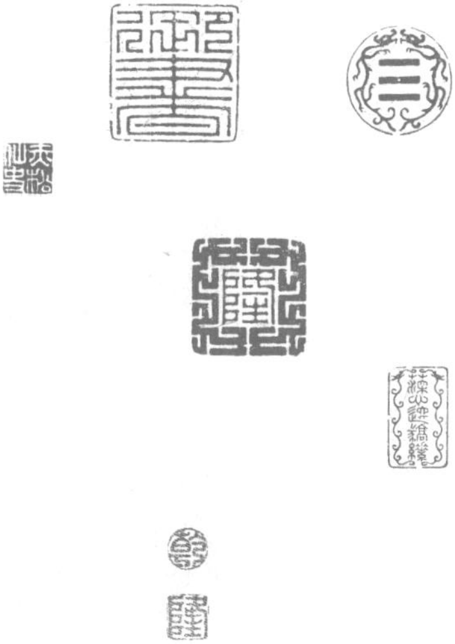

·壹· 永和九年

几千年来，能在没有一本真迹存世的情况下，依然笑傲群雄的书法家，只有“书圣”王羲之了。后世只能从史书文字及摹本中一窥“天下第一行书”《兰亭集序》的文采，但这份风流也许远不及王羲之本人的万分之一。他究竟有怎样的魔力，足以让后世崇拜了近两千年？

东晋永和九年（公元三五三年），王羲之在会稽兰亭组织了一场聚会。古代传统，阴历三月初三为上巳节，一般要在水边举行祛除疾病和不祥之物的祭祀活动，行“修禊事也”。此次参加活动的皆是东晋名流、顶尖人物，包括司徒谢安、辞赋家孙绰、矜豪傲物的谢万、备受尊崇的高僧支道林，以及王羲之的儿子王献之、王凝之、王涣之、王玄之，共四十一人。

魏晋时代是中国历史上最自由、火热生命积聚最多的热血时代。不管谁做皇帝，天下都是大名士的天下，上层门阀世家是社会的中坚力量。司马昭篡权之时，还得找隐居的“竹林七贤”来背书，以此获得天下人的认可。但是，想成为大名士，出身高贵只是入门条件，“人物品藻”才是最重要的评判标准。总之，出身、才华、人品，哪样差都不行。王羲之有这样的号召力，能将天下第一流的人物聚集在此，此次兰亭集会确实是一场顶级的“极乐之宴”。

东晋一向有“一马一王”之说。“王与马，共天下”讲述的就是王羲之的父亲王旷以及他的兄弟王导、王敦辅佐司马睿过江建功立业。可以说，没有王家，也就没有司马家的东晋王朝。王羲之出身于这样高贵的家庭，父亲、叔父皆是书法家，据说王羲之母亲的亲姐姐是名满天下的卫夫人，也是王羲之的书法老师。卫夫人同样出身书法世家，师从楷书鼻祖钟

繇。唐代张彦远《法书要录·传授笔法人名》记载："蔡邕受于神人，而传与崔瑗及女文姬，文姬传之钟繇，钟繇传之卫夫人，卫夫人传之王羲之，王羲之传之王献之。"蔡邕著有《笔论》，他的徒孙卫夫人著有《笔

《兰亭序》
明 祝允明
纵 26.7 厘米
横 416 厘米
纸本设色
北京故宫博物院

阵图》。有天赋又痴迷的书法家大多数时候能在多年的书法浸淫中找到精妙之所在，于是卫夫人就让王羲之感受笔力中的一点，其实这不是简单的一点，而是大石压下来的那一瞬间，将心中之气伸到大自然的万事万物之中。

除了勤奋练习，个性与生命的感悟才是书法的要诀。王羲之在家中学习，所长进的不只是书法，更是士大夫的“人物品藻”。所以，卫夫人去世，王羲之悲痛万分，用卫夫人教导之行楷写下了《姨母帖》悼念，顿首！顿首！

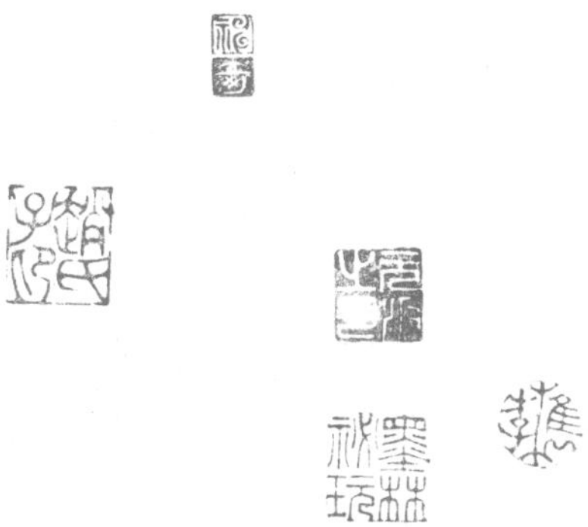

·贰·

才华无限俱乐部

时局动乱，风气自由，老庄思想中的清谈和玄学充斥整个魏晋时代。大名士聚集在一起清谈，见的是学识和人品，经常有种打擂台般的游戏感，高下立判。所以，王羲之聚集了东晋最有才华的人，当然不仅是吃吃喝喝。

身处春天的茂林之中，王羲之心情大好。大家围坐在溪流边，把酒杯放在弯弯曲曲的溪流之上，酒杯漂到谁边上，谁便喝一杯，还要作诗文赞颂。晋人之美在于自然天真，山林怀抱之中，一杯酒、一首诗，足以让人感受宇宙之开怀，一个有趣的灵魂应是如此。更何况，这兰亭集会里，个个都是有趣的灵魂。

王家与谢家是东晋两大豪门，家世相当，谢安与王羲之应该是soulmate（知己）吧。《世说新语》记载：“王右军与谢太傅共登冶城。谢悠然远想，有高世之志。王谓谢曰：‘夏禹勤王，手足胼胝；文王旰食，日

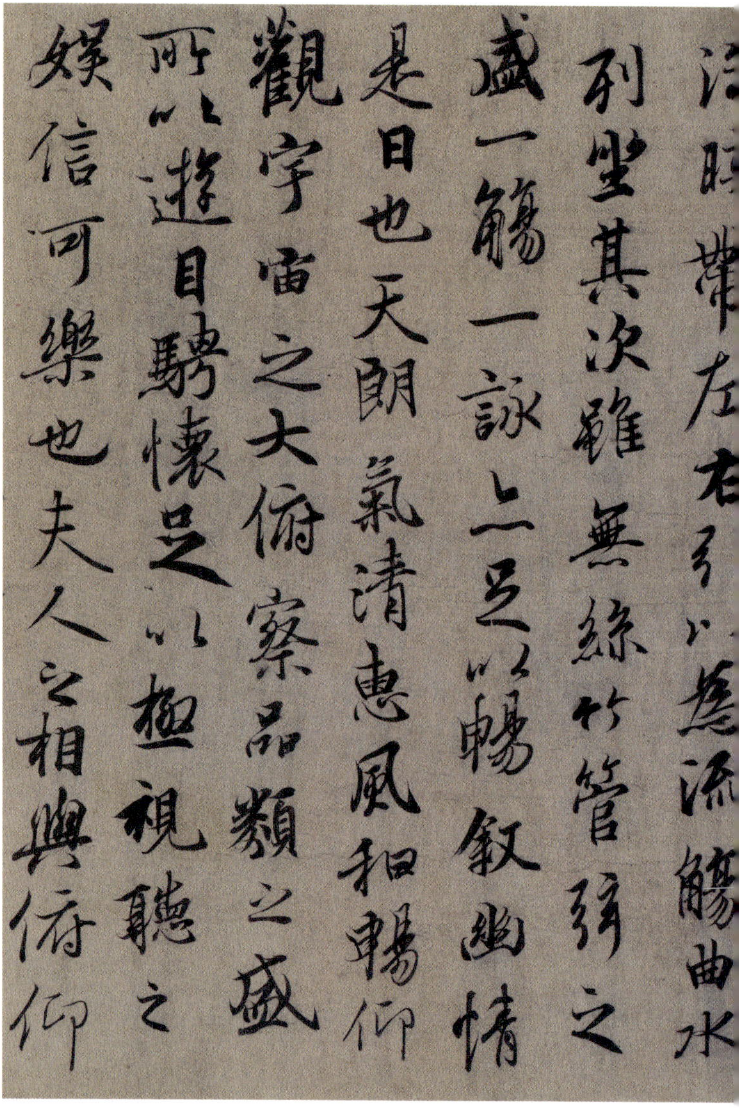

此地有崇山峻岭，茂林修竹，又有清流激湍，映带左右。引以为流觞曲水，列坐其次。虽无丝竹管弦之盛，一觞一咏，亦足以畅叙幽情。

是日也，天朗气清，惠风和畅。仰观宇宙之大，俯察品类之盛，所以游目骋怀，足以极视听之娱，信可乐也。

不暇给。今四郊多垒，宜人人自效。而虚谈废务，浮文妨要，恐非当今所宜。’谢答曰：‘秦任商鞅，二世而亡，岂清言致患邪？’”王羲之感慨世间多战乱，清谈误国啊！谢安随手举了一个例子，说商鞅累成那个样子，秦还是历经两代就亡国了，这关清谈什么事儿啊？这一回合，谢安胜。

王羲之的朋友里，不仅有谢安这样的世家，也有支道林这样出身一般、全靠才华跻身名士之流的僧人。王羲之一生追求道教玄学，居然和一个佛教僧人关系亲密，亦师亦友，很是不可思议。《世说新语》是这样说的：“王本自有一往隽气，殊自轻之。后孙与支共载往王许，王都领域，不与交言。须臾支退……因论《庄子·逍遥游》。支作数千言，才藻新奇，花烂映发。王遂披襟解带，留连不能已。”王羲之刚开始根本瞧不上支道林，认为他徒有其表，见面招呼也不打，对他轻蔑之至。但是，他听到支道林谈论《庄子·逍遥游》之后，立刻被其才华倾倒，“披襟解带，留连不能已”。魏晋人的可贵可爱之处便在于此，超脱礼法，不在乎个人的过往出身甚至信仰，尊重个人价值与品格之美。

一群有趣却截然不同的灵魂聚集在三月三的会稽山中，把酒言欢，共享宇宙之美。王羲之突然由高兴转至悲伤，大悲大喜，一瞬之间，“向之所欣，俯仰之间，已为陈迹，犹不夫人之相与，俯仰一世。或取诸怀抱，悟言一室之内；或因寄所托，放浪形骸之外。虽趣舍万殊，静躁不同，当其欣于所遇，暂得于己，快然自足，不知老之将至。及其所之既倦，情随事迁，感慨系之矣。

……

每览昔人兴感之由，若合一契，未尝不临文嗟悼，不能喻之于怀。固知一死生为虚诞，齐彭殇为妄作。后之视今，亦犹今之视昔，悲夫！故列叙时人，录其所述。虽世殊事异，所以兴怀，其致一也。后之览者，亦将有感于斯文。

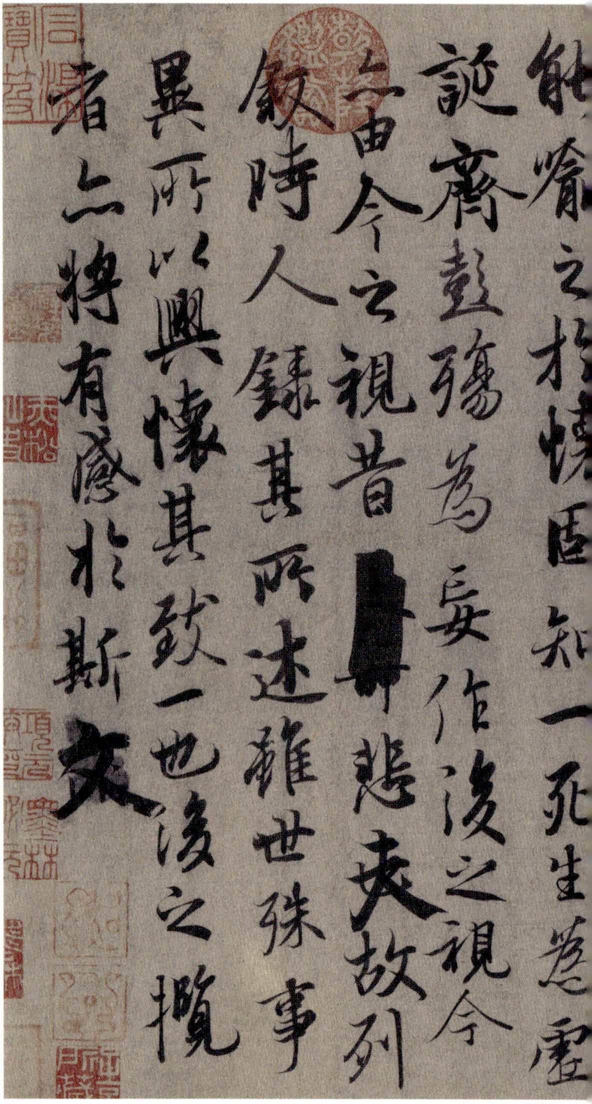

娛信可樂也夫人之相與俯仰
一世或取諸懷抱悟言一室之內
或因寄所託放浪形骸之外雖
趣舍萬殊靜躁不同當其欣
於所遇暫得於己快然自足不
知老之將至及其所之既惓情
隨事遷感慨係之矣向之所
欣俛仰之間以為陳迹猶不
能不以之興懷況脩短隨化終
期於盡古人云死生亦大矣豈
不痛哉每攬昔人興感之由
若合一契未嘗不臨文嗟悼

能不以之兴怀。况修短随化，终期于尽。古人云：‘死生亦大矣！’岂不痛哉”！

“死生亦大矣！”这一句呼喊出来，王羲之冥冥中仿佛接收到了宇宙的信号，又回应到了自然之中。老庄哲学中的虚无与佛学中的无常在这一刻完美地融合，天马行空，慷慨激昂。那一刻，王羲之一定是有神明相助。众人在酒醉中集结诗文，是为《兰亭集》，王羲之写下序文，成就了这场千古一醉。

若说书法，魏晋人已经做到了极致，因为魏晋人在做人上做到了极致。他们信奉的老庄道教是整个魏晋风骨的精神食粮，信奉自然，在大自然中寻求养分和灵感。汉字本就妙在有形又无形，每个人都可以按照自己的理解去书写，就像卫夫人教导王羲之感受石头下坠的感觉一样。魏晋人潇洒，笔法体势雄浑有力、变化无穷；魏晋人深情，山水都幻化无形，融入笔尖纸上。

《兰亭集序》将自然之美、人格之美融入书法，文章辞藻优美、行云流水，用笔出神入化。王羲之将书法从楷书、章草彻底带入了行书世界，个性挥洒自然。特别是二十几个“之”字，没有一笔重复，如同他眼中的自然宇宙，变化无穷，前一秒必然不同于后一秒。“仰观宇宙之大，俯察品类之盛”，并非刻意为之，自然如此。

据说，酒醒之后王羲之又写了几十遍，却都达不到当晚的水平。

天下第一行书，世间只此一件。

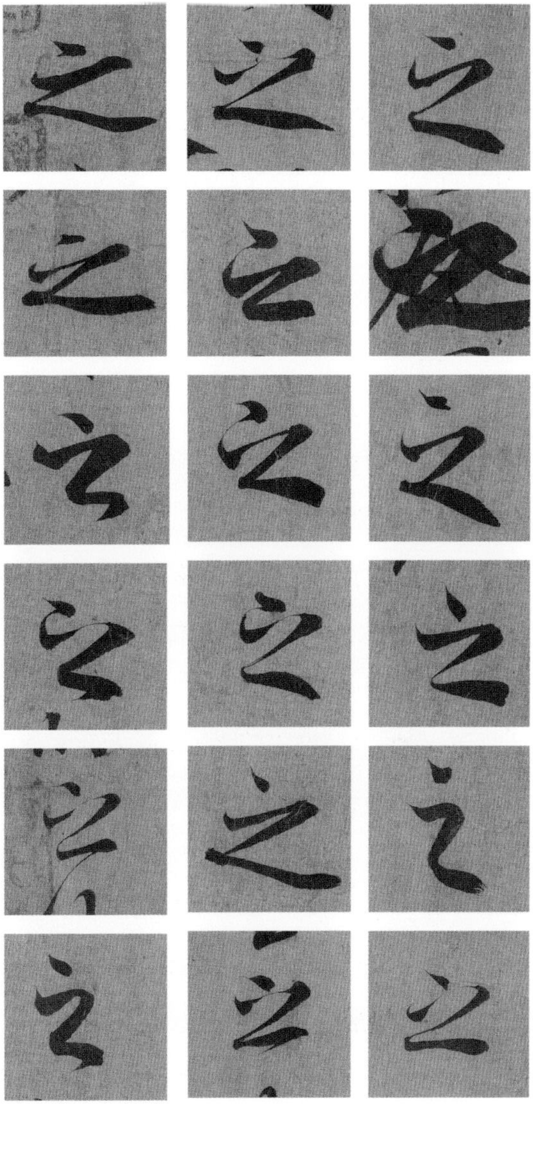

二十几个之字没有一笔重复，如同他眼中的自然宇宙，变化无穷……

·叁·

兰亭已矣

据唐人何延之《兰亭记》记载，唐太宗曾痴迷王羲之书法，因而有“萧翼赚兰亭”的故事。

《兰亭集序》传到王氏第七代孙智永手上时，因他是和尚，没有儿子，所以就把《兰亭集序》传给了弟子辩才。唐太宗知道后，便派监察御史萧翼盗画。萧翼假扮成一个穷书生，带着王羲之和王献之的一些杂帖拜访辩才，同他交了朋友。两人经常饮酒赋诗，评论二王书画。一次酒酣耳热之际，辩才失去警觉，终于拿出《兰亭集序》真本，之后置于桌案之上，便不再藏起来。一天，萧翼知道辩才外出，便潜入僧房，盗走了真迹。

今天的《兰亭集序》摹本，有（唐）虞世南、（唐）褚遂良、（北宋）欧阳修以及（唐）冯承素几个版本，其中以书法上最没有名气的冯承素神龙本最佳。这是因为唐太宗得到《兰亭集序》后，命冯承素以双钩填

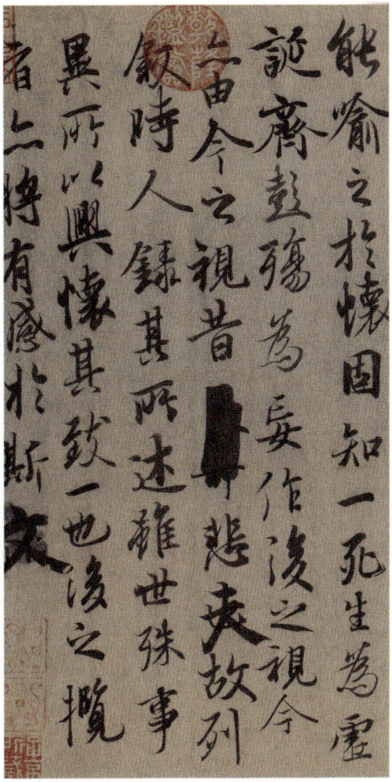

冯承素版

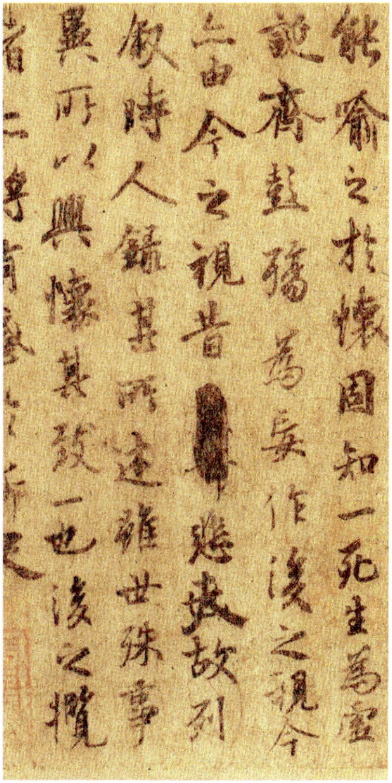

虞世南版

墨，涂改、断笔、贼毫，一一重现，保留了原汁原味。定武《兰亭集序》是唯一现存的碑刻，传为欧阳询摹写篆刻而成，在南宋赵希鹄《洞天清录》中排名第一，也是最能体现魏晋风骨。

唐太宗临死前曾嘱托儿子高宗，要将挚爱的《兰亭集序》一同封进昭陵陪葬。从此，世间只有摹本，真本便留给世人想象。即便只有摹本，

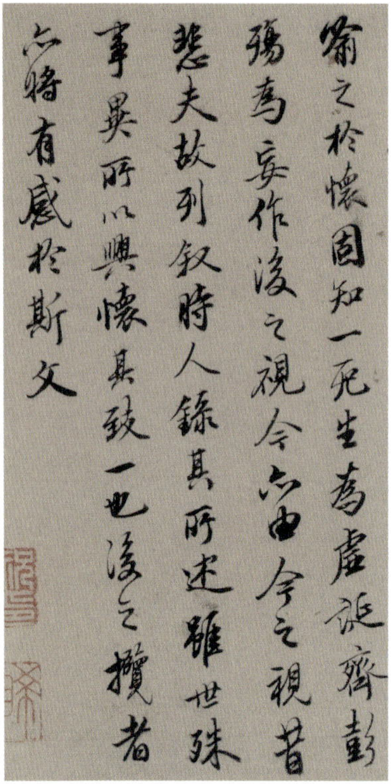

祝允明版

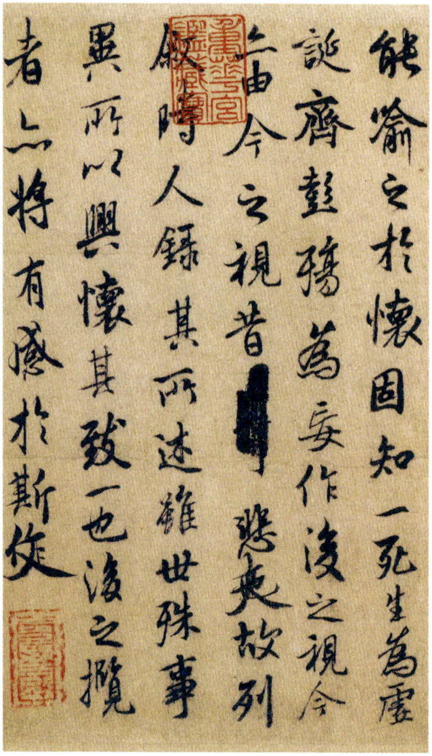

褚遂良版

王羲之的字也影响了后世无数书法家，如米芾、董其昌、赵孟頫等。“胜地不常，盛筵难再；兰亭已矣，梓泽丘墟。”即便《兰亭集序》真迹没有丢失，也再不会有兰亭集会了。

若合一契未嘗不臨文嗟悼不
能喻之於懷固知一死生為虛
誕齊彭殤為妄作後之視今

此已為慶
承使唯男幸為復失前憂耳
吳子楊往初來主吾不能盡
臨西復來威儀詳跱舉動
成觀自軀體之美也思識
□量之邁前勢所恆有宜□
稱之夏伯榮寇亂之際

〇二

国宝墨皇

平复帖

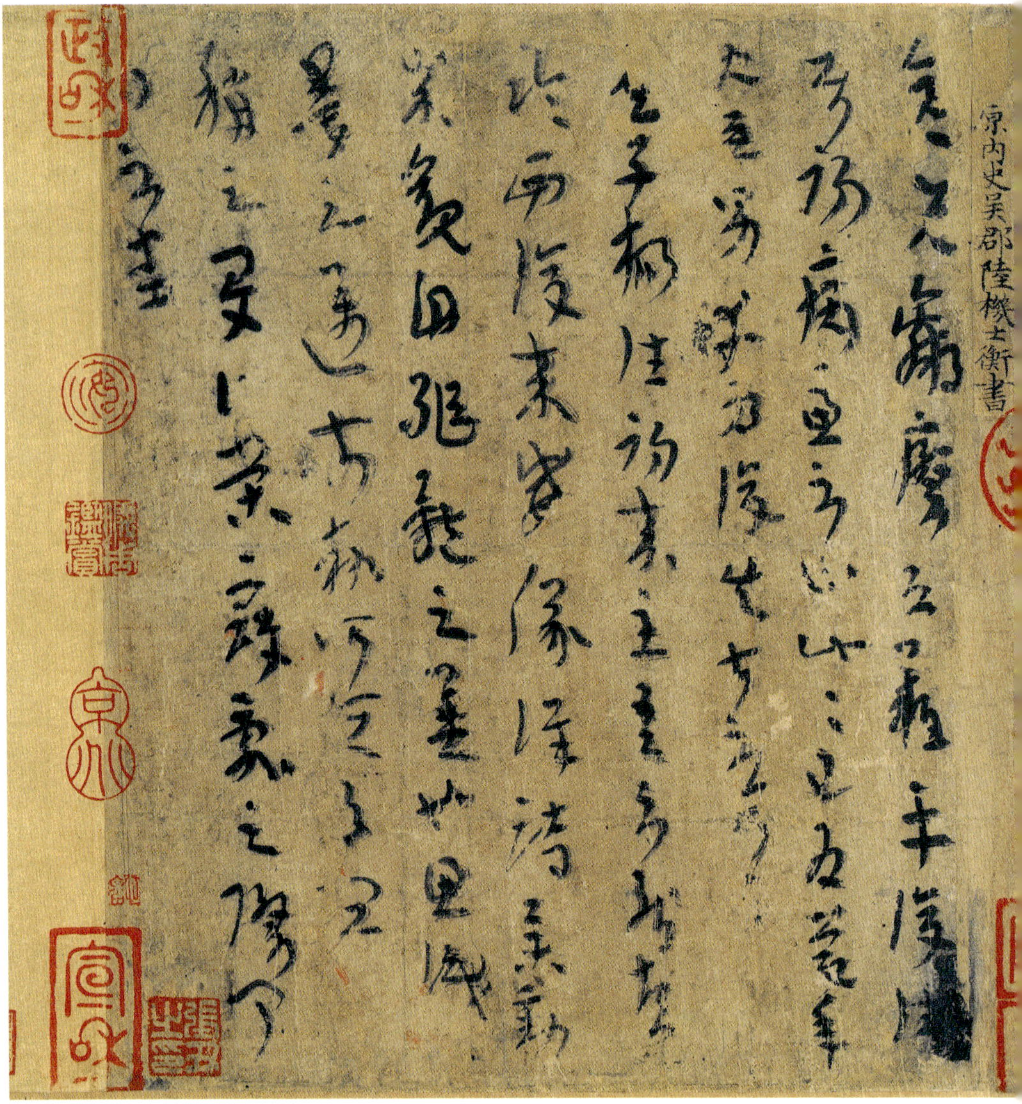
晉內史吳郡陸機士衡書

《平复帖》

西晋 陆机

纵 23.7 厘米

横 20.6 厘米

牙色麻纸墨迹

北京故宫博物院

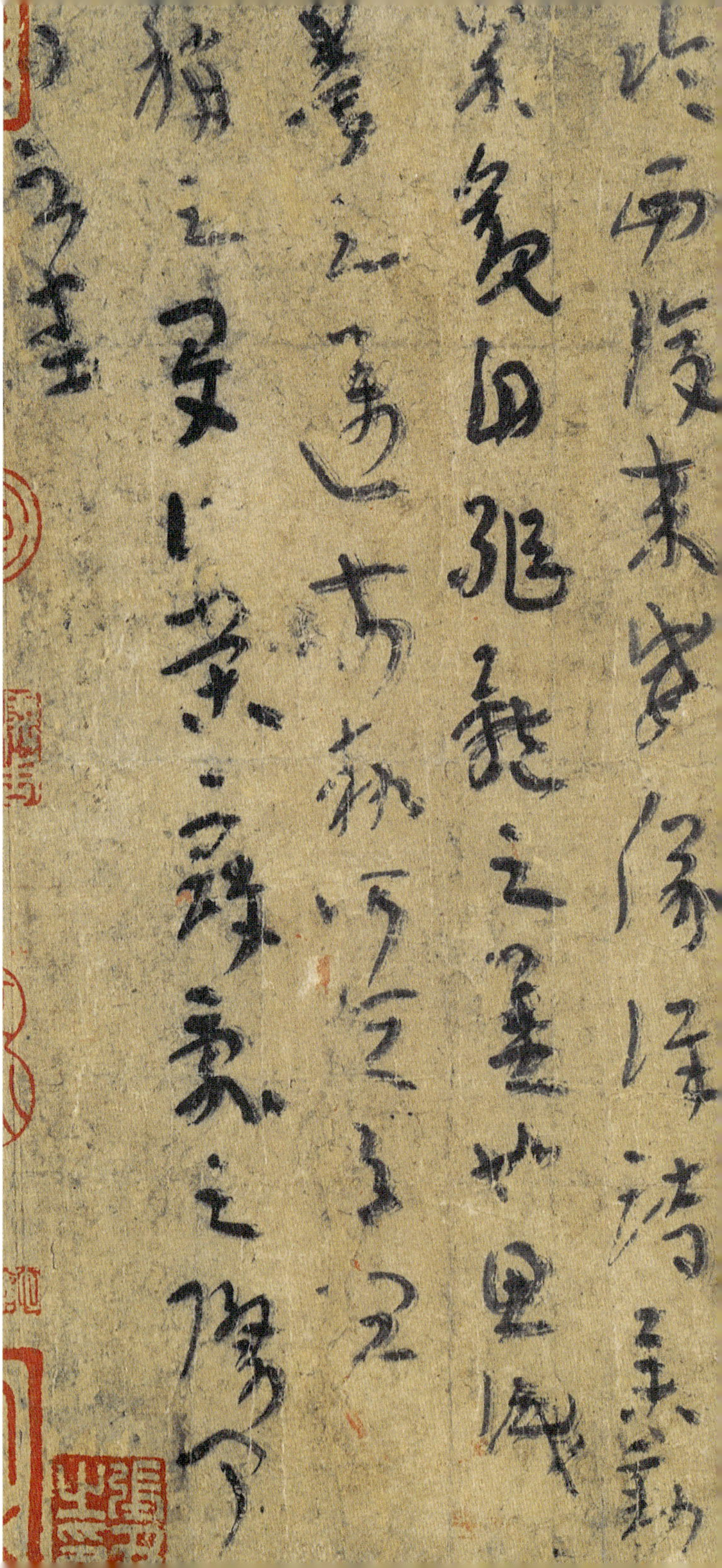

彦先羸瘵，恐难平复，往属初病，虑不止此，此已为庆。承使唯男，幸为复失前忧耳。吴子杨往初来主，吾不能尽。临西复来，威仪详跱。举动成观，自躯体之美也。思识□量之迈前，势所恒有，宜□称之。夏伯荣寇乱之际，闻问不悉。

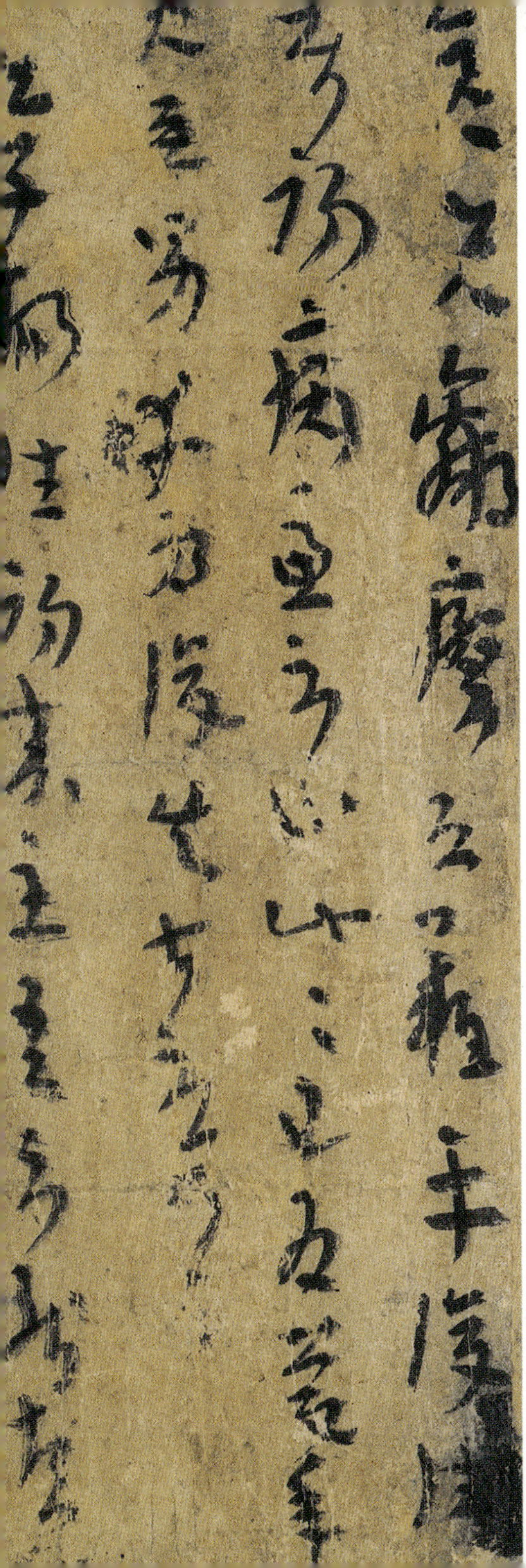

说起中国最独特的艺术，非书法莫属。从殷商甲骨文到如今仍在使用的汉字，几千年不断，这是华夏文明最有生命力的传承和见证。汉字之美，外国人看得一头雾水，认为难学难念，其实那既抽象又形象的间架结构，本身就是一幅韵味无穷的画，任何一种艺术都无法与书法相媲美。物理学家说，物理定律讲究优雅，爱因斯坦的公式 $E=mc^2$ 看起来最简单，却能解决绝大部分问题，变幻莫测，这是对优雅最好的定义。书法便是优雅的象征，仿佛被古人施了法术，让人着迷。

·壹· 风流亡国臣

二十世纪三十年代，民国时期“京城四少”之一、著名大收藏家、鉴赏家张伯驹先生在“湖北赈灾书画展览会”上与《平复帖》相遇，一见倾心。他在《陆士衡平复帖》中写道：“晋代真迹保存至今，为惊叹者久之。”

《平复帖》被称为“法帖之祖”“墨皇”，位列中国九大镇国之宝[1]，也是现存最早的书法作品，是中国历史上第一件流传有序的晋代珍品。“流传有序”是证明一件作品高贵身世的“族谱”，题跋、印章为后世了解它

1、九大镇国之宝出自《国家人文历史》（原《文史参考》杂志）的一次评选。该杂志曾独家邀请九位考古、文博专家，在诸多国宝之中，依类别盘点出九件镇国之宝，分别是：一、太阳神鸟金饰（金银器）；二、西周利簋（青铜器）；三、秦石鼓文（石刻壁画）；四、《孙子兵法》竹简（文献书简）；五、《平复帖》（书法）；六、《五牛图》（绘画）；七、真珠舍利宝幢（工艺品）；八、定窑孩儿枕（陶瓷）；九、渎山大玉海（玉器）。

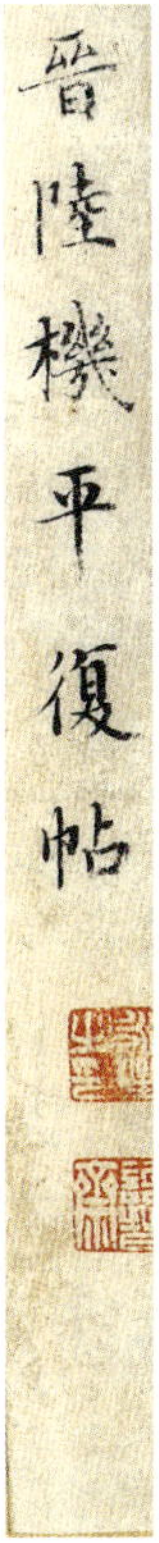

们增添了更多资料和佐证。

从《平复帖》右边看起，最显眼的莫过于宋徽宗用瘦金体所题的“晋陆机平复帖”，下钤“双龙小印”，并有“宣和”“政和”二印。这说明宋徽宗主持编纂的《宣和画谱》收藏过《平复帖》，并且“平复帖”这个名字，是由宋徽宗所起；左边还有一行小楷，“原内史吴郡陆机士衡书”。经考证，此处缺了两个字，完整应为“晋平原内史吴郡陆机士衡书”。这是本法帖

双龙小印

宣龢

政和

宣和

的第一个重要线索：作者是晋朝内使，原属三国东吴，现属吴郡的陆机，士衡是他的字。

“平复”二字取帖中之字，经启功先生研究，全帖释文如下：

彦先羸瘵，恐难平复，往属初病，虑不止此，此已为庆。承使唯男，幸为复失前忧耳。吴子杨往初来主，吾不能尽。临西复来，威仪详跱。举动成观，自躯体之美也。思识（缺字）量之迈前，势所恒有，宜（缺字）称之。夏伯荣寇乱之际，闻问不悉。

西晋距今已一千七百多年，是中国书法最辉煌的时代，著名“网红”书法家王羲之便是晋人。而陆机却不为人熟知，只这一幅法帖流传于世，与王羲之相比，其实毫不逊色。

陆机出生于三国中的吴国，祖父是孙吴丞相陆逊，陆机与弟弟陆云一同被形容为“少有奇才，文章冠世”“太康之英”。可惜陆机二十岁时刚在吴国出仕，孙皓便将吴国拱手相让给司马家。晋朝时爱惜人才，像陆机这样从小名满天下的东吴大学问家，一定会被重用。但是，在那个时代，名节比命重要，连皇帝都会在意史官怎么写自己。魏晋之所以能成为书法的黄金时代，也正因这种魏晋风度，在书法上也讲究“风骨之韵”。撑起魏晋风骨的这些大名士，个个字如其人，每个字都是靠一生的行践甚至是掉脑袋才写出来的。最终，陆机放弃了大好前程，在家隐居。

魏晋名士分三派，一派是“竹林派”，山涛、阮籍、嵇康等“竹林七贤”，虽出身世家，但不满朝局，遂远离朝堂政治，放浪形骸，最终还是难逃被司马氏迫害的厄运。山涛妥协入仕，嵇康几人宁死不屈，一曲“广陵绝唱”成为几千年来中国文人的精神偶像。一派是“正始名士”，算是魏晋名士鼻祖，因为生活在司马昭、司马师时代，下场也不太好。最后一派是“中朝名士”，是最小的一辈，为朝之重臣。这时晋已统一全国，司马炎也没有父辈那么暴力，喜欢议论朝政的名士们日子才好过起来。

十年后，陆机并未直接跑去晋朝求官，而是找到了在晋朝最受人爱戴的张华，靠他的背书进入了权力阶层。其实，张华是当年帮助晋帝司马炎灭吴的主力，所以陆机的做法一直被后人诟病。有人说他此举太心机，有本事就隐一辈子，眼红功名利禄，为什么不直截了当，非要假借他人之手？再加上他顶着天才少年之名，瞧不惯他的人，洛阳比比皆是。

《世说新语》是这样述说陆机初到洛阳的日子的：

卢志于众坐，问陆士衡：“陆逊、陆抗是君何物？”答曰：“如卿于卢毓、卢珽。”士龙失色，既出户，谓兄曰：“何至如此？彼容不相知也。”士衡正色曰：“我父、祖名播海内，宁有不知？鬼子敢尔！”议者疑二陆优劣，谢公以此定之。

这位挑衅陆机的，便是当权大红人卢志，类似于村里来新人了，赶紧当众欺负欺负他：“陆逊、陆抗是你什么人？”陆机说：“跟你和卢毓、卢珽的关系一样啊！”陆机的弟弟陆士龙觉得有点儿尴尬，便劝他哥哥：“何必呢，何必呢？”陆机说：“咱家是东吴四大家族之一，咱父亲、祖父名播海内，他会不知道？龟儿子！”从此，后人就凭这件事来评判陆氏兄弟二人的品行优劣。

陆机的骄傲可见一斑。他在做诗文的时候也是以辞藻华丽出名，无一处不是引经据典，用腹黑的话形容就是“生怕别人不知道他有学问”。可以说，他的文采高于王羲之，虽然书法只有一幅传世，也足以与“书圣”比肩。

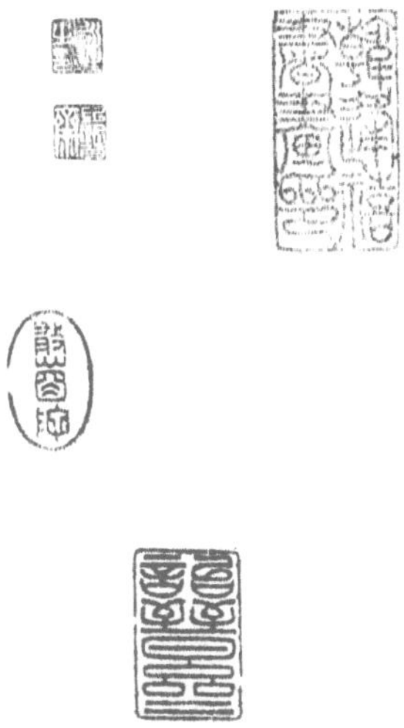

·贰· 章草代言人

《平复帖》是陆机在晋朝入仕之后写给友人的一封信，信中“八卦”了彦先、吴子杨、夏伯荣三位好友的近况。

大体便是彦先重病，如果早先好好治疗，也不至于难以痊愈，幸好还能勉强活着，还有一个儿子能继承家业。吴子杨当初来我家拜访时，我怠慢了他，如今再来，看着顺眼多了，举止轩昂，玉树临风。至于夏伯荣，因战乱没有任何消息。

《平复帖》用纸十分粗糙，极难上墨，类似于今天出土的汉纸，字由秃笔写就，所以十分珍贵。法帖的字迹有缺失损毁，业界有很多不同说法，启功先生的释文最被世人认可。这幅法帖的字体完全不同于我们熟知的王羲之字体，比王羲之字体早将近几十年，是一种我们现在极少见到的，介于汉简隶书与之后的草书之间，是过渡转变的特殊时期的字体，名章草。

先秦是篆书时代，古象形文字味道很浓，字形修长，笔画特别多，上疏下密，飘逸大气，青铜器上的铭文就是篆书。秦代为小篆，统一中国后小篆就成了通行的文字。两汉以隶书为主，笔画比篆书简单不少，从象形文字向抽象文字转变，四四方方，古朴大气，工整精巧。隶书讲究下笔要稳，结尾笔画向上翘起，故称“蚕头燕尾”。到了三国两晋，字

小篆
《仪征阮氏重橅天一阁北宋石鼓文本》
清嘉庆二年 阮元原刻初拓本

体就丰富起来，大名士开始常用行书、草书。与王羲之书法最大的不同在于，《平复帖》为章草，由隶书的快捷写法演变而来，是草书发展的萌芽阶段，所以虽是草书，却带有隶书的影子。其最大的特点是“隶出隶入”，即起笔、落笔都是隶书风范，字与字之间是独立的，绝没有一笔相连。《平复帖》见证了篆书、隶书到草书转变时期字体写法的变化，如同甲骨文、铜器上的铭文一样，是活生生的汉字化石。章草以一种不同的姿态，填补了中国书法史上的一处空白。

帖是古代文人写写日常小记录、给友人写信的一种文体，没有骈文那么讲究辞藻典故，也没有诗歌那么浪漫大气，有种难得的放松，自在随意，最体现人的真性情。《平复帖》九行八十四个字，完完全全体现了魏晋少年天才陆机超高的书法才华——奇绝、苍老。

《平复帖》最先吸引张伯驹老先生的，应该是满篇扑面而来的苍茫古意、大气混沌，

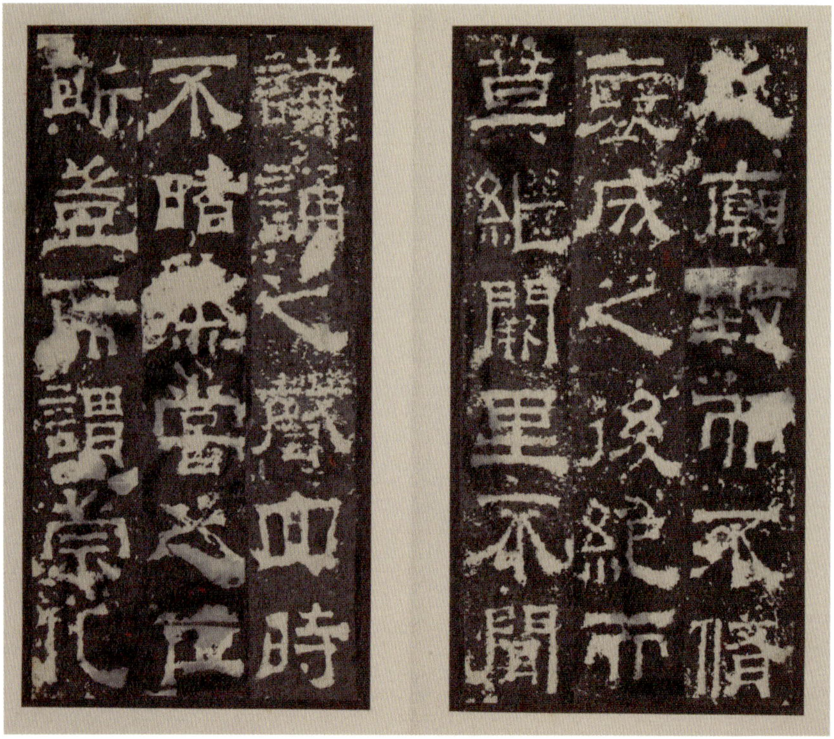

隶书
《魏孔羡碑》局部
又名《鲁孔子庙碑》
曹植撰 梁鹄书
明拓本
北京故宫博物院

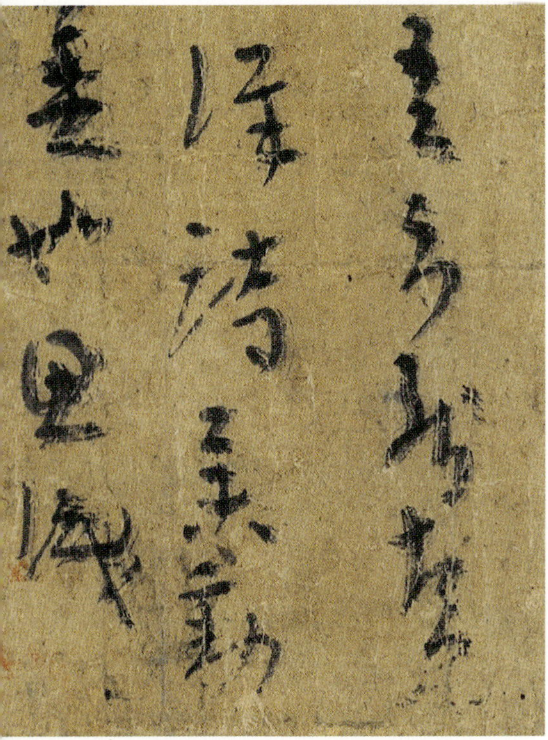

章草
《平复帖》局部

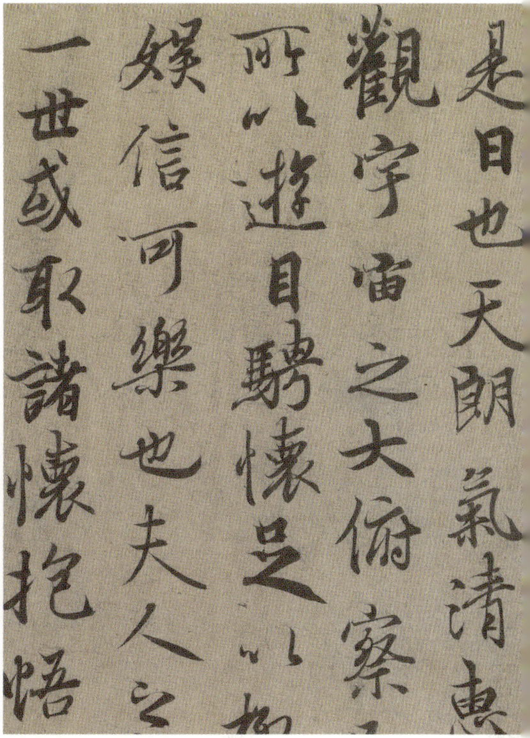

行书
《兰亭序》冯承素摹本局部

草书
《古诗四帖》局部
唐 张旭
纵 29.5 厘米
横 195.2 厘米
五色彩笺纸
辽宁省博物馆

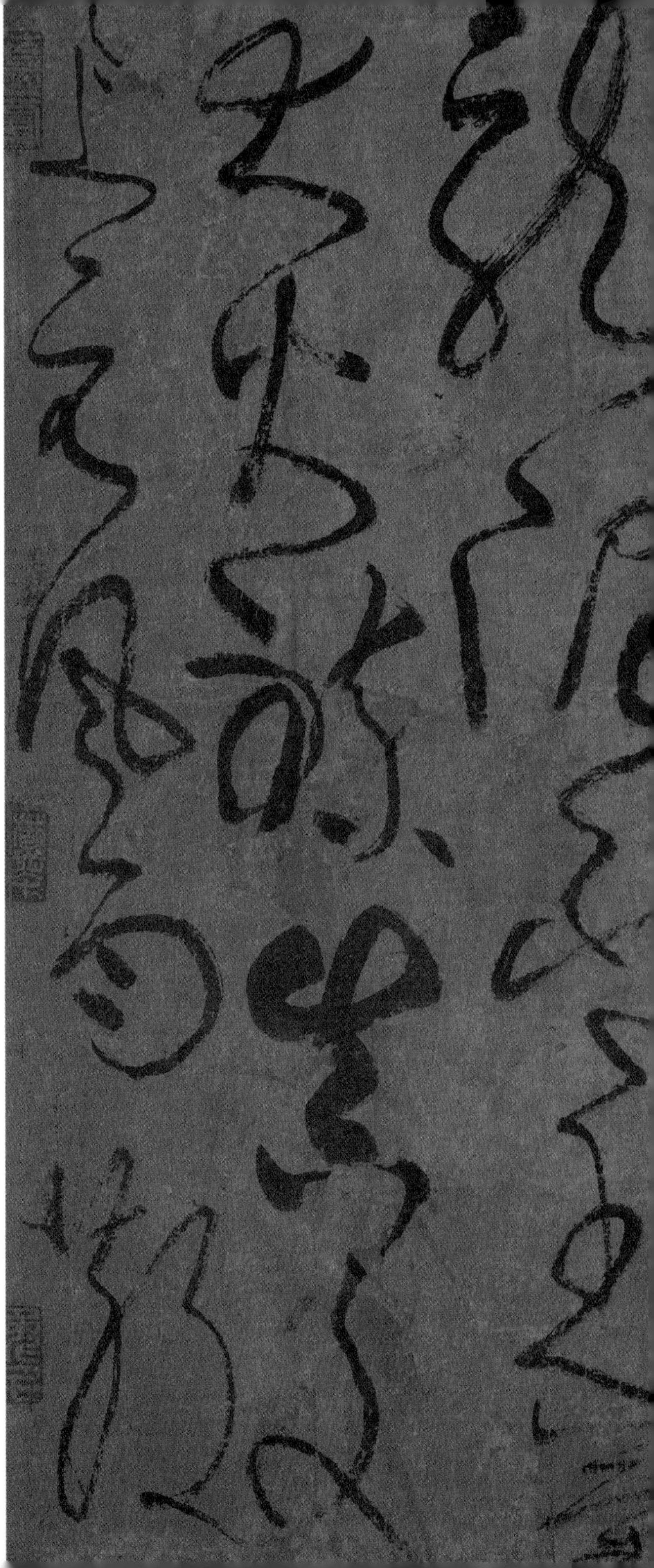

带有浓浓古象形文字篆书、隶书的基因，又有草书的潇洒飘逸，通篇布局率性自然，像散落天空的星辰。就拿“平复”二字来说，用笔老辣，间架结构保持着稳重的长方形，在结尾撇捺之处肆意飘逸，韵味无穷，仙气缈缈，与此同时还保持着隶书的浑圆厚重，非常克制。古代书画注重追求“高古”，即平淡自然，不露痕迹，就好像在花即将完全绽放时迅速收合，这才是至真至纯的最高境界。

《平复帖》被北宋大书法家米芾定为“晋贤十四帖卷”之一，这是我们所知道的它第一次流落民间后首个完整清晰的收藏记录。随着宋朝的灭亡，《平复帖》又流落民间，直到明代才再现踪迹。从法帖尾部的题跋和收藏印章上可以看出，后代熠熠生辉的大名家，无不对其仰首膜拜。

明董其昌写道：

右平原真迹，有徽宗标字及宣政小玺。盖右军以前、元常以后，唯存此数行，为希代宝。予所题签在辛卯春，时为庶吉士，韩宗伯方为馆师，故时时得观名迹，品第甲乙，以此为最。惜世无善摹者，予刻《戏鸿堂帖》，不复能收之耳。甲辰嘉平月朔，董其昌题。

明张丑《清河书画舫》子集引《宣和书谱》记载：“陆机《平复帖》，作于晋武帝初年，前王右军《兰亭燕集序》大约百有余岁。今世张、钟书法，都非两贤真迹，则此帖当属最古也。”据说，张丑日日研读，才勉强读出十四个字。

从跋尾的收藏印中得知，《平复帖》流传到清代，历经大收藏家梁清标、安岐等人，终流传到乾隆手里，光绪时，转入恭亲王府，倒数第二个主人便是“旧皇孙”溥心畬。

安仪周家珍藏

张伯驹珍藏印

京兆

安

皇十一子成亲王诒晋斋图书印

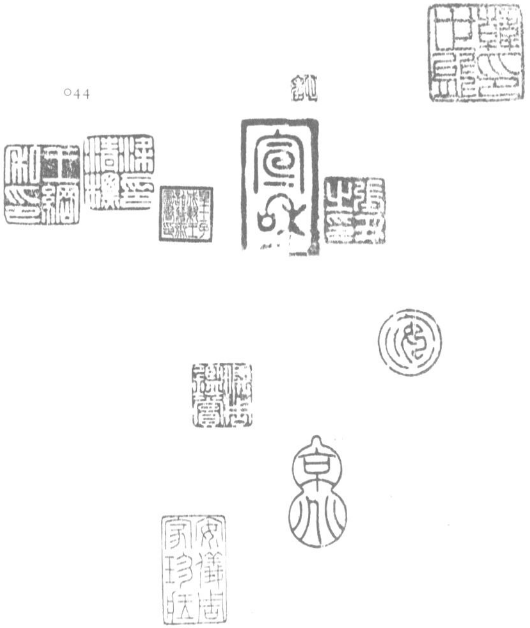

·叁· 终得平复

再后来的故事，张伯驹老先生都一一记录了下来。自画展惊鸿一瞥之后，老先生念念不忘，“卢沟桥事变前一年，余在上海闻溥心畬所藏韩幹《照夜白图》卷，为沪贾叶某买去。时宋哲元主政北京，余亟函声述此卷文献价值之重要，请其查询，勿任出境。比接复函，已为叶某携走，转售英国。余恐《平复帖》再为沪贾盗卖，倩阅古斋韩君往商于心畬，勿再使流出国外，愿让余可收。”溥心畬开价二十万银圆，当时张伯驹拿不出那么多钱，又拉着张大千去说和，溥分文不降。卢沟桥事变那一年夏天，张伯驹在火车上偶遇傅沅叔先生，得知溥心畬丧母，银行每日提现有额度，急需现金，他便提议将《平复帖》抵押在自己这里，借给溥心畬一笔钱应急。第二天，溥心畬回复：四万银圆，卖给您了。之后，将《照夜白图》卖到英国的古董商白坚甫欲以二十万银圆求此帖转卖给日本人，幸亏张伯驹抢了先。

北京沦陷后，老先生带着夫人潘素四处逃难，流离失所，却始终将《平复帖》带在身边，藏在衣被之中，整整四年。最终，《平复帖》得以留在中国，后来才有王世襄先生考证出唐代的两枚收藏印，将收藏时间线提前了一个朝代。其后，启功先生用一生时间考证出《平复帖》全文，解开这八十四个章草的千古之谜。

《陆士衡平复帖》记录了张伯驹与《平复帖》的故事，结尾处这样写道：“丙申，余移居后海，年已五十有九，垂老矣。而时与昔异，乃与内子潘素商定，将此帖捐赠于国家。在昔欲阻《照夜白图》出国而未能，此则终了夙愿，亦吾生之一大事。而沅叔先生之功，则为更不可泯没者也。”

张伯驹将历尽千难万险、用一生守护的《平复帖》无偿捐献给了北京故宫博物院，现在的人因此才能三生有幸得见千年文物“墨皇”之真容。

太白嘗作行書乘興踏月西
酒家不覺人物兩忘身在世
一帖字畫飄逸豪氣雄健乃
白不特以詩鳴也

墨林秘玩

子京珍秘

八徵耄念之寶

太上皇帝之寶

〇三

诗仙人间世

上阳台帖

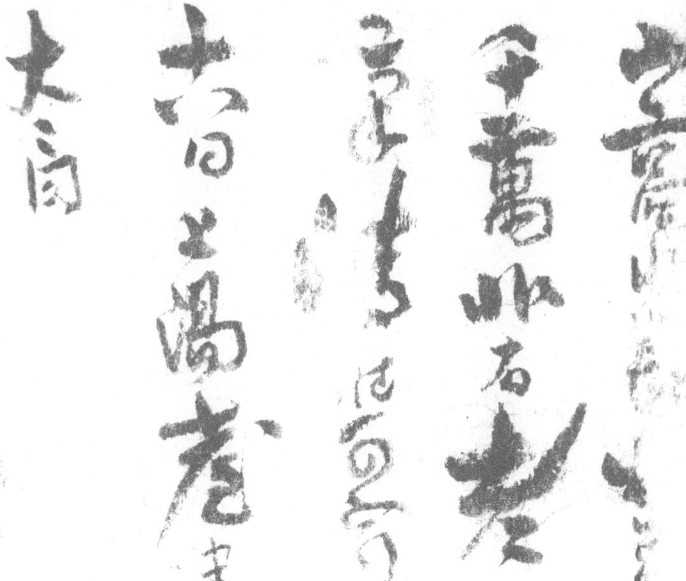

唐李太白上陽臺

《上阳台帖》

唐 李白

纵 28.5 厘米

横 38.1 厘米

纸本草书

北京故宫博物院

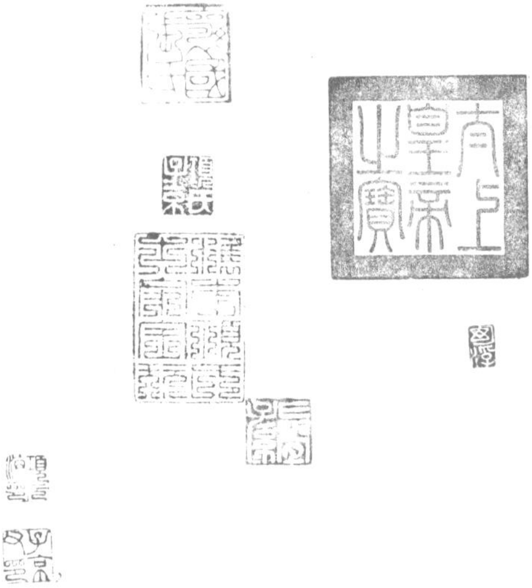

·壹·

想入朝先入教

我们从小就读李白的诗，那句“举头望明月，低头思故乡”既通俗易懂又直指人心，千年不过时。长大之后才明白，这大抵是一位诗人作诗的最高境界。后来，我们知道这位诗人爱喝酒，有着胡人血统，不畏权贵，放浪形骸，居然在大殿之上让唐玄宗最宠爱的宦官高力士为其脱靴，颇有魏晋风度。于是，读他的诗，更添浪漫。

开放、包容、繁荣的超级大国盛产诗人，也孕育了无数不朽篇章，但很少有诗人能像李白这样，活成大唐的符号。人们称他“诗仙”，因为此诗只应天上有，也因为李白笃信道教。这幅《上阳台帖》正是其与道教的不解之缘，也是“诗仙”留在世上的唯一墨迹。

“上阳台”并不是“登上某家阳台”的意思。“阳台”是一处道教宫殿的名字。阳台宫位于今河南省济源市城区西北三十公里处，在第一大洞天王屋山华盖峰南麓，由阳台宫、紫微宫、清虚宫组成。据说，此处

“丹凤朝阳”，是修仙的风水宝地，唐玄宗命司马承祯亲自选址，于公元七二四年修建而成。

熟悉清宫戏的朋友都知道，清朝皇帝比较推崇佛教，可要是往前追溯几百年，佛教绝不是道教的对手。道教兴起于魏晋，当时中国四分五裂，群雄割据，许多出身贵族家庭的大名士想报效国家却无用武之地，“竹林七贤”便是典型。司马氏野心勃勃要夺曹魏江山，“竹林七贤”不愿同流合污，更不耻为司马氏所用，治国才华无处发泄，郁闷满腹，只好用道教中的“无为”精神麻痹自己，每天相约饮酒作乐，在竹林里聚会，在酒醉中找到慰藉，在与大自然、宇宙的亲密接触中找到修仙之路。

唐朝时，由于皇帝自上而下的推广，道教进入全盛时期，位列“三教之首”，杨贵妃便是以“杨太真”的道教身份被唐玄宗接回宫里的。据说道教有长生不老的本事，深得唐朝皇帝青睐。皇帝每天可以不吃饭，但绝不能不吃丹药。李世民因吃仙丹而变得越来越虚弱，却并未减弱他的子孙后代对吃丹药修仙的热情。到了唐玄宗时代，国力最为昌盛，他唯一得不到的，就是“长生不老”，所以唐玄宗不但入了道教，还把道教上清派第十二代宗师司马承祯请入宫中，称呼他为“道兄”，算是认了一门亲戚。

后来，便有了王屋山的阳台宫，再后来便有了这幅贵为国宝的李白唯一手书《上阳台帖》。

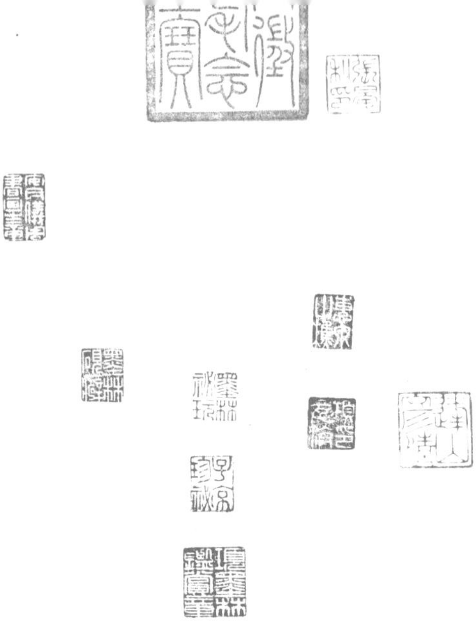

·贰· 会向瑶台月下逢

开元十三年（公元七二五年），初出茅庐的李白与正游历天下的司马承祯在江陵相遇。那时，司马承祯博学多才、仙风道骨，二十五岁的李白更是少年英雄、才华飞扬，二人一见如故。李白青年时便潜心学道，为修炼秘术，还在戴天山隐居过一段时间，现在居然得到了被三朝皇帝尊崇的天台道长司马承祯的赞扬，当然得意不已，于是写下了开启“诗仙”之路的第一篇作品——《大鹏遇希有鸟赋并序》。

余昔于江陵，见天台司马子微，谓余有仙风道骨，可与神游八极之表。因著《大鹏遇希有鸟赋》以自广。此赋已传于世，往往人间见之。悔其少作，未穷宏达之旨，中年弃之。及读《晋书》，睹阮宣子《大鹏赞》，鄙心陋之。遂更记忆，多将旧本不同。今复存手集，岂敢传诸作者？庶可示之子弟而已。

一开篇，李白就点明了人物关系：当今德高望重的道长司马承祯夸我“仙风道骨，可与神游八极之表”，心中飘飘然，早已与《庄子·逍遥游》中的鲲鹏一同飞向高空，遨游宇宙苍穹之巅。司马承祯还嘱咐李白一定要做一番大事业，意思是，你这个年轻人与众不同，有“仙根”，前途肯定无可限量！

李白得意的不只是司马承祯对他的夸奖，更是向天下人宣告，皇帝身边的大红人为我背书了！这为李白将来进长安做大官搭下了一个超豪华大台阶。司马承祯后来把李白吸收进组织，与陈子昂、卢藏用、宋之问、王适、毕构、孟浩然、王维、贺知章称为“仙宗十友”。天台司马都欣赏的人，明皇怎会不重用呢？

魏晋人热衷于修道成仙，一部分原因是仕途困顿，只好专心以此寻求更高的精神境界。在古代，身为知识分子，只有做大官，施展宏图伟略，才是应该有的前程，这跟“成仙”不矛盾。李白“好任侠，且喜纵横”，用自己潜心多年研究的道家纵横学说治理国家，自然成竹在胸。在他看来，完美的人生就该是功成、名遂、身退，此次出蜀，就是为此。

一场伟大的会面之后，李白继续自己的长安之旅，司马承祯则奉唐玄宗之命在王屋山修建道观，即阳台宫。这座道教宫殿后来还住过一位特殊人物，即唐玄宗的亲妹妹玉真公主，她跟随司马承祯学道。

在唐朝，公主做道姑并不稀奇，有人会出于各种目的，以各种名目，一会儿入教，一会儿还俗，比如杨贵妃。玉真公主是唐玄宗最疼爱的妹妹，是大唐最有权势的女人，她知人善用、广结江湖人士，再推荐给皇帝哥哥。除了司马承祯，这位玉真公主也是李白必须要拿下的重要人物。

大家都是道友，又有共同的朋友司马承祯，再加上对才华的自信，李白便写了一首诗送给玉真公主，“几时入少室，王母应相逢”，祝她修仙得道。按理说，一切都应该完满顺遂，但李白之后又作了《玉真公主别馆苦雨赠卫尉张卿二首》：

其一：

秋坐金张馆，繁阴昼不开。

空烟迷雨色，萧飒望中来。

翳翳昏垫苦，沉沉忧恨催。

清秋何以慰，白酒盈吾杯。

吟咏思管乐，此人已成灰。

独酌聊自勉，谁贵经纶才。

弹剑谢公子，无鱼良可哀。

原来，他在卫尉张卿的引荐下，终于踏进了公主殿下的私人会所——玉真公主别馆。可惜，这位公主应酬太多，也有传说公主当时跟大唐美少年王维交往密切，无暇顾及他。心高气傲的李白便写下这么“怨妇”的一篇诗文，还流传至今，当时的打击想必是相当大了。

《李白行吟图》
南宋 梁楷
纵 81.1 厘米
横 30.5 厘米
纸本水墨
东京国立博物馆

后来，玉真公主还是向唐玄宗极力举荐了李白。李白也凭着过人的才华和不凡的气度，风头一时无两，四十二岁终于官至翰林供奉。这个官并不是帮着皇帝治理天下，而是随时随地跟在皇帝身边陪他玩儿，还得写诗助兴，为后世留一份大唐盛世的证据，这才有了《清平调》这样的千古诗篇。

终究性格决定命运。

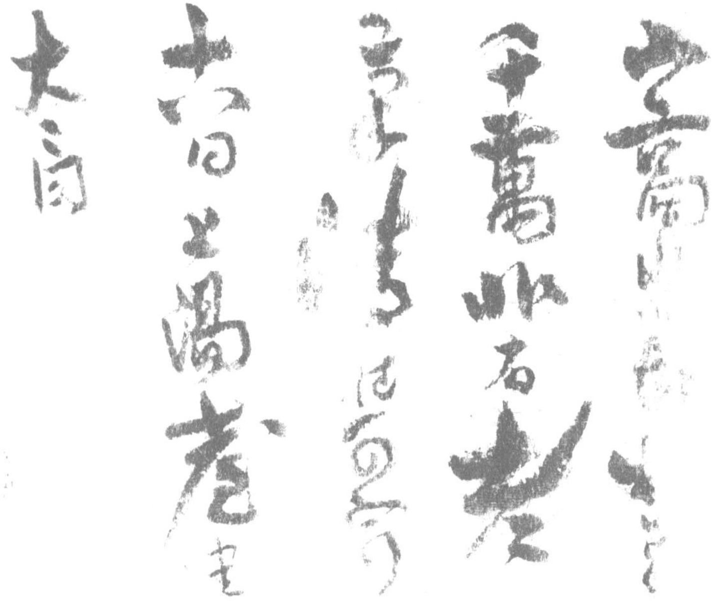

盛宠之下，李白就彻底放飞了，诗人的潇洒自由、桀骜不驯，丝毫不会因为在权力顶层而有所收敛。杜甫说他：“李白斗酒诗百篇，长安市上酒家眠。天子呼来不上船，自称臣是酒中仙。”他得罪了群臣，得罪了高力士，最后连唐玄宗都得罪了，三年后便被“赐金放还”。

此时，玉真公主突然请求唐玄宗废除她的封号和一切相关特权，从此在王屋山灵都观终老，与阳台宫比邻。司马承祯此生也未与李白再相见，多年后羽化登仙。

·叁·

山高水长不相见

这幅《上阳台帖》就是李白在司马承祯死后，参拜阳台宫之时写下的诗文：

山高水长，物象千万，非有老笔，清状可穷。

十八日，上阳台书，太白。

此时，两位知遇贵人都不在了。短短几行草书，道尽二十年人生路。

李白想到自己与司马承祯一别竟此生再无相见之日，仙人已去，天人两隔，十八日正好也是他的忌日；而面对玉真公主，李太白竟无语凝噎。

之后，宋徽宗收藏了这幅字帖，亲手书“唐李太白上阳台”，尾跋“太白尝作行书。乘兴踏月，西入酒家，不觉人物两忘，身在世外一帖，

贾似道印 丘壑图书

字画飘逸，豪气雄健，乃知白不特以诗鸣也”。对于这幅李白唯一存世书法的真伪，大家并未有太多疑点，因为流传有序。宋徽宗将其收入《宣和画谱》，后流入贾似道家藏，经历元代张晏、明代大收藏家项元汴、清代安岐，后入清宫为乾隆皇帝收藏。每位收藏者都留下了长长的题跋以表达滔滔不绝的敬仰之情。

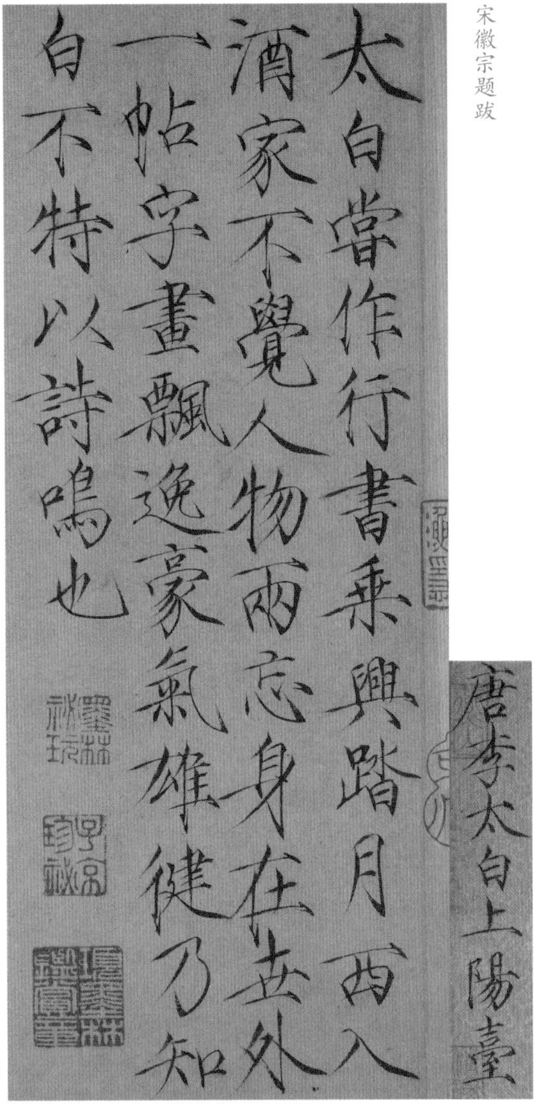

宋徽宗题跋

元张晏题跋

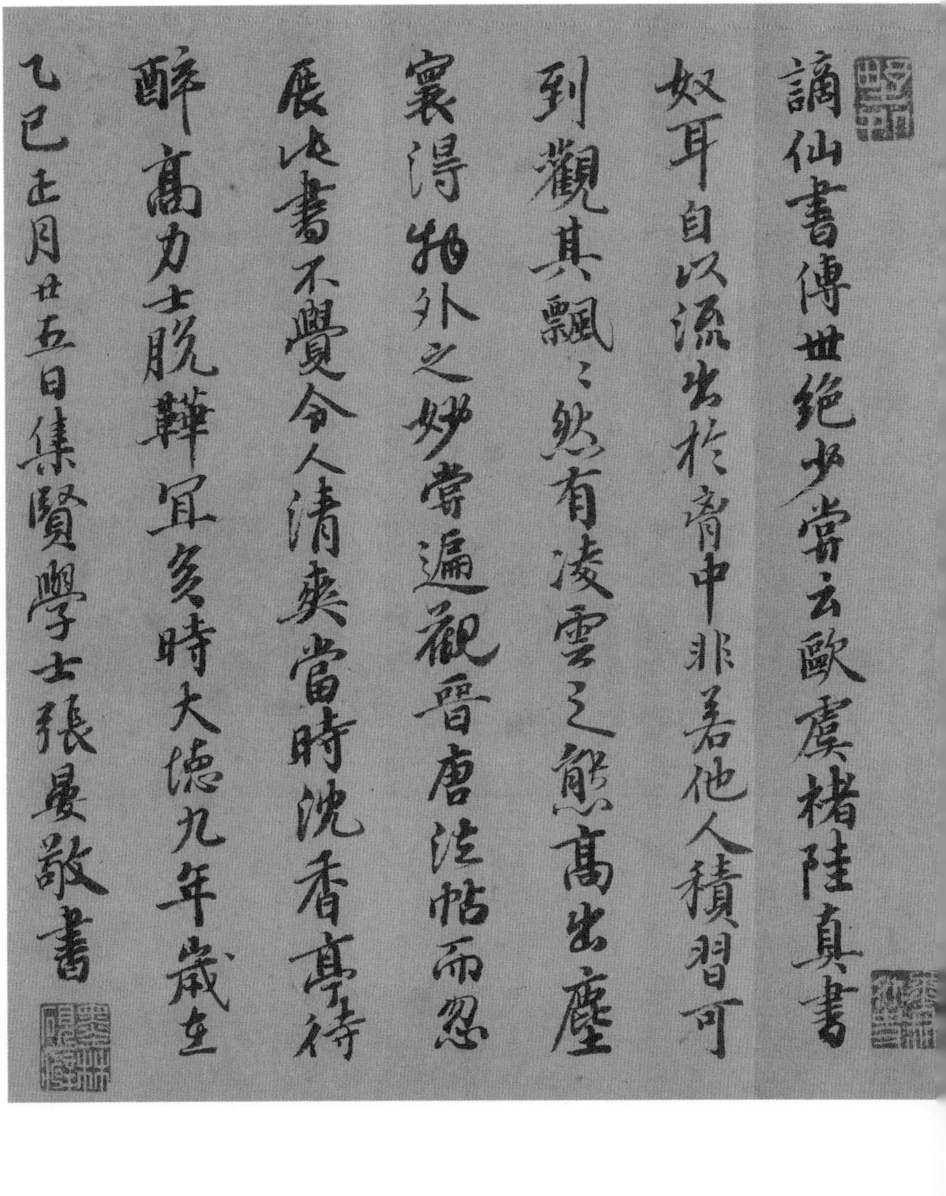
謫仙書傳世絶少嘗云歐虞褚陸真書
奴耳自以流出於胸中非若他人積習可
到觀其飄飄然有凌雲之態高出塵
寰得物外之妙嘗遍觀晉唐法帖而忽
展此書不覺令人清爽當時沈香亭待
醉高力士脫鞾宜多時大德九年歲在
乙巳正月廿五日集賢學士張晏敬書

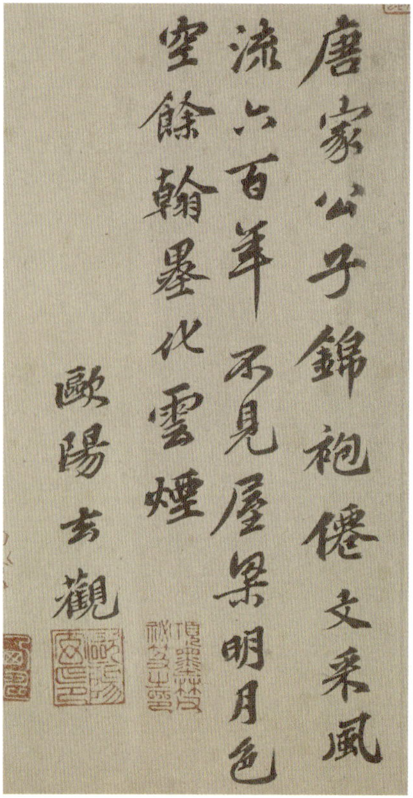

元欧阳玄题跋

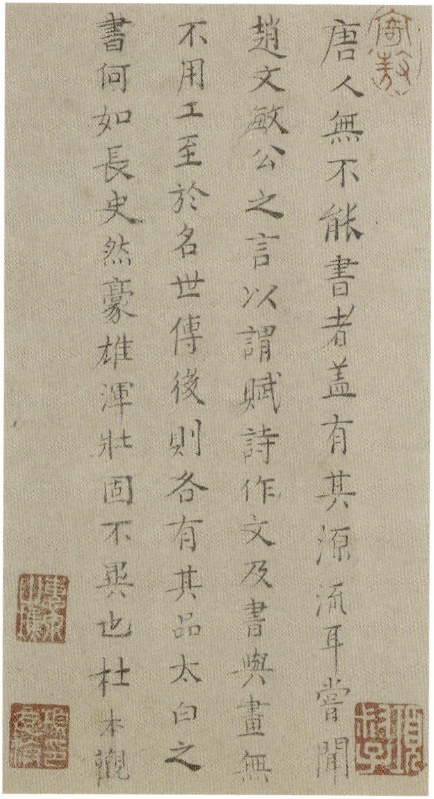

元杜本题跋

项墨林父秘笈之印

项元汴氏审定真迹

天籁阁

长宜子孙

项氏子京

子孙世昌

明项元汴收藏印六枚

安岐收藏印 朝鲜人

安岐之印

张伯驹收藏印 京兆

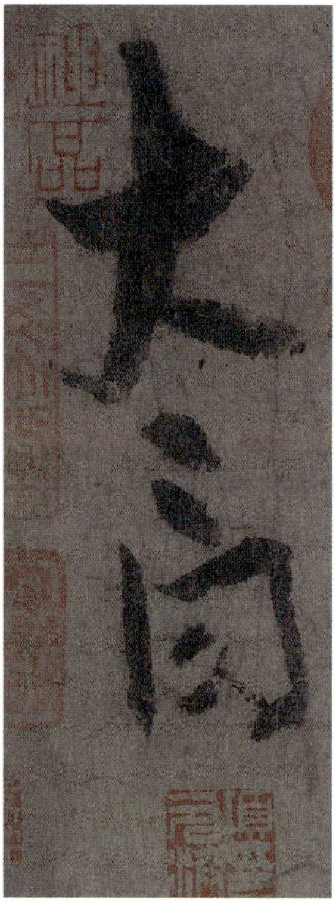

太白款

张伯驹珍藏印

启功先生认为，首先，宋距唐三四百年，以宋徽宗的功力在字迹上作假的可能性不大。其次，历朝收藏家不至于一起看走了眼，流传著录清楚明白。最后，看字帖本身，有“太白”题名，字体磊落，风格与李白本人相符，字迹又非双钩填墨，应是真迹无误。

这幅字帖的最后一位主人应该是民国大收藏家张伯驹老先生。一九三七年，老先生怕这幅国宝外流，以六万银圆购得。中华人民共和国成立后，张伯驹将这幅珍贵的手帖献给了毛主席。一九五八年，《上阳台帖》收归北京故宫博物院。

黄庭坚评：“及观其稿书，大类其诗，弥使人远想慨然。白在开元、至德间，不以能书传，今其行、草殊不减古人。”李白剑术一流，书法有侠气，既有魏晋风骨又慷慨浪漫，行书、草书最显其风流，诗文风头盖过了绝世书法，可惜世间只有这一幅传世，还好有诗文，为“诗仙”千古永存：

大鹏飞兮振八裔，中天摧兮力不济。

余风激兮万世，游扶桑兮挂石袂。

后人得之传此，仲尼亡兮谁为出涕？

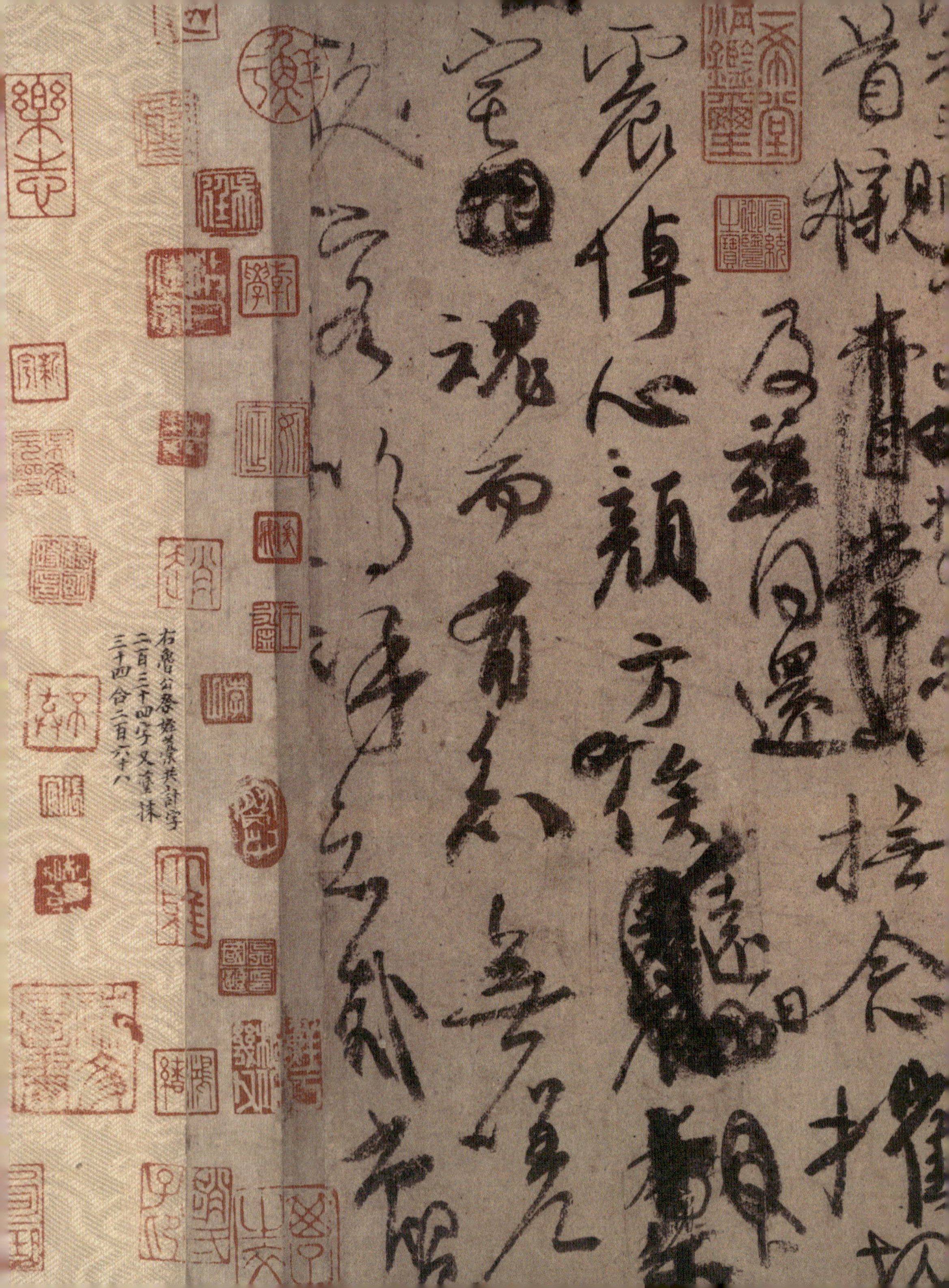
右魯公祭姪藁共計字
二百三十四字又塗抹
三十四合二百六十八

书法之神

祭侄文稿

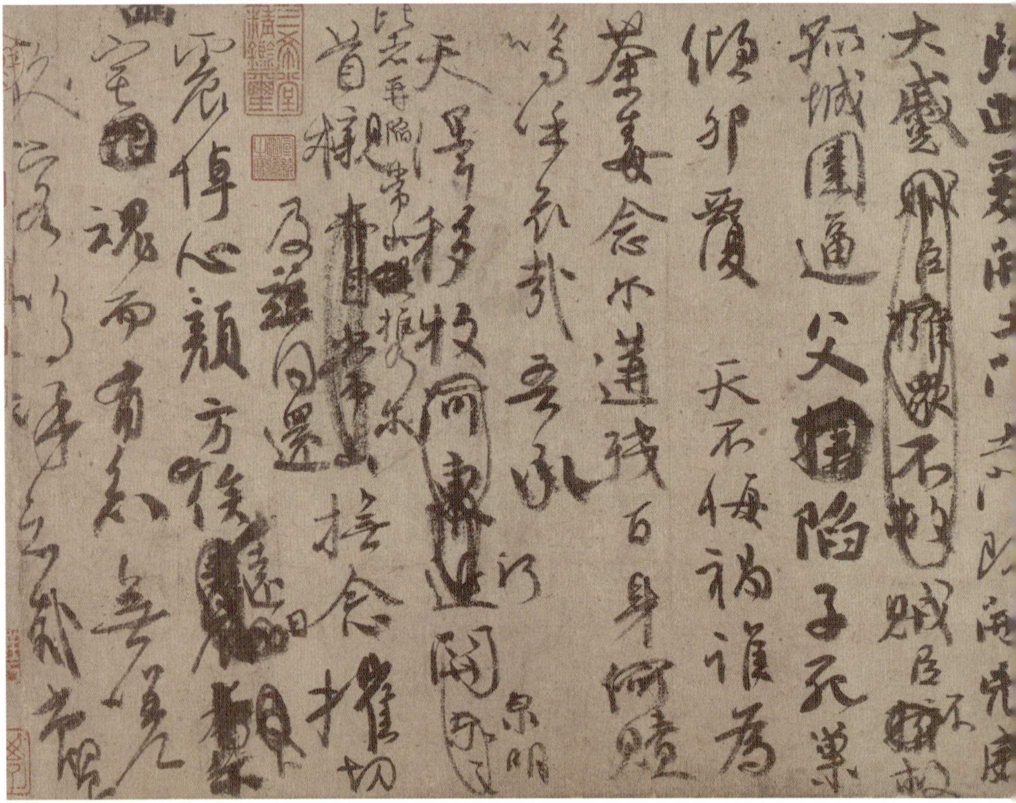

《祭侄文稿》
唐 颜真卿
纵 28.3 厘米
横 75.5 厘米
麻纸本水墨
台北故宫博物院

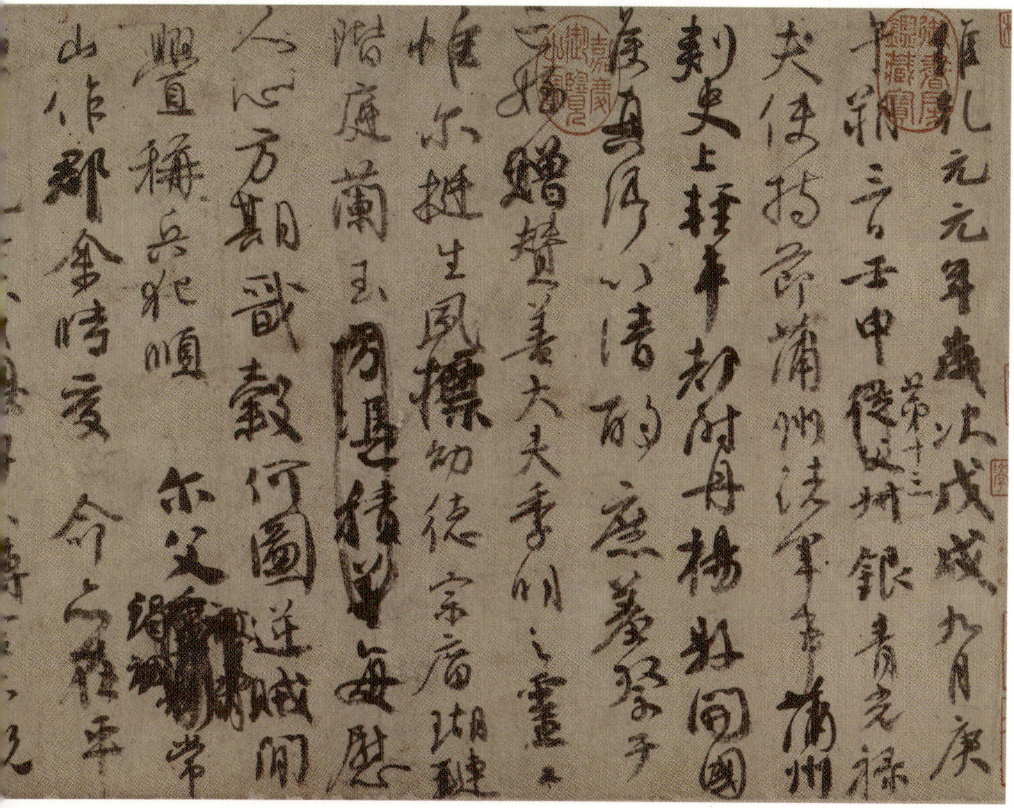

中国有三大行书：王羲之《兰亭集序》、颜真卿《祭侄文稿》、苏轼《寒食帖》。

其中可称为“惨烈”的，非《祭侄文稿》莫属。乍看之下，这篇文稿连涂带改，乱七八糟，实在与颜真卿“楷书四大家”的名号不符。

这是一篇写给亲侄儿的祭文。

难道只因白发人送黑发人，就让颜真卿如此“失态”？

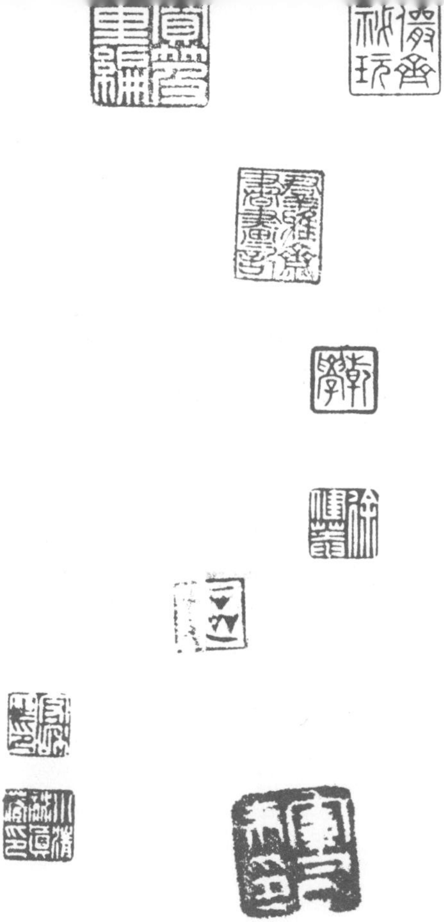

·壹· 安史之乱中的颜氏家族

颜真卿祭的“侄”名叫颜季明，是他堂兄颜杲卿的幼子。天宝十五年（公元七五六年）安史之乱期间，颜季明随父亲镇守常州，父子一同殉国。

“维乾元元年”是公元七五八年，为何时隔两年才来祭奠亲人？明明是父子一同殉国，为何颜真卿只祭侄儿不祭兄长？

维乾元元年，岁次戊戌。九月，庚午朔，三日壬申。第十三（『从父』二字涂去）。叔银青光禄（『大』字脱落）夫使持节蒲州诸军事，蒲州刺史，上轻车都尉，丹杨县开国侯真卿，以清酌庶羞。

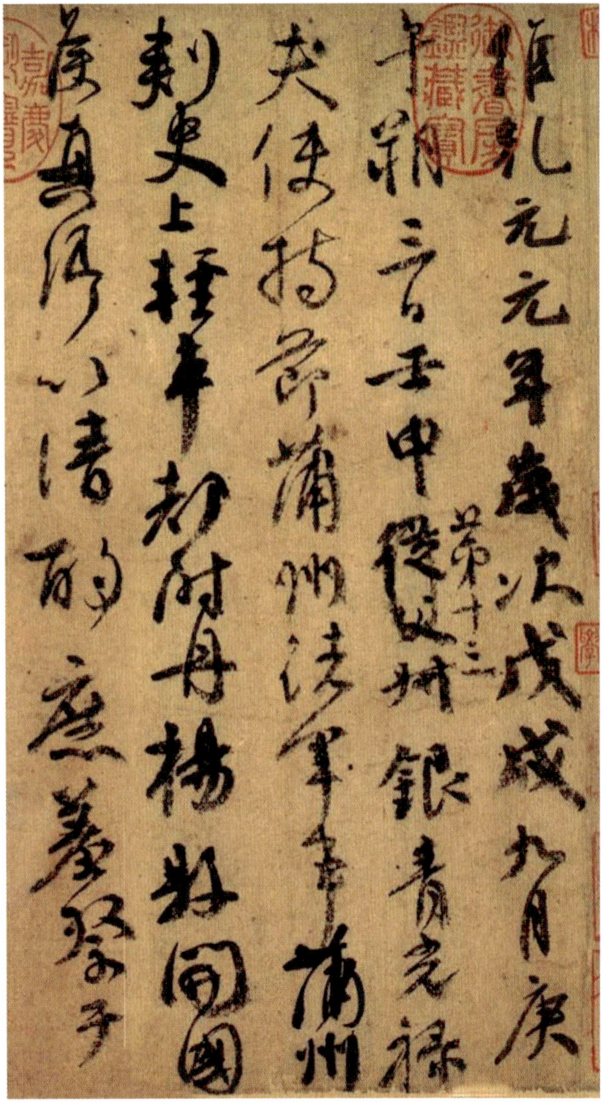

祭于亡侄赠赞善大夫季明之灵曰：惟尔挺生，夙标幼德。宗庙瑚琏，阶庭兰玉（“方凭积善”四字涂去）。每慰人心，方期戬谷。何图逆贼间衅，称兵犯顺。尔父竭诚（“□制”二字涂去，改写为“被胁”，又再涂去），常山作郡。余时受命，亦在平原。仁兄爱我（“恐”字涂去），俾尔传言。

安史之乱前，安禄山十分赏识颜杲卿，举荐他做营田判官，代理常山太守。之后，颜杲卿察觉出安禄山有反意，便与搭档长史袁履谦达成一致，将政务都交给他，自己称病，不动声色地派儿子泉明暗中联络各方势力，以太原尹王承业为内应，派平卢节度副使贾循谋取幽州，为抵御安禄山做准备。颜氏家族一门儒生，看上去文弱，实则勇谋兼备。当时，颜真卿在平原任官，预先知道安史阴谋，派遣外甥卢逖到常山见颜杲卿，相约起兵，以切断叛贼北去之路。

不久，安禄山正式起兵。颜杲卿派人带一百多名骑兵向南奔驰，“曳柴扬尘，望者谓大军至”，此招成功骗得贼军张献诚弃甲而逃，常山军民士气大振。颜季明此后便作为平原与常山之间的联络员。他是家中最聪颖的孩子，少年时就有成年人的德行，好像庭院中生长的香草和仙树，是家族的希望。本应大展宏图的年纪，却被半路杀出的安禄山，搅乱了一切。

颜杲卿决意死守常山，筹备周密，原本不至落败，可惜“贼臣”拥兵自重，见死不救。这里的“贼臣”便是前面提到过的太原尹王承业。

六天之后，史思明攻进常山，虏了颜杲卿一家。

贼胁使降，不应。取少子季明加刃颈上曰："降我，当活而子。"杲卿不答。遂并卢逖杀之。杲卿至洛阳，禄山怒曰："吾擢尔太守，何所负而反？"杲卿瞋目骂曰："汝营州牧羊羯奴耳，窃荷恩宠，天子负汝何事，而乃反乎？我世唐臣，守忠义，恨不斩汝以谢上，乃从尔反耶？"禄山不胜忿，缚之天津桥柱，节解以肉啖之，骂不绝，贼钩断其舌，曰："复能骂否？"杲卿含胡而绝，年六十五。履谦既断手足，何千年弟适在傍，咀血喷其面，贼脔之，见者垂泣。

——《新唐书》卷一百九十二·列传第一百一十七

被俘之后，颜杲卿冲着安禄山瞋目大骂。安禄山震怒，下令将他绑在天津桥柱子上，砍断手足，边肢解边吃他的肉。颜杲卿大骂不止，于是安禄山又下令割下他的舌头。一直到死，颜杲卿嘴里仍然含混不清地骂着。

几年后，唐军收复失地，颜泉明遍寻亲人尸骨，只找到弟弟颜季明的头颅，父亲尸骸已无缘再见。就是在这种情况下，颜真卿写下了这篇字字泣血的《祭侄文稿》，或许当时他已见过了侄儿的头颅。

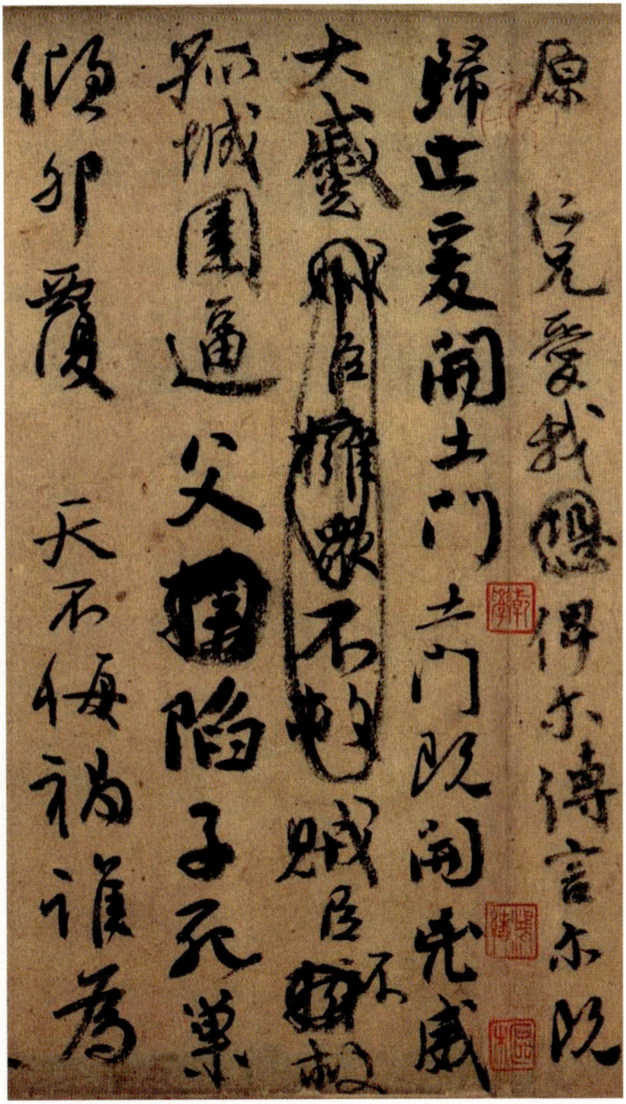

尔既归止，爰开土门。土门既开，凶威大蹙（『贼臣拥众不救』涂去）。贼臣不（『拥』涂去）救，孤城围逼。父（『擒』涂去）陷子死，巢倾卵覆。

·贰·
失态的颜鲁公

颜真卿以骨骼端正的楷书闻名天下，但这篇祭文却一反常态，或许此时也只有行书才能表达心中情感。秃笔一支，墨到写尽再蘸墨。颜真卿放弃了精雕细琢的笔力工法，笔笔厚重，越写越快，连笔之处，一气呵成。关于兄长和侄子的遇难经过，他遣词造句，反复斟酌，生怕用不准，对不起颜家父子在天之灵。这份涂涂改改的手稿完全暴露了颜真卿的心情，这份真挚与自然是那些既工整又才华横溢的文章比不了的。

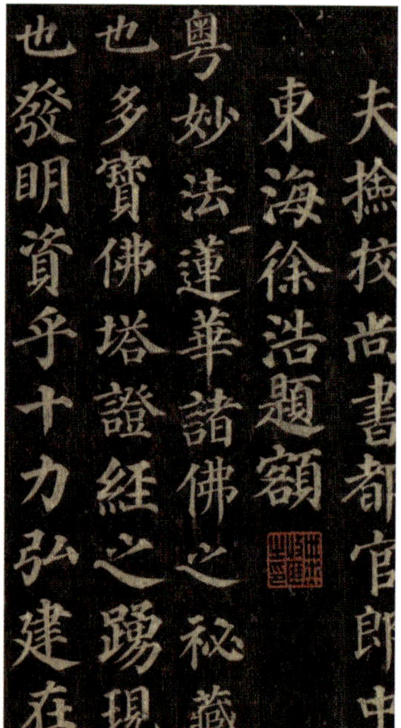

《多宝塔碑》局部

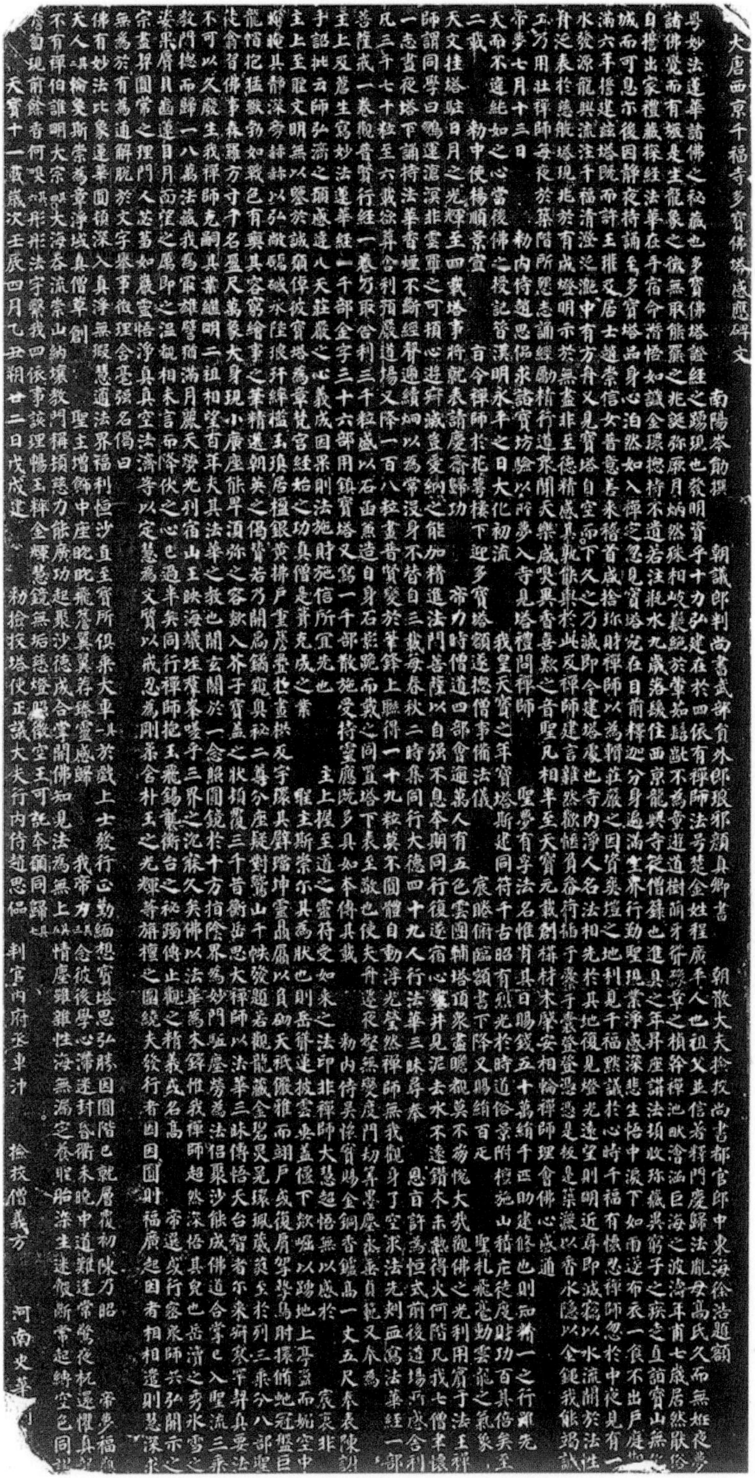

《多宝塔碑》（全名《大唐西京千福寺多宝佛塔感应碑》，别名《法华感应碑》）

唐 岑勋撰文 颜真卿书 史华刻石

纵 285 厘米

横 102 厘米

西安碑林第二室

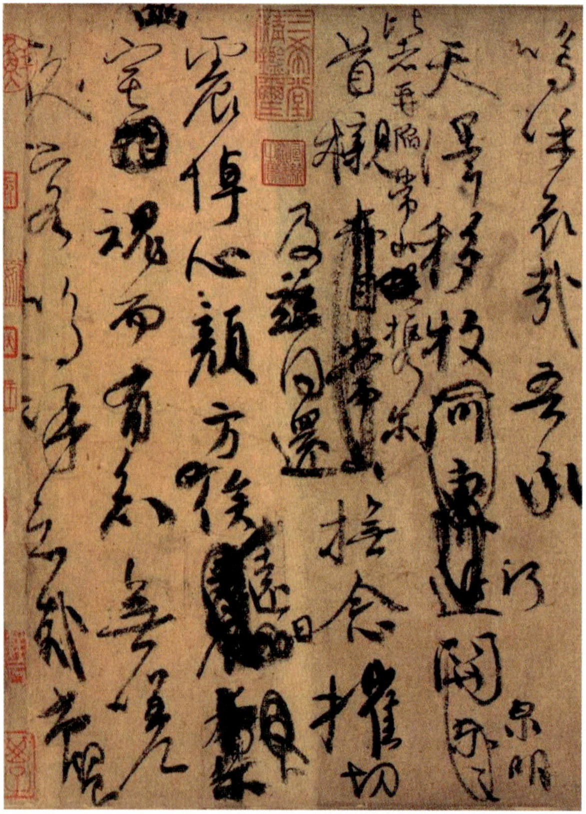

吾承天泽。移牧河关（『河东近』涂去），泉明（『尔之』涂去）比者。再陷常山（『提』涂去），携尔首榇，及兹同还（『亦自常山』涂去）。抚念摧切，震悼心颜，方俟远日（涂去二字不可辨）。卜（再涂去一字不可辨）尔（『尔之』涂去）幽宅（『相』涂去）。魂而有知，无嗟久客。呜呼哀哉，尚飨。

《兰亭集序》之美，美在王羲之那晚的醉。与知己好友大摆盛筵，喝酒写诗，那一刻盛极而衰的悲哀和无力涌上心头，慨叹宇宙之浩瀚、今日之美好，以及时间的转瞬而逝。“死生亦大矣”，再美的花花世界也是幻象，谁都逃不脱一场要散的筵席。《祭侄文稿》亦是同理，这应该算是一篇草稿。安禄山叛乱期间，颜家为国尽忠，殚精竭虑，几乎搭上全家人的性命。中国人向来重视葬礼，所谓入土为安，可如今兄长尸骨不存，最爱的侄儿也只剩首级，何来安？颜真卿恨透了安禄山，更恨透了间接害死亲人的王承业，也为二位英烈痛心自豪，为颜家有灭门之祸哀叹，更赞叹他们的英勇行为。“父（‘擒’涂去）陷子死，巢倾卵覆。天不悔祸，谁为荼毒。”行文到此，悲痛到极点，情绪饱满，“父”字蘸满笔墨，直到“呜呼哀哉”，一笔写尽，一声长叹，提着的一口气才渐渐缓和下来。

最后一段情绪愈加复杂。

前两段中颜鲁公以笔做刀，痛杀贼子。最后一段，心中怒火尚未平息，一股柔情突然涌上心头。亲人一世，从未想过这样分别，兄长和侄儿若魂魄有知，一定也会感念到他此刻的思念之情。待未来再选一块好的墓地安葬，希望你们不要怪罪我。话说至此字迹越来越潦草，哽咽到无法继续。

颜鲁公一生浓缩于此稿，满门忠烈，是最大的骄傲也是天大的伤痛，家国天下难两全，呜呼哀哉！

《祭侄文稿》是安史之乱期间颜真卿整个家族做出的贡献和牺牲最直

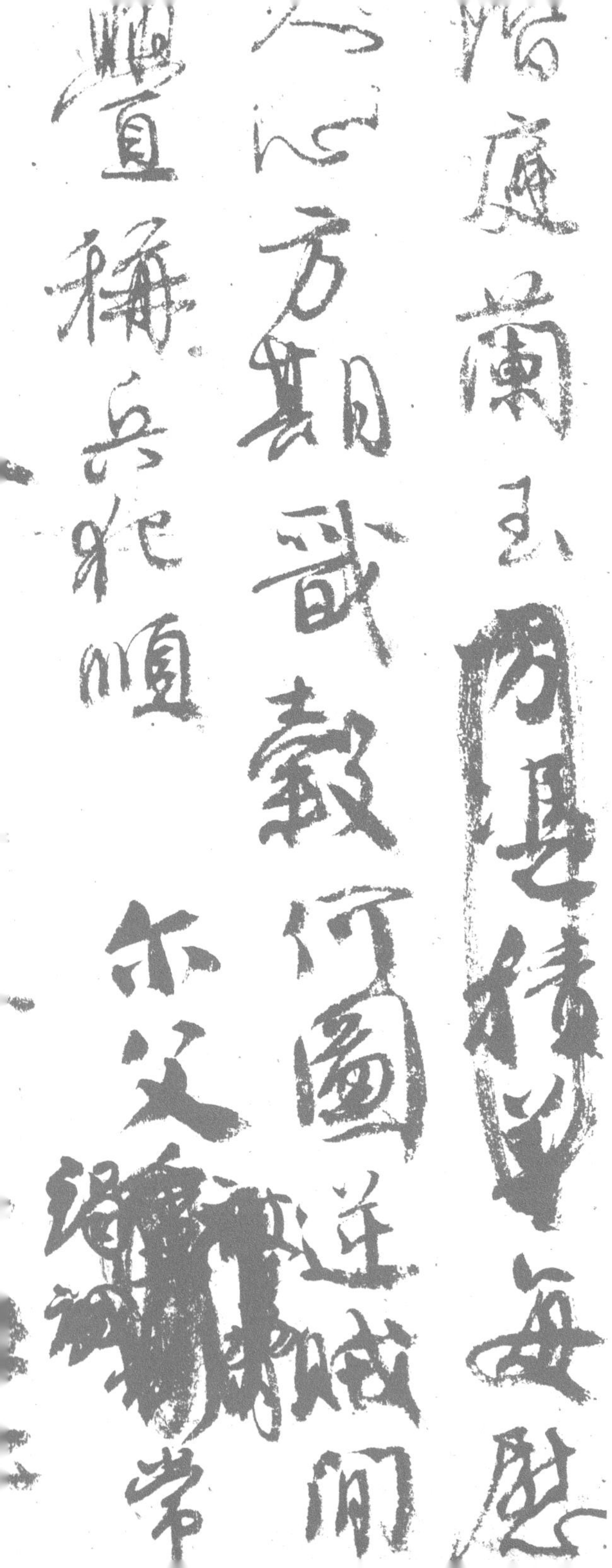

接的见证，正因为不是工工整整的“颜体”，更凸显珍贵。颜体以楷书方正严密为基础，横笔细，竖笔粗，一改唐代瘦硬笔法，丰腴圆厚，字体骨骼遒劲，法度庄严，充满阳刚之美。这与颜真卿本人的美誉相符，真正的“德艺双馨”，人字合一，故奉为“颜体”。行书之下的颜真卿虽有些不拘礼节，用笔还是雄厚大气，不失法度，真挚可爱。在凝望这幅字的时候，我眼前常常出现颜家父子被害的情景，仿佛看到颜真卿找到侄儿的首级，哽咽又自豪地写下祭文的样子，忍不住落下泪来。

·叁· 走向神坛

颜真卿这种眼里揉不得沙子、刚正不阿的性格，肯定会得罪一批同僚，特别是权臣。安史之乱平定后，颜真卿屡遭贬斥。唐肃宗时，颜真卿不仅得罪了宦官宰相李辅国，连皇帝李亨也得罪了。当时，李亨在李辅国帮助下，于京城外登基。即位时的礼法细节不甚完备，十分较真的颜真卿对此大发议论，令君臣二人伤透了脑筋。接回玄宗后，李亨与李辅国擅作主张，将这位太上皇迁到西宫。没想到得知消息后，颜真卿居然率百官来到西宫向玄宗请安，这下君臣二人更是十分没面子。不久，颜真卿被贬为蓬州长史，眼不见心不烦。

李豫即位后，颜真卿又得罪了新宰相元载。元载结党营私，又怕百官上表弹劾，便定了个规矩，百官奏疏在上达皇帝之前，必须先送到自己这里来。颜真卿当然不服，写了一篇奏疏，从《诗经》讲到安史之乱，甚至将元载比作杨国忠、李林甫，文章铿锵有力，句句在理，很快传遍宫里宫外。元载当时忌惮他，后来随便找了个理由将他赶出京城。这样的事情举不胜举。权臣也不敢把这位德高望重的老头儿怎么样，但也不给他实权，只让他管管皇家祭祀礼仪，最后还是放心不下，竟然打算把他送上死路。

公元七八三年，淮西节度使李希烈叛乱，丞相卢杞向当朝皇帝唐德宗李适出了一个毫无逻辑的坏主意：让颜真卿去劝降叛军，他是老前辈，是有名的忠臣，李希烈如果听他的话，我们不出一兵一卒就能收服叛军！李适估计也看不惯颜真卿，居然同意了，其他朝中大臣如李勉等纷纷反对。其实，当时已七十多岁高龄的颜真卿如果服一服软，说自己老了，皇帝也许不会逼他去，可面对这必死的圣旨，颜真卿竟慨然赴约，“君命可避乎？”

果然，颜真卿初到叛军军中，李希烈就派了一千多人带着刀，凶神恶煞地将他围住，颇有“将食之”的架势，要多凶险有多凶险。但是，这样的威胁根本吓不倒颜真卿。李希烈见硬的不行，就拿高官厚禄利诱，许诺自己要当了皇帝，就让颜真卿当宰相。其实，李希烈根本摸不清颜真卿，一个为了名节纲常连死都不怕的人，怎会在意区区虚名？颜真卿笑了：“你们听说过颜常山吗？安禄山叛乱的时候，他率兵反抗，就算被俘，依然大骂叛贼！我颜真卿快八十岁了，官至太师，我坚守我的节操，死而后已，怎么能受你们的胁迫？”

历经安史之乱，写下《祭侄文稿》的颜真卿，并没有被兄长、侄儿的惨死，以及朝廷奸臣横行、自己被排挤搞得心灰意冷。亲人为名节战斗到最后一刻，他深感自豪，到死也不能丢人，反而越挫越勇，这个老头儿焕发出了更强的生命力。《颜氏家庙碑》是颜真卿七十二岁时为父亲颜惟贞所作，少了《祭侄文稿》中的满腔愤怒，字迹工整，沉稳大气，笔力疏淡，毫无“炫技”痕迹，流露一派自然天真之美，质朴无华。孔子说“七十而从心所欲，不逾矩”，颜真卿此时的书法真正到了炉火纯青的境界，所创立的“颜体”代表着盛唐书法的顶峰。人很奇怪，经历了一辈子的事，快走到尽头时，也许才能彻底参透人生，或后悔，或释然。颜真卿到底是幸运的，初心不忘，从一而终，不悔也释然。

最终，在李希烈军中被囚禁了三年的颜真卿被缢死，享年七十六岁，三军恸哭。“淮、蔡平，子頵、硕护丧还，帝废朝五日，赠司徒，谥文忠，赙布帛米粟加等。”儿子们接回了父亲，葬入颜氏祖坟，唐德宗废朝五日，赐谥号“文忠”。宋高宗赵构赐颜真卿庙匾额“忠烈”，尊其为神。

跋似已極所謂無意於佳乃佳
者坡論書詩云苟能通其意常謂
不學可又云讀書萬卷始通神
茲區區於點畫波磔間求之則失
之遠矣乾隆戊辰清和月上澣八
日御識

東坡此詩似李太白
猶恐太白有未到

〇五

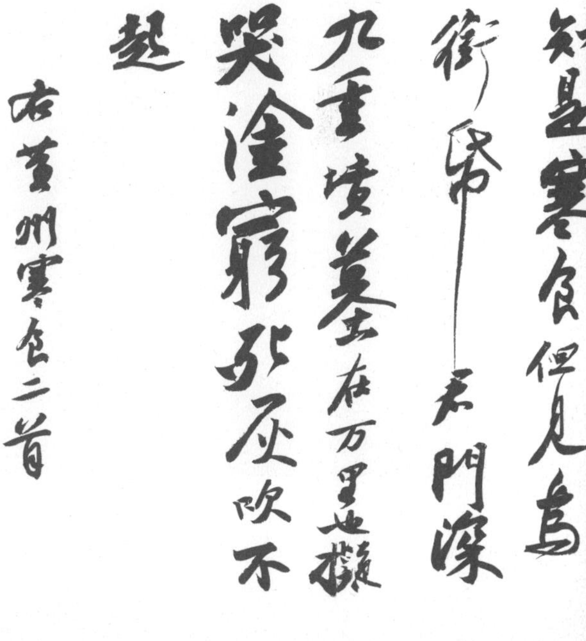

自我来黄州，已过三寒食。
年年欲惜春，春去不容惜。
今年又苦雨，两月秋萧瑟。
卧闻海棠花，泥污燕支雪。
暗中偷负去，夜半真有力，
何殊病少年，病起头已白。

春江欲入户，雨势来不已。
小屋如渔舟，蒙蒙水云里。
空庖煮寒菜，破灶烧湿苇。
那知是寒食，但见乌衔纸。
君门深九重，坟墓在万里。
也拟哭途穷，死灰吹不起。

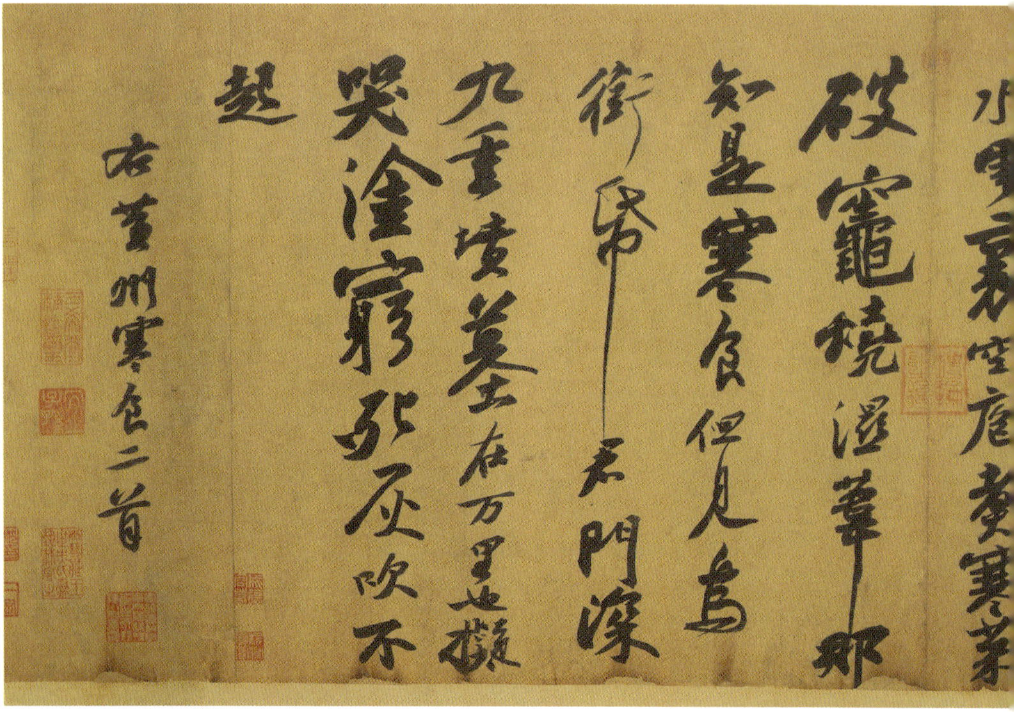

《寒食帖》
北宋 苏轼
纵 34 厘米
横 119.5 厘米
纸本
台北故宫博物院

《寒食帖》一开头使表明了时间：苏轼到黄州的第三年，也就是北宋历史上著名的“乌台诗案”之后，他被贬为黄州团练副使的第三年。

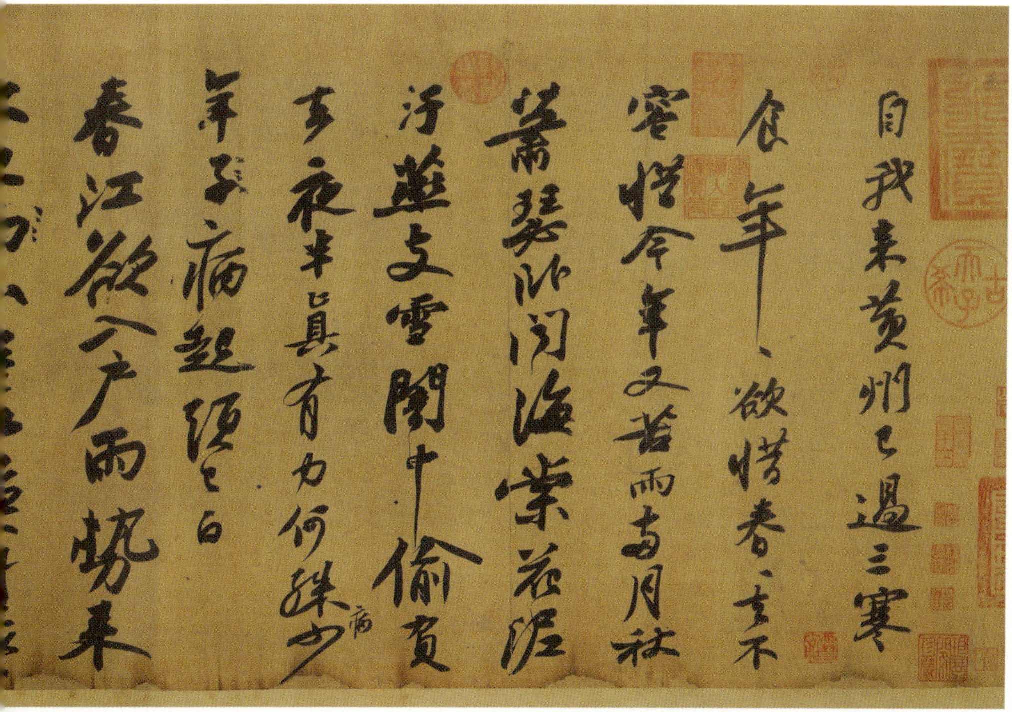

自我来黄州已过三寒
食年年欲惜春春去不
容惜今年又苦雨两月秋
萧瑟卧闻海棠花泥

·壹·

才华才是成功路上的绊脚石

提起苏东坡，许多人第一反应大概都是“明月几时有，把酒问青天，不知天上宫阙，今夕是何年”。他是当之无愧的北宋文坛领袖，二十一岁即因文采出众被欧阳修大加赞赏而名满京城。考中进士后，眼看一条光明灿烂的仕途就要在他面前展开，没想到接连迎来了两个打击。

第一个打击：四年之后，父亲苏洵病逝，苏轼、苏辙两兄弟还乡守丧三年。三年后，归朝，第二个致命打击紧跟而来。

当时，王安石在京城变法，正是新党最得意之际，苏轼仕途上的领路人欧阳修反对变法，被新党排挤出京。守孝归来，物是人非，苏轼无法自处，只好“自请离京”。他先去了杭州，后又去了湖州做知州。

对于做官这件事，古代知识分子执念很深。有知识、有文化的人要实现政治抱负，要千古留名，光会写几首诗词，不足以成就人生，即使是放浪形骸的“诗仙”李白也不能免俗。其实，苏轼当时站队，也属迫

《后赤壁赋图》卷
南宋 马和之
纵 25.9 厘米
横 143 厘米
绢本淡设色
北京故宫博物院

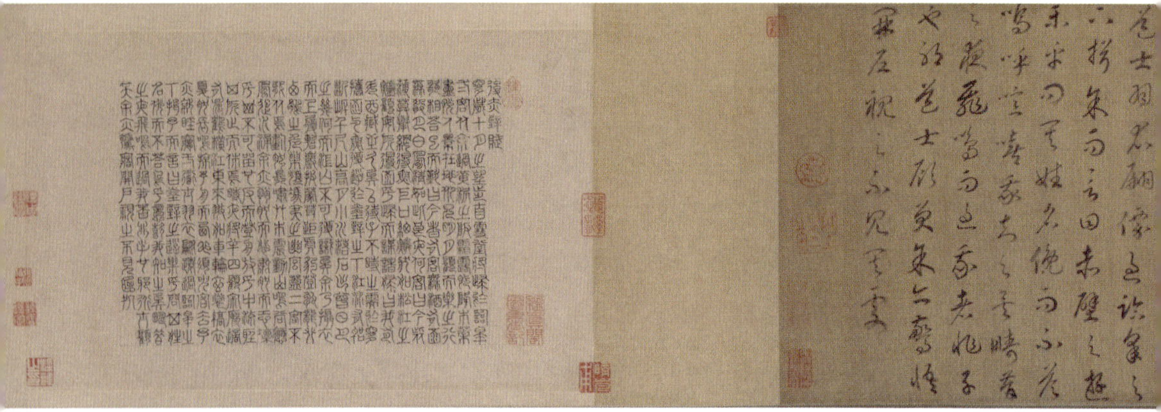

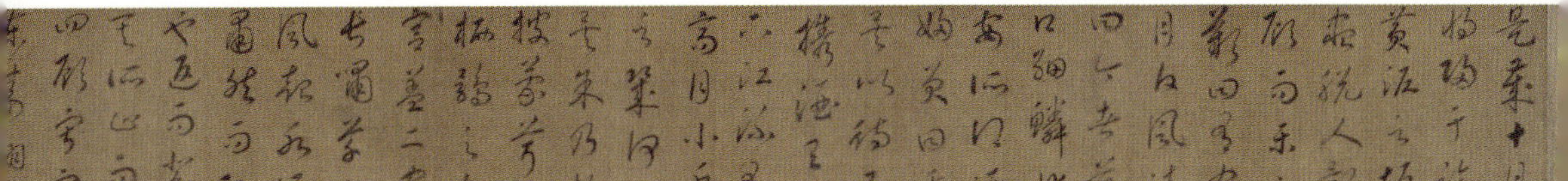

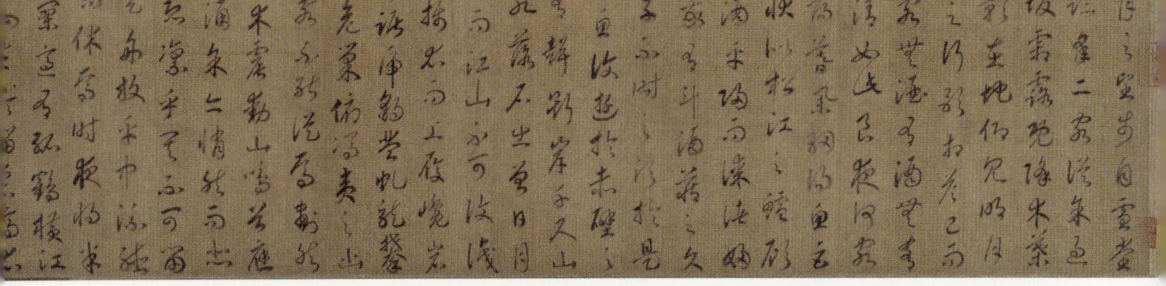

《后赤壁赋》
明 仇英 原作
清 缂丝艺人制
纵 30 厘米
横 498 厘米
北京故宫博物院

雲機仙製

不得已，作为欧阳修大力推崇的政坛新鲜血液，就算他想支持变法，王安石也不会轻易相信他、重用他。况且朝廷如江湖，讲究门派忠义。苏轼算是在欧阳修门下出道，在危难时刻自然也不能背叛。

事实证明，苏轼不但可以写一手好文章，也可以做一个好官。他在湖州任职，做了不少有利于民的改革，政绩斐然。公元一〇七九年，四十二岁的苏轼给宋神宗写了一份报告——《湖州谢上表》，本以为表表功、拍拍皇帝马屁也就完事了，没想到这样一封例行公事性质的书信，竟给他带来了灭顶之灾。

当时，苏轼是北宋文坛领袖，再加上官做得好，难免有些得意，例行报告也写得比别人“花哨些”。知识分子大多是性情中人，灵感与文采源于比别人多一些的感性，但这份感性也会授人以柄，招致祸端。苏大学士越写越控制不住自己，便发了几句牢骚：“陛下知其愚不适时，难以追陪新进；察其老不生事，或能牧养小民。”

《后赤壁赋图》马和之版局部

《后赤壁赋》仇英版局部

“新进”指的是王安石提拔起来的新党舒亶、李定、李宜之等人，“生事”二字，不用细想就知道不是什么好词。苏轼几乎是毫不隐讳地向宋神宗指责改革派无事生非。新党当然不会坐以待毙，这件事也成为导火索，他们立即挖掘了苏轼诗文中大量“讥讽”变法的诗句。文字这种抽象的东西本就最容易被人曲解，一千个人眼中就有一千个哈姆雷特，他们生拼硬凑地跑到皇帝面前，反告了苏轼一状。

一般情况下，皇帝不会理会文人之间打嘴仗的把戏，可新党这次之所以进行反攻，就是因为知道这一次一定能把苏轼置于死地，他们手中的筹码正是皇帝本人。

没有皇帝的支持，变法不可能推进。当时正值新法实施最困难的时期，宋神宗焦头烂额，苏轼“讽刺”变法，就是公开打皇帝的脸，公然反对皇帝。看到这些“证据”，宋神宗大怒，“令御史台选牒朝臣一员乘驿马追摄”。

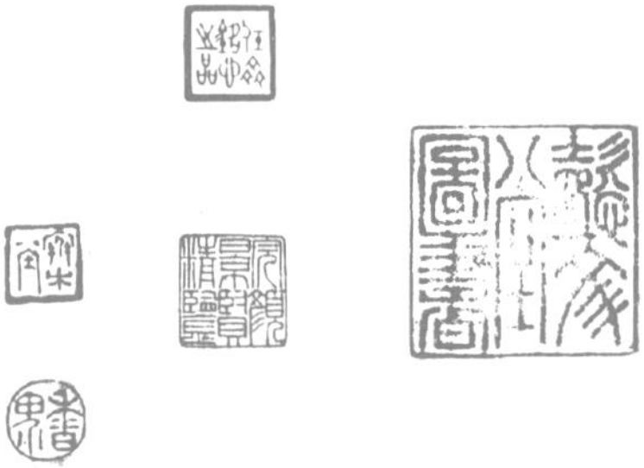

·贰· 宋朝文字狱

驸马王诜和苏辙得知后，立即派人快马加鞭通知苏轼，让他做好心理准备。据《孔氏谈苑》记载：“轼恐，不敢出，乃谋之无颇。无颇云：‘事至于此，无可奈何，须出见之。’”苏大学士怕极了，御史到来时，连门都不敢出。御史皇甫僎倒是以礼相待，还允许他穿上朝服出行。

船行至太湖，苏轼惶恐到了极致。他不知道皇帝会怎样处置他，如果终究是一死，长痛不如短痛，不如现在往水里一跳，一死了之，免得遭受许多折磨。但是一想到死无对证，只能任凭新党胡说八道，不但污了自己的清白，还会牵扯家人以及和自己有书信往来的许多至交好友，思前想后，死也死不得。一到京城，苏轼就被下狱。这段时间，他表现出一个知识分子既有风骨又可爱软弱的一面。他首先写好了遗书诗二首：

其一：

圣主如天万物春，小臣愚暗自亡身。

百年未满先偿债，十口无归更累人。

是处青山可埋骨，他年夜雨独伤神。

与君世世为兄弟，更结来生未了因。

其二：

柏台霜气夜凄凄，风动琅珰月向低。

梦绕云山心似鹿，魂飞汤火命如鸡。

眼中犀角真吾子，身后牛衣愧老妻。

百岁神游定何处？桐乡知葬浙江西。

苏轼拜托狱卒等他死后交给家人，狱卒倒是劝他不至于，毕竟此事还没定罪呢。在苏轼的坚持下，此诗只好先藏于枕套内。之后，苏轼准备好毒药，同时开始绝食，打算在宋神宗判他死刑后立刻死掉，绝不等到行刑之时。他还跟长子苏迈约定，如果平安无事，就送肉和菜进来，万一自己被判了死刑，就送鱼。有一天，亲戚来牢狱送饭，他并不知道苏家父子的密约，送了条鱼，苏轼当时就崩溃了，“予以事系御史台狱，狱吏稍见侵，自度不能堪，死狱中，不得一别子由”。

其实，也怪不得苏轼惶惶不可终日。在中国，“文字狱”是有传统的。西汉杨恽写了《报孙会宗书》，文中嬉笑怒骂讥讽朝政，直言“道不同不相为谋”，惹怒了汉宣帝，被处以腰斩之刑；魏晋时嵇康写《与山巨源绝交书》惹怒司马氏，也是被当众处死。可怜苏大学士满腹才华、名满天下，居然也要送命在这“莫须有”的“文字狱”上……

牢狱之外，朝廷之上，营救苏轼的工作丝毫没有停歇。宰相吴充仗义执言，就连苏东坡的死敌、当时被罢相的王安石也上表：“安有圣世而杀才士乎？”最后还是曹太后救了苏东坡。《宋史》记载，太后对皇帝说：“尝忆仁宗以制科得轼兄弟，喜曰：‘吾为子孙得两宰相。’今闻轼以作诗系狱，得非仇人中伤之乎？捃至于诗，其过微矣。吾疾势已笃，不可以冤滥致伤中和，宜熟察之。”“帝涕泣，轼由此得免。”曹太后本就不支持变法，她搬出宋神宗的父亲，又说自己在病中，不能滥杀无辜，就当讨个吉利，放了苏轼吧。此时孝道占了上风，再加上宋朝开国皇帝赵匡胤给子孙立过规矩——不能杀士大夫。苏轼终于被释放了。王诜为苏轼报信，所以惩罚最重，被削去一切官爵。当然，皇帝也有点公报私仇，他将最宠爱的妹妹嫁给王诜，这位公主知书达理、品貌端庄，配王诜绰绰有余。但是，这位驸马丝毫不珍惜，娶了一群小老婆，还喜欢流连妓院……

接下来被连累的就是保守派领袖司马光。他和苏轼的书信往来之中，肯定有对变法的牢骚。最终，包括司马光在内的十八个人都被罚了钱。

审理苏轼案子的是御史台，西汉御史台（当时称御史府）内有一棵大柏树，常年聚集着大群乌鸦，也叫乌台，所以这次北宋最著名的文字狱案被称作“乌台诗案”。

·叁·

苏大学士的寒食节

“寒食”顾名思义，即寒冷的食物。寒食节在清明前一日，家家都不能生火做饭，只能吃之前备好的冷熟食，是中国传统节日中唯一以饮食命名的节日。这一天要踏青祭祖，也是中国民间第一大祭日。寒食节最初也叫禁火节，相传远古时期，春天干燥，春雷频繁，极易大火，为了求得平安，古人要在这一天把所有火种熄灭，举行祭祀活动，向老天爷祈福，第二天重新燃起火种，谓之“请新火”。

此节的由来，也有另一种传说。春秋时，晋公子重耳流亡海外，身边臣子逃得差不多了，介子推却一直留在他身边。流亡路上艰险无比，为了给重耳增加营养，介子推不惜“割股充饥”。重耳成为晋文公之后，重赏加封曾经对他不离不弃的臣子，唯独忘了介子推。介子推心灰意冷，遂背着老母亲从此隐居山林。有一天，晋文公突然想起他，心怀愧疚，便派人去请介子推出山，介子推却早已下定决心再不相见。于是，晋文公的手下出了一个天大的馊主意：介子推特别孝顺，如果我们放火烧山，他一定会带着母亲出来的。没想到，大火烧了三天三夜，介子推还是没有出现。三天后，人们在一棵烧焦的大树下发现了介子推和他母亲的尸体。晋文公便将这座山改名为介山，介子推和母亲去世的这一天，也就是清明的前一天，全国“不举烟火”，定为“寒食节”。

苏轼在名臣介子推的祭日写下《寒食帖》，既是祭奠，也是感慨自己与介子推同为忠臣却无法报效国家。寒食节当天本来就冷锅冷灶的，雨水又特别旺盛，真是凄风苦雨。“君门深九重，坟墓在万里。也拟哭途穷，死灰吹不起。”苏轼被贬到黄州做小官，又被朝廷弃用，回不了家乡，现下真是心如死灰。

读到这里，也请读者别忘了，苏轼可是著名的“豪放派”词创始人，知识分子的矫情劲儿演变成“君门深九重，坟墓在万里”这样苍凉的独白，读来更是铿锵豪迈，没有一丝扭捏之感。通篇以行书写就，一气呵成，每一笔都随着心情跌宕起伏，有感而发，自然通达，苏轼的字与他的诗文相比毫不逊色。在两次人生打击之后，有感于世事无常，苏轼由一个规规矩矩的儒学家变成了道教和佛教的追随者，之后便在宗教中寻找人生的意义和出路。

《寒食帖》
黄庭坚题跋

东坡此诗似李太白，犹恐太白有未到处。此书兼颜鲁公、杨少师、李西台笔意。试使东坡复为之，未必及此。它日东坡或见此书，应笑我于无佛处称尊也。

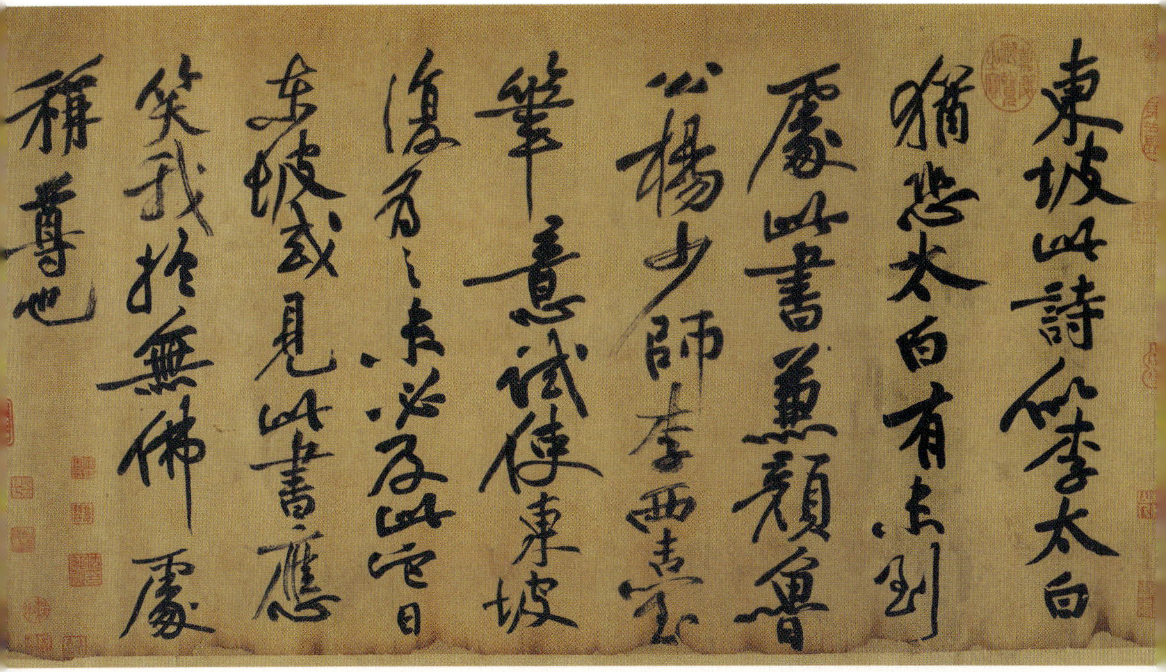

《辋川图》

北宋 郭忠恕摹
纵 29.9 厘米
横 480.7 厘米
绢本设色
美国西雅图美术馆

苏轼的偶像是大诗人王维，更是那个开创了中国文人画，讲究画心、气韵的王维——“味摩诘之诗，诗中有画；观摩诘之画，画中有诗。”王维是一名佛教徒，经历也与苏轼极为相似，先是靠才华誉满天下，后因政治斗争远离朝廷核心，干脆归隐山田，画起了《辋川图》，从此为自己而画，只画心中的山河家园，配以诗词抒发情

《辋川图》

清 王原祁摹

纵 35.6 厘米

横 545.5 厘米

纸本水墨

美国大都会博物馆

感。王维之前，绘画以记录为主，皇家画院的画师追求“画得准”；王维之后，绘画变为文人特有的山水画，诗、书、画俱全，这便是“文人画”的起源。苏轼发展了王维的思想：“论画以形似，见与儿童邻。”画画如果追求形似，那便跟小孩子的见识一样。文人才是真正的艺术家，他把吴道子和王维拿来做比较：“吴生虽绝妙，犹以画

工论。摩诘得之于象外，有如仙翮谢笼樊。”在他眼中，吴道子再好，不过是个匠人，技术高超而已；王维作品却都是神来之笔，他才是真正的艺术家。

在北宋，苏轼和他的好朋友王诜、欧阳修、蔡襄都是王羲之的拥趸。魏晋行书独一无二，不完美但独具个性，能在书画作品中看到作者本人。这种书画境界被苏轼称为“道”，过程比结果更重要，忘记技巧，淡泊自然，才能“其身与竹化，无穷出清新。庄周世无有，谁知此凝神”。与天地宇宙合而为一，才是真正好的作品。

意境，已入化境。

《寒食帖》是苏轼现存最杰出的书法作品，文如其人，直指人心，布局气势奔放，孤独之感，溢满字里行间，柔肠百转。观者可随他一起回到公元一〇八二年的寒食节，陪他坐在大雨中的小屋，思念远方的亲人，感慨介子推的命运……

林语堂先生在《苏东坡传》中这样写道：“苏东坡是一个不可救药的乐天派，一个伟大的人道主义者，一个百姓的朋友，一个大文豪，大书法家，创新的画家，造酒实验家，一个工程师，一个假道学的憎恨者，一个瑜伽术修行者，佛教徒，巨儒政治家，一个皇帝的秘书，酒仙，厚道的法官，一个政治上的坚持己见者，一个月夜的漫步者，一个诗人，一个生性诙谐爱开玩笑的人。”

污燕支雪闇中偷負
去夜半真有力何殊少病
年子病起須已白
春江欲入戶雨勢來

桐黃葉慣寫長門詩句斷墨零紈留得
砂紅鎖深院守宮空護想人間子夜清
含情都在毫素重見宣和秘殿淡螺
半行垂露笑飛來七十夗央只相識宮
人花邊聽羯鼓　此卷自下丑冬題後冬
賦綺羅香一闋立冬後一日。天宇晴暖
泰錯今歲六月大兒舉子須又叨賢書差
書於金章宗璽紙後宣和畫譜載張萱

第二章

现场

〇六

地下博物馆

懿德太子墓

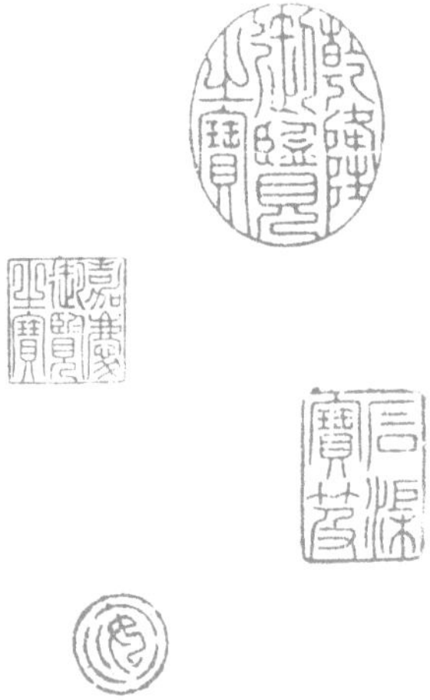

·壹·

迟到的纪念

墓葬艺术是由各种宝贝堆砌出来的。盛世出至宝，在大唐长安城底下，长眠着无数响当当的人物，以及无数静静呼吸着的精华至宝。而在众多豪华的长安墓葬中，懿德太子墓显得十分特殊。

懿德太子李重润是武则天的孙子，皇太子李显的大儿子。据史书记载，李显得了李重润之后，唐高宗李治非常开心，大赦天下，还破例立李重润为皇太孙，直接指定为皇位继承人。李重润不但投对了胎，还赢在了起跑线上。然而，因为武则天这个祖母，他的风光只停留在两岁之前。

话说在武则天时代，很多李家少年都在花季一命归西，这位大唐的未来继承人也只活到了十九岁。“懿德太子墓”的特殊之处在于“号墓为陵”。“陵”比“墓”的规格高，号墓为陵，意思是李重润的懿德太子墓（以及妹妹李仙蕙的永泰公主墓）的豪华等级和规模要按照皇帝的陵来安排。

《阙楼仪仗图》局部

唐中宗李显提出这四个字的时候，这对兄妹已经离开人世整整五年了。据史料记载："中宗失位，太孙府废，贬庶人，别囚之。帝复位，封邵王。大足中，张易之兄弟得幸武后，或谮重润与其女弟永泰郡主及主婿窃议，后怒，杖杀之，年十九。重润秀容仪，以孝爱称，诛不缘罪，人皆流涕。神龙初，追赠皇太子及谥，陪葬乾陵，号墓为陵，赠主为公主。"这位大唐皇孙两岁时就因父亲被废成为庶人，好不容易等到小叔叔李旦被祖母厌弃，父亲重得帝位，却因得罪了祖母最宠爱的张易之兄弟，而被武则天亲自下令乱棍打死，年仅十九岁。作为父亲的李显，眼睁睁地看着自己的一子一女死在面前，毫无办法。

公元七〇五年，武则天卒，同年李重润被追封为"懿德太子"，公元七〇六年陪葬乾陵。于公，压在李氏家族头上几十年的那位妻子、母亲、祖母终于化为一具冷冰冰的尸体，不光是李显，所有李姓子孙都在此刻一扫胸中恶气，当年倒在武皇手下的李氏族人得以昭雪沉冤。于私，一位父亲在五年之后将自己冤死的儿女搬到身边来，追封生前就应享受到的名号，大办丧事，一点儿都不为过。

只有在狂喜之下，悲痛才会显得异常深刻。于是，一座倾全国之力、令人百感交集的皇太子墓葬就在这样的情况下建成了。

一千多年后，懿德太子墓被发现，是现存被发掘的规模最大、级别最高（皇帝级规格）的唐代陵墓。至此，一座帝王级的唐代地下博物馆走出史书，走到我们眼前。

·贰·
最可靠的美术史

中国墓葬文化流传了几千年，从简单的纵式墓穴演变成庞大的地下宫殿。到了唐代，规制已经十分严格。懿德太子墓的每一处细节都彰显着墓主人的身份，丝毫不能僭越，单单是墓道东西两侧长达二十六米的壁画《阙楼仪仗图》就包含了无数令人惊叹的信息。

“阙”是一种建筑形式，一般为城门或者宫殿前的标志性建筑，是尊贵身份的象征。按照规制，太子出行只能使用两出阙，而壁画上的这组三出阙正是“号墓为陵”帝王待遇的证据之一。

天井的壁画更显示了太子身份的尊贵。古代以戟为杖，“戟”作

《阙楼仪仗图》局部

为古代兵器本是以青铜制成，在汉代之后逐渐被战场淘汰，改为木质刷漆，变成了皇家贵族、高门大院“狐假虎威”的装饰品。壁画上共有二十四列戟，是同为惨死在武则天手下的章怀太子李贤也享受不到的帝王之尊。

看得出，一向懦弱的李显这回非常大胆了。

《阙楼仪仗图》局部

《阙楼仪仗图》局部

《阙楼仪仗图》局部

《阙楼仪仗图》东西两壁分别是白虎和青龙在云中腾跃、引路，整幅壁画以气势磅礴的山脉为背景，山石层层叠叠、交错分明。沟壑纵横之中，树木分布其中。虽然已过千年，阙楼的朱红色依然清晰可辨，山石以赭石为基调，不管是人物、建筑还是山脉，都是先用笔勾勒出形状，再敷以朱砂、石青、石绿，以微妙的颜色变化增加作品的立体感。画面色彩丰富、贵气非凡，并非只有黑白两色的中国绘画。这才是大唐最真实的模样，青绿山水、娇艳欲滴。

在中国美术史上，壁画一直扮演着绝对主角，虽不如绢本或纸本书画那样拥有著名的创作者、收藏者，“旅行”于世界各地备受宠爱，但也可以说是历史证据模糊时的一杆标尺。画匠们用高超的技术将当朝绘画最绚烂的特点呈现在壁画上，如同今日的敦煌壁画，可以在唐代洞窟里清楚地找到大画家吴道子、阎立本、周昉的身影。吴道子的铁线描，阎立本的外国人面庞，周昉最爱的纱裙半遮、圆

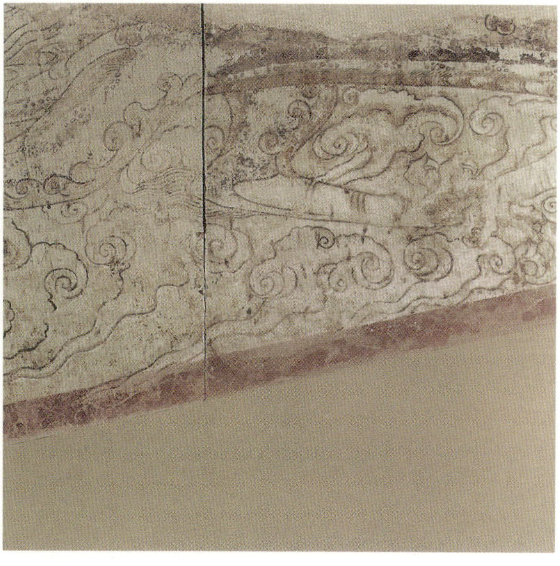

《阙楼仪仗图》西壁的《青龙图》局部

润的仕女，统统在荒漠之中顽强盛开着。艺术家们没有想到，千年后，在他们的真迹都无法向后人展示的时候，无名艺术家们已经默默地留给后世一部“中国美术史教科书”。

相比于佛教壁画，皇家陵墓内的壁画自然要多用心百倍。从秦始皇开始，不管是皇帝还是王公大臣、普通百姓，稍微有点儿条件的，都对死后升仙庇佑后代这件事情有执念。坟墓不是简单的一个土堆，而是阴间与阳间连接的通道，是灵魂的永居处。对于皇家来说，一座陵墓的豪华程度绝对不能低于其生前的居住环境，而且要有神秘的仪式感。例如马王堆汉墓中的“升天”仪式，在中国传统墓葬文化中，这些都转化成了古人艺术的表达方式。从汉朝到唐朝，随着皇家财富的累积，这些方式只多不少。

流传至今的唐代青绿山水绘画大多数是宋代人模仿的作品。这些作品倒不是为了卖山寨货，而是一种学习，以及向前代致敬的传统。特别是宋徽宗时代，这位爱艺术如生命的帝王最爱让画院临摹前代作品，以他的精益求精，临摹作品估计和原作相差无几。说到底，若非宋徽宗，别说原作，就连临摹作品我们都无缘得见了。

但临摹毕竟是临摹，自从《阙楼仪仗图》横空出世，我们也享受到了与宋人一般的待遇，亲眼得见大唐的瑰丽传

《江帆楼阁图》
唐 李思训
纵 101.9 厘米
横 54.7 厘米
绢本设色
台北故宫博物院

奇。同时，这些壁画也使得另一幅作品，唐代大画家李思训的《江帆楼阁图》有了最好的印证。

《阙楼仪仗图》中先勾线再敷色的技法以及青山绿水用色，都与李思训的《江帆楼阁图》如出一辙。特别是山石和树木的画法，用笔狭长繁复，层层叠叠，错落有致。每片树叶都要用墨色勾勒出来，从风格到细节都像出自同一人之手。

宋人，果然所画不虚。

李思训师法展子虔，将青绿山水发展到了一个鼎盛时期，他笔下的大唐更加恢宏壮丽。他在青绿之中加入金色，画面贵气十足。《江帆楼阁图》中除了树枝，连浩渺江水上的水纹都是一笔一笔绘出的。画中还有十个小人，三仆一主沿着山路赶往山中聚会，还有一位藏在山中红色回廊内，两位站在岸边交谈，水面上的三位渔夫或泛舟或垂钓，都怡然自得。整幅画高不过一米、宽半米，山峦高耸挺拔，树林郁郁葱葱，配以水之缥缈无垠，同时还能做到“豆人寸马”，须眉毕现。

在李思训笔下，中国水墨画一改从前人比山大、以人为主的风格，山水与人有了视觉上合适的比例，景物正式成为一幅画的主角，

“青绿山水”时代由此开启。明代董其昌称李思训为北派山水的创始人，是北宗之祖。

李思训的祖父是唐高宗的堂弟长平王李叔良。这位皇室核心成员也是一位战功赫赫的将军，幸存于武则天时代，也在武则天死后

任“中正卿”一职，专管皇家皇室葬礼。李思训必然参与了懿德太子墓修建的细节，太子墓中的壁画很有可能是匠人按照李思训的粉本创作而成。

既然是太子出巡，必然要有仪仗队跟随。《阙楼仪仗图》东西两壁中共出现了一百九十六位人物，侍臣列前，分为步队、骑队和车队，皆为圆领长袍，头戴黑冠，脚着黑靴，按照等级分为红、黄、绿、赭四种颜色。都说唐人有胡人血统，确实长相洋气，仪仗队中众人大多是络腮胡，整张脸棱角分明，与兵马俑中憨厚淳朴的外貌截然不同。

仪仗队旌旗招展，目视前方，整装待发，等待着他们的皇太子李重润。懿德太子坐在车上，红衣飘飘，神情冷峻。大唐的威严肃穆由此可见一斑。现实之中不会有神兽引路，所以青龙白虎的存在预示着这位大唐太子死后要去的地方。他一定是在宇宙某处自由翱翔。

《阙楼仪仗图》局部

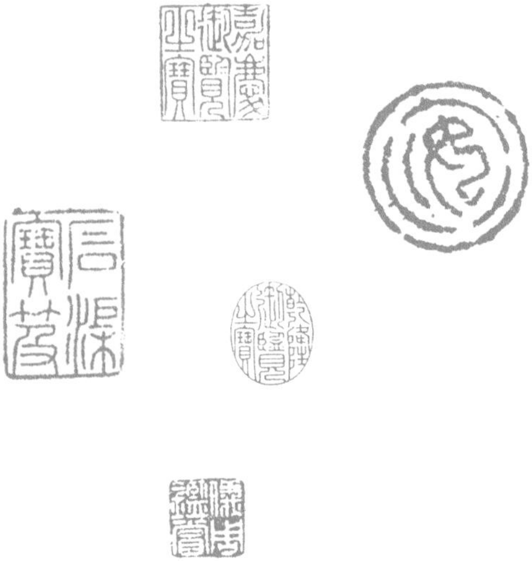

·叁·
藏起来的父爱

除了给李重润皇帝的待遇，唐中宗还为儿子娶了个媳妇。据《旧唐书》记载：“仍为聘国子监丞裴粹亡女为冥婚，与之合葬。”有阙楼、仪仗队、宫娥、明器，还有妻子相伴，这座墓葬就更像一个家了。“冥婚”在古代已有，这种结合方式颇为离奇。据说在唐中宗时代，韦后也为已故的弟弟招了一个冥婚妻子，女方是中书令萧至忠的亡女。唐玄宗李隆基发动政变推翻了韦后政权后，萧至忠怕连累到自己，居然挖开坟墓搬回女儿灵柩，表明二人的“冥婚”宣告结束，也是完全不顾及当事人的感受了。其实，懿德太子墓早在一九七一年被正式发掘之前就被盗了，还好壁画不便移动，得以幸存。冥婚夫妻的遗骸也不值钱，所以没有被盗墓贼打扰。这对一千多岁的少男少女的遗骸最终换了居所，现存于西安医学院。“墓葬”在于藏，唐中宗也无法想象千年之后墓葬是这样的结局。作为父亲能给亡儿的所有的爱，都寄托在其中，如今重启，这份爱也变成了送给后世子孙的礼物——一座令人赞叹的地下大唐美术馆。

人
巖之畔乃援御者而告之曰
爾有覿於彼者乎此何人斯若
此之豔也御者對曰臣聞河洛
之神名曰宓妃然則君王所見無
迺是乎其狀若何臣願
聞之余告之曰其形也

〇七

女神恒久远

洛神赋图

進止難期若往若
還轉眄流精光潤
玉顏含辭未吐氣
若幽蘭華容阿那
令我忘飡

《洛神赋图》

东晋 顾恺之

纵 27.1 厘米

横 572.8 厘米

绢本设色

辽宁省博物馆

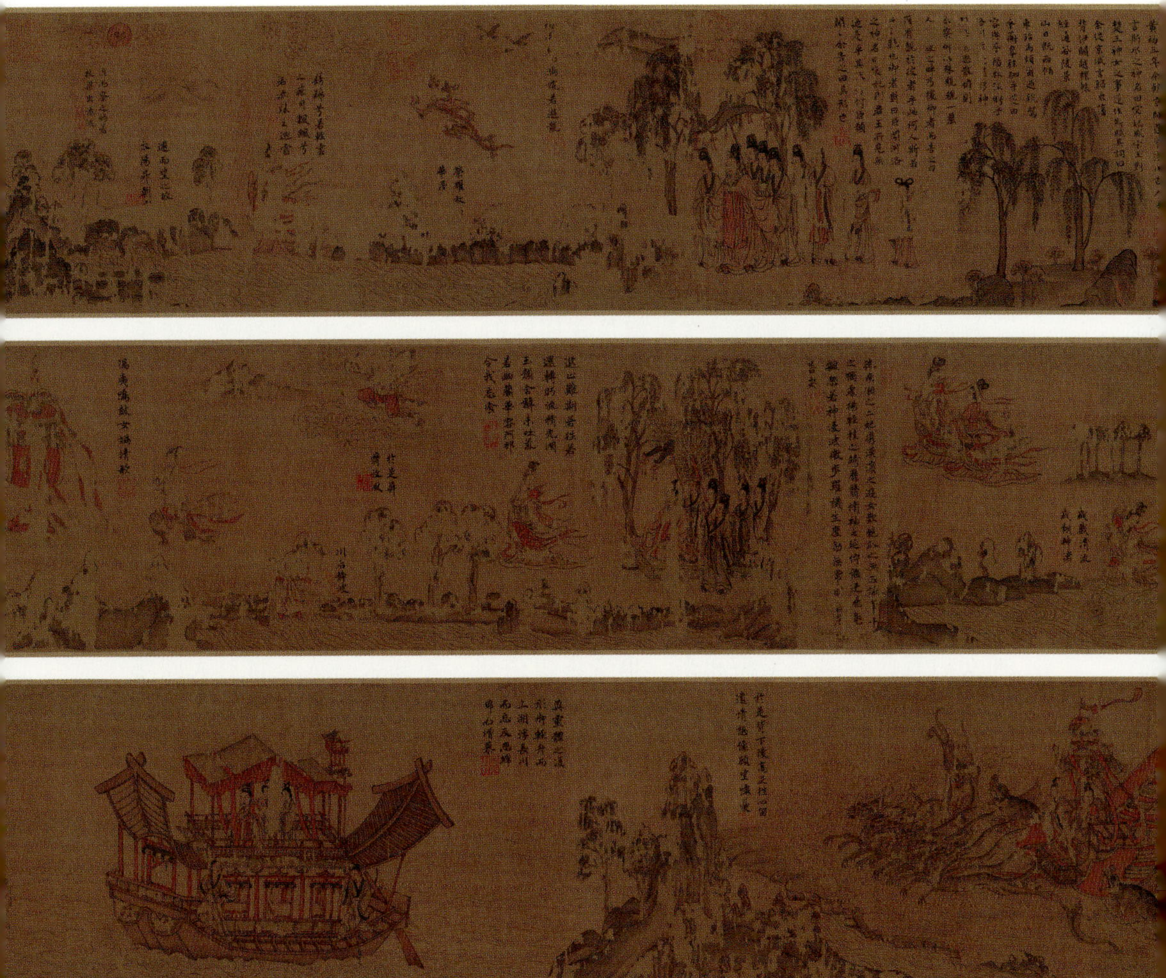

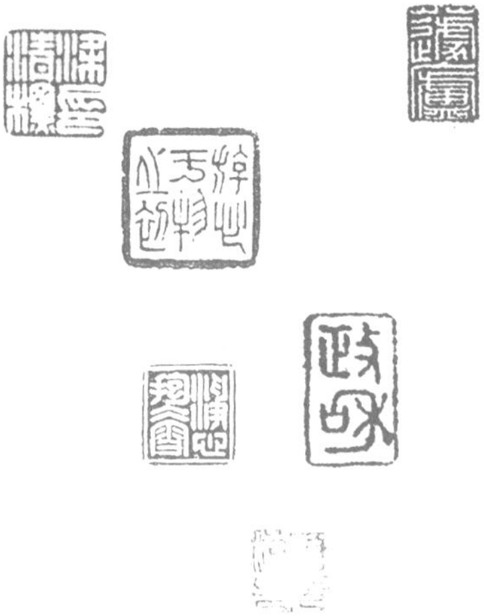

·壹· 天真宛若初见

洛神是中国先秦文化中最有名、最漂亮的神女，掌管洛水，是黄河之神河伯的妻子。她第一次亮相是在屈原的《离骚》之中：“吾令丰隆乘云兮，求宓妃之所在。”大诗人屈原巴巴地跑去洛水追求美貌的神女，然而她并不把当世第一大才子当一回事，“保厥美以骄傲兮，日康娱以淫游。虽信美而无礼兮，来违弃而改求”，洛神因美而骄，不讲礼节，这倒显得屈原小心眼，没有君子之风了。

屈原最善描绘人神恋，写得旷世绝伦，煞有介事。在他的文字中，神女们有血有肉，丰满起来，也变得世俗化，不知大诗人是将对人间哪个女子无法抒发的痴恋幻化到了神女身上。这样的故事胜在神秘、浪漫、优美。从此，中国文人纷纷效仿，“洛神”成了无数人的爱情“桃花源”，每个文人都有一个与洛神的约会，其中三国曹植的《洛神赋》最为出名，流传最广。

元张渥《九歌图》中的河伯

与女游兮九河，冲风起兮横波。乘水车兮荷盖，驾两龙兮骖螭。登昆仑兮四望，心飞扬兮浩荡。日将暮兮怅忘归，惟极浦兮寤怀。鱼鳞屋兮龙堂，紫贝阙兮朱宫，灵何为兮水中？乘白鼋兮逐文鱼，与女游兮河之渚，流澌纷兮将来下。子交手兮东行，送美人兮南浦。波滔滔兮来迎，鱼鳞鳞兮媵予。

晋代大画家顾恺之的代表作《洛神赋图》便是根据曹植的《洛神赋》绘制而成，一个是千古名画，一个是千古名篇，说不清谁成就了谁，反正都是传奇。

晋代书法以王羲之为尊，绘画则首推顾恺之。魏晋时代，绘画为神灵服务，大多出现在寺庙壁画高堂之上，画的是菩萨、神仙，画画之人也不留姓名，统称为“画匠”。那个时代还没有科举制度，专业画匠不用读书，甚至不用识字，以祖传手艺或师徒形式传承训练。顾恺之则不同，他出身贵族，父亲顾悦之的“朋友圈”里都是王羲之、王献之这样的大名士和大门阀。顾恺之自己也官拜参军，名副其实的世家子弟，凭着高超的画艺，得以成为中国绘画史上第一位有典可查的明星画家。

魏晋南北朝出怪杰，比如“竹林七贤”。顾恺之这样的天才当然也不会安于平常。他一生有三绝——文绝、画绝、痴绝。他的“痴”并不似米芾“石痴”那般痴迷，而是“尤信小术”，以为求之必得。“桓玄尝以一柳叶给之曰：‘此蝉所翳叶也，取以自蔽，人不见己。’恺之喜，引叶自蔽，玄就溺焉。”桓玄给顾恺之一片柳叶，说它有隐身功能，顾恺之于是喜滋滋地把叶子当成了哈利•波特的隐身衣，结果桓玄故意用尿淋了他一身。此为痴傻，也为天真。如果你以为他是真傻，那就错了。建康瓦官寺重修寺庙，苦于没有施主施舍银钱，顾恺之就跟方丈提议，要在寺庙里画一幅维摩诘像壁画，同时跟全城的人宣布，谁想看这幅画必须交门票钱。你说顾恺之超前不超前？在一千年前就明白了进寺庙要掏钱这个道理。这一下，他成功挑起了城中老百姓的好奇心。百姓早知道顾家公子画画好，普通人无缘得见，有机会一定要大开眼界。于是寺庙靠众筹有了修缮款，顾大公子在坊间也声名鹊起，所有人都被他的维摩诘像征服了，寺院可算名利双收。

这个故事中还有一个至关重要的细节，画像中的维摩诘并没有眼睛，这当然是顾恺之有意为之。到了开放参观的那天，顾恺之现身，当众为画像点睛，整个寺庙顿时被这双眼睛点亮了。有了这双眼睛，维摩诘便有了“神”。这是顾恺之的绝技之一——“四体妍蚩，本无阙少于妙处，传神写照，正在阿堵中。”画之魂，在于双目。要让平面上的二维人像跃然纸上，必须“以形传神”。顾恺之认为画人最难，因为每个人的神韵不同，比如画裴楷大将军时，他硬是在人脸上加了三根胡须，看过的人都夸赞他画出了裴楷本人的俊朗神气。

现在世上已无顾恺之真迹，所以我们也无从感知“以形传神”的妙处，但幸好还有画技高超又热爱艺术的宋人，为我们留下了贴近真迹的《洛神赋图》。

·贰· 一封情书

现存传世的《洛神赋图》有几个版本，分别藏于北京故宫博物院、辽宁省博物馆以及美国弗利尔美术馆。其中，辽宁省博物馆收藏的宋高宗版被认为最忠实于原本，被推为最优。这幅长卷以曹植的《洛神赋》为开篇，如连环画一般缓缓道出洛神与人间男子相恋的美好故事。其实，曹植寄托在洛神身上的爱恋并非空穴来风，因为这篇文章也叫《感甄赋》，“甄”即他的嫂子甄宓。

说到此处，我们就必须聊聊曹植。

这位曹家三公子一直是古代大才子的代言人，真有才，更有情，一首《七步诗》瞬间把哥哥曹丕打入不孝不仁的十八层地狱，将自己塑造得既弱小又有骨气。群众最爱看这样的桥段，弱小无助但智慧勇敢的男主最终打败了愚蠢阴毒的反一号，曹丕杀不了他。而史实是，曹丕的才情也不输任何人，与父亲曹操、弟弟曹植并称文坛

“三杰”。据说曹植爱上了嫂子甄妃，还写文章昭告天下，结果“绿帽”皇帝曹丕居然放过了自己这位不知天高地厚的弟弟。

曹植的心中除了洛神，还有甄宓，而顾恺之的眼中只有洛神。

《洛神赋图》的前景是山石与几棵树木，一群人簇拥着一位贵公子（曹植本人）站在树林之中。远山泛黛，这是这幅画的第一个空间。他的目光落在画面前方，使得观者顺着他的指示往下看。中国画喜用长卷形式，将一个故事巧妙地用不同空间串联起来，阅者便如欣赏电影一般，身临其境。

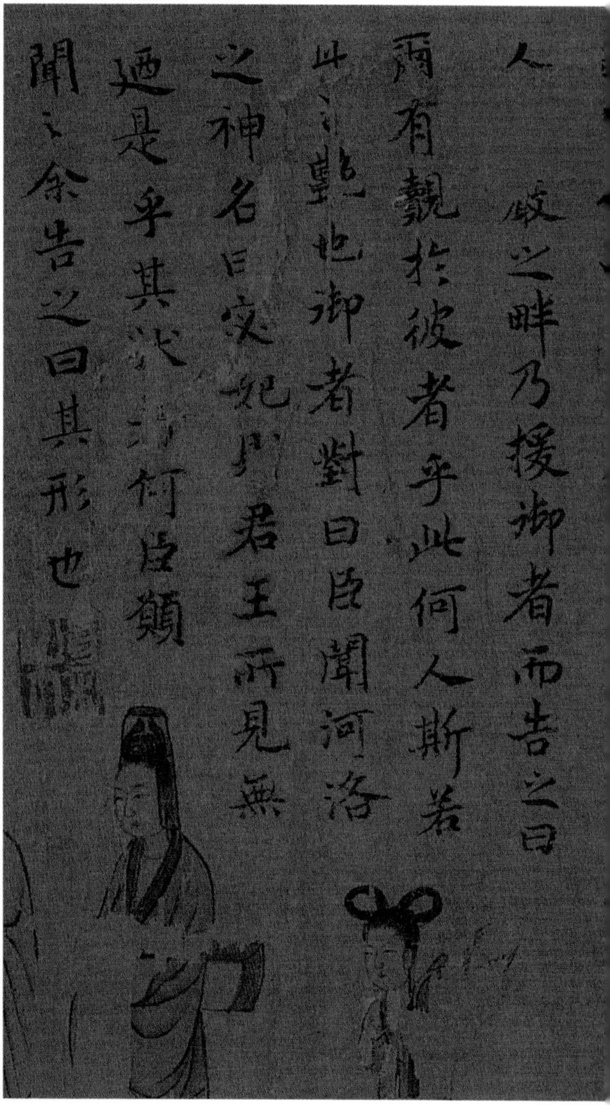

黄初三年，余朝京师，还济洛川。古人有言，斯水之神，名曰宓妃。感宋玉对楚王神女之事，遂作斯赋。其词曰：

余从京域，言归东藩，背伊阙，越轘辕，经通谷，陵景山。日既西倾，车殆马烦。尔乃税驾乎蘅皋，秣驷乎芝田，容与乎阳林，流眄乎洛川。于是精移神骇，忽焉思散。俯则未察，仰以殊观。睹一丽人，于岩之畔。乃援御者而告之曰：『尔有觌于彼者乎？彼何人斯，若此之艳也！』御者对曰：『臣闻河洛之神，名曰宓妃。然则君王所见，无乃是乎？其状若何？臣愿闻之。』

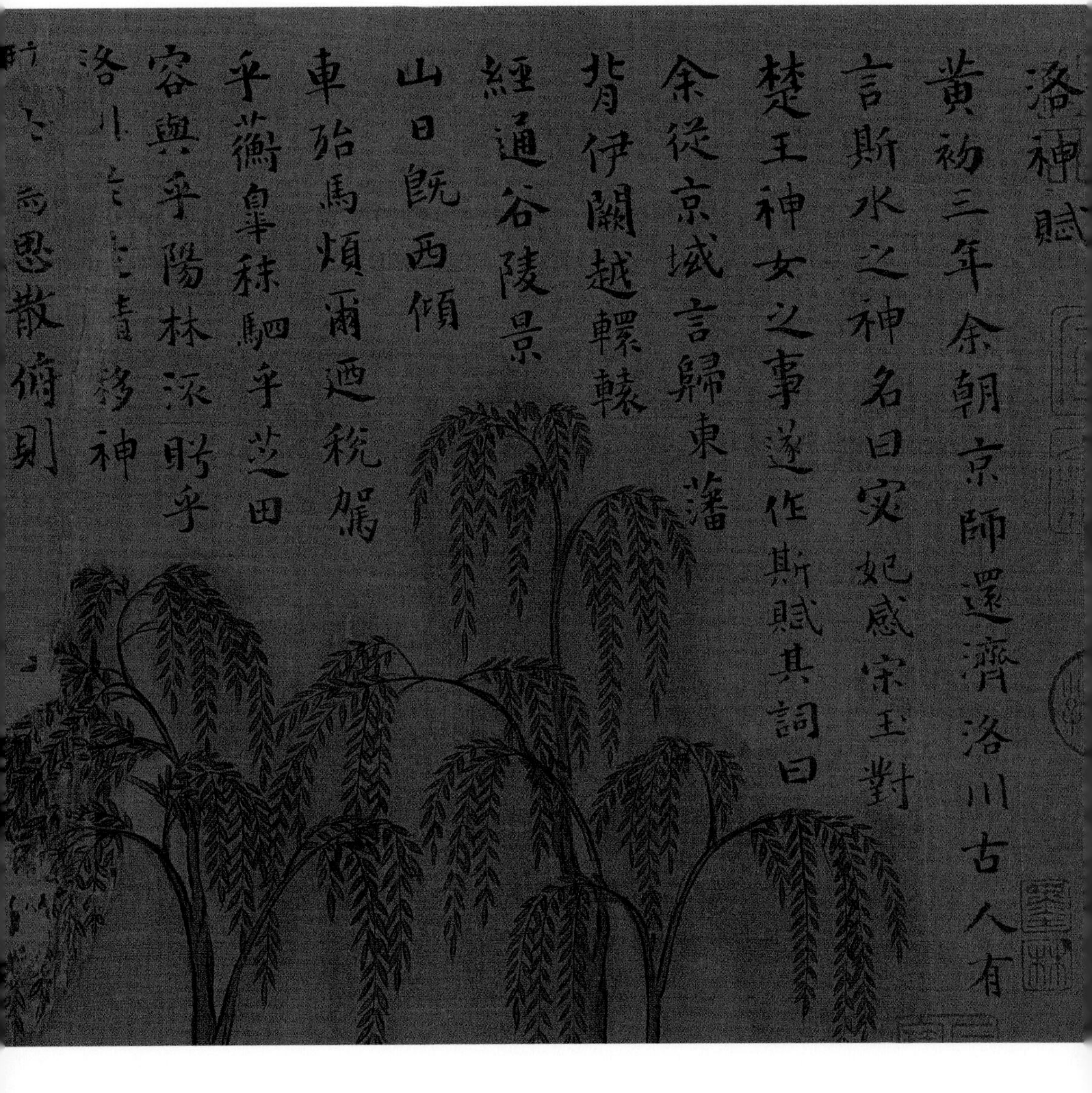
洛神賦
黃初三年余朝京師還濟洛川古人有
言斯水之神名曰宓妃感宋玉對
楚王神女之事遂作斯賦其詞曰
余從京域言歸東藩
背伊闕越轘轅
經通谷陵景
山日既西傾
車殆馬煩爾迺稅駕
乎蘅皋秣駟乎芝田
容與乎陽林流眄乎
洛川於是精移神
駭忽焉思散俯則

这些文字像电影旁白一样出现在画面空白处，书法秀丽古朴。曾有鉴赏家认为此字为王献之所书，董其昌则坚持认为书与画均为顾恺之原作。直到近代，学术界才渐渐统一说法，认定画中书法为南宋高宗赵构所书。至于画面，与我们现在看到的一贯黑白两色、

山石凌厉的水墨画完全不同，这幅画的山石树木是先敷色再勾线，人与衬景也完全不成比例，人大于山，甚至快与树木齐平。在这幅画里，人才是主角，其余只为画面服务。

这就是魏晋南北朝时期非常重要的一个绘画特点——无比例，无皴擦。那时，还没有普遍运用纸张，在绢本上作画不容易晕染，所以都以敷色为主。

在第一个空间里，曹植目光所及之处有一条龙腾空而起，紧接着在画面中出现一位仙女，她就是女主角——洛神宓妃。曹植用了一句话形容洛神——“翩若惊鸿，婉若游龙”。我们现在欣赏一位姑娘一曲舞毕的时候都会用上这一句，是最高的赞美。

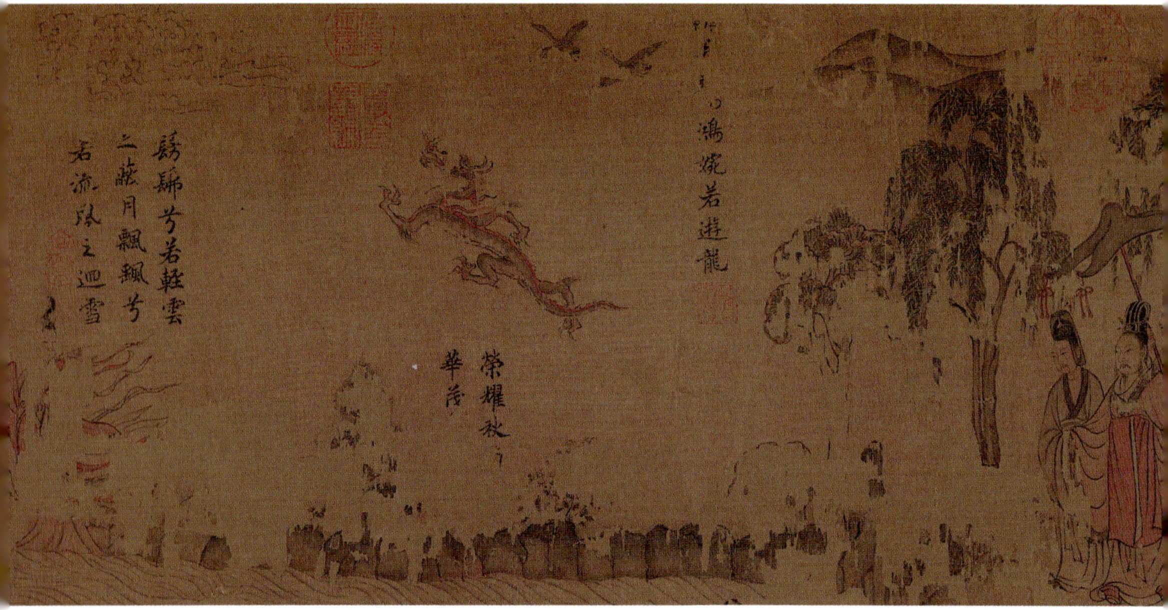

但是，惊鸿、游龙永远不会出现在现实生活中，所以顾恺之用了另一个绝招来应对曹植的比喻——春蚕吐丝。“春蚕吐丝”又叫“高古游丝”，形容衣饰上的褶皱如游丝一般，笔力遒劲、老辣紧密为最高古。春蚕吐丝是形容线条连绵不绝、飘逸潇洒。衣饰的下摆通常都很宽大，在空中循环宛转，制造出一种三维的幻象，这与马王堆帛画中用两根简单线条组成的平面衣饰已经有了很大不同。宋高宗这一版被认为最贴近原作，正是因为这丝丝缠绵，最有高古韵味，符合历史对顾恺之“春蚕吐丝”的记载。

接下来，洛神缓缓从空中飞向岸边，与曹植相会。周围山石树木作为衬景依然小得精巧，画面的比例是由画家精心设计过的，前景的山石与远山是一个空间比例，人物之间是一个空间比例。整幅长卷中，男女主角多次出现在不同的空间，皆由山石衬景作为空间连续的过渡。中国水墨最精妙的逻辑关系就在于此，不同于西画科学严谨的透视观，中国画讲究散点透视、移步换景。观画者目之所及局部自成一景，不同空间巧妙地交会在一起，形成了一个时空交错的空间，介于四海八荒之中。

期若往若
流精光潤
辭未吐氣
華容阿那

佳人配才子是人世间最美好的故事，可惜人、神不同道，再美好也终有分别之时：

于是背下陵高，足往神留。遗情想像，顾望怀愁。冀灵体之复形，御轻舟而上溯。浮长川而忘返，思绵绵而增慕。夜耿耿而不寐，沾繁霜而至曙。命仆夫而就驾，吾将归乎东路。揽騑辔以抗策，怅盘桓而不能去。

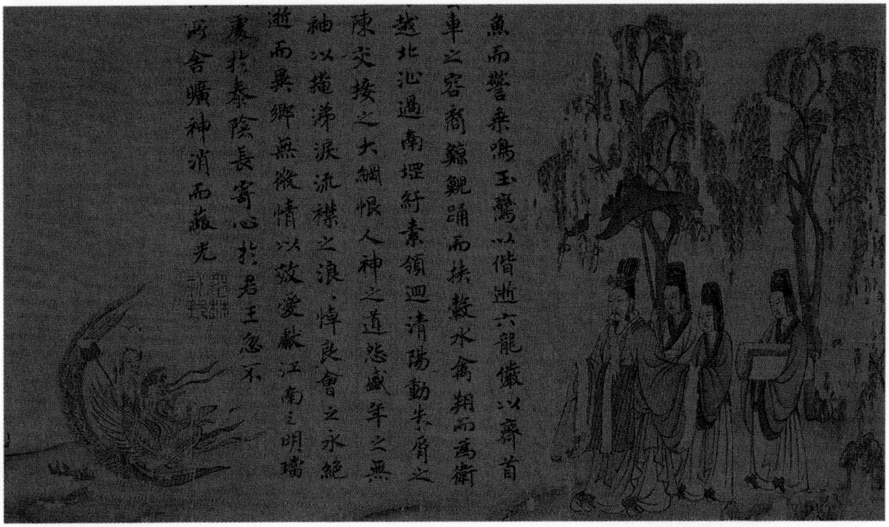

曹植还在众人的簇拥下坐在岸边，望着依依不舍的洛神，两人四目相接，无言以对。洛神离去后，他还在河面上寻找洛神的踪影，期待她归来，直到天亮后，不得不登船东归。

至此，这一场人神大戏收场，只留传说在人间。

值得一提的是，北京故宫博物院藏的《洛神赋图》有图无赋，造型呆板。但这幅画是乾隆皇帝的真爱，只因卷后有他的偶像元代赵孟頫的行书《洛神赋》尾跋。同样是被清代大收藏家梁清标所藏，两幅画的命运却大不相同。辽博版《洛神赋图》被溥仪带出故宫，藏在东北，险些就与顾恺之的另一幅名画《女史箴图》一样流落海外，幸好后来被东北抗联缴获，现藏入辽宁省博物馆。

辽博版《洛神赋图》局部

北京故宫版《洛神赋图》局部

北京故宫版《洛神赋图》局部

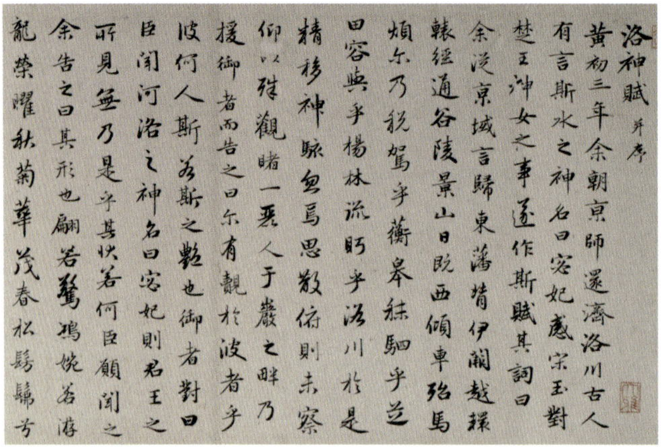

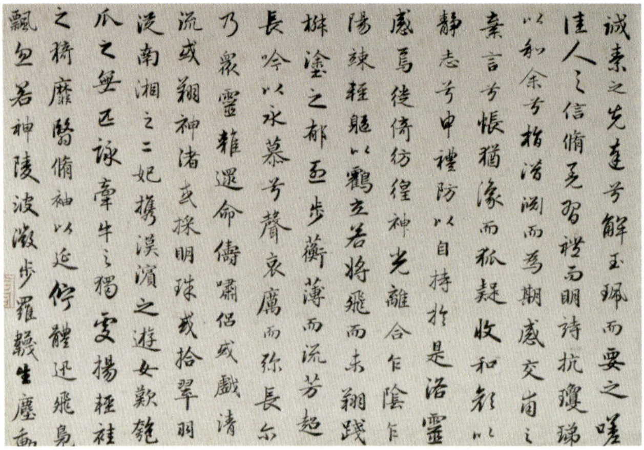

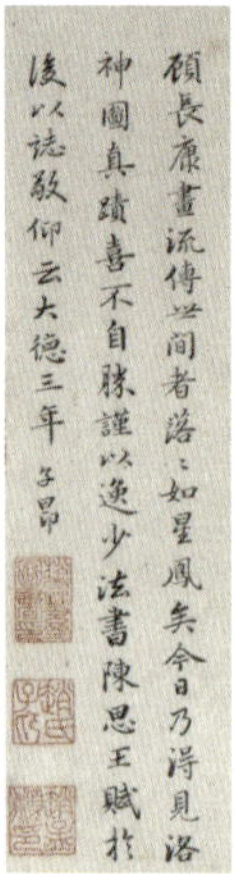

北京故宫版《洛神赋图》
元　赵孟頫
行书题跋局部

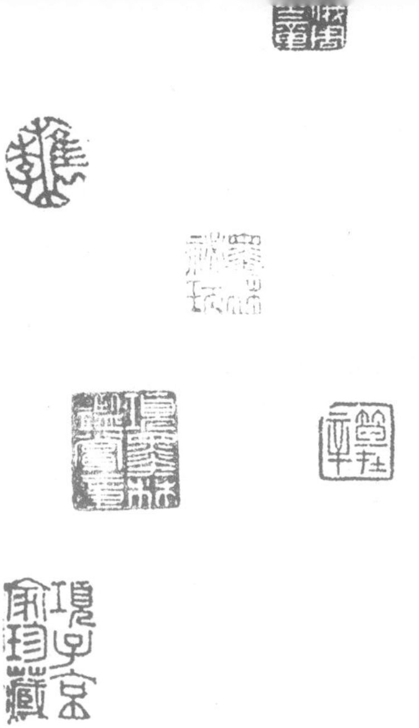

·叁· 口不落之光

现存大英博物馆，并不做日常展出的《女史箴图》并非顾恺之原作，与山西大同北魏司马金龙墓出土的漆屏风比较，可以断代为隋唐官本。此摹本比《洛神赋图》的摹本还要早，且更接近顾恺之原作。

《女史箴图》是顾恺之根据西晋大文学家张华的《女史箴》所做。“女史”是宫廷里身份较高的女性，“箴”是劝谏之意。张华写《女史箴》其实是为了一个女人——西晋惠帝司马衷的皇后贾氏。司马衷痴呆愚傻，所以贾氏独揽大权，专横善妒，荒淫无度。朝中大臣张华深感无力，便收集了历史上九个贤德女子的故事，希望“曲线救国”，劝谏贾皇后。

现存的《女史箴图》卷有九个故事，每个故事都配有张华的箴言，这也是《洛神赋图》辽博版有赋有图更接近原作的佐证。

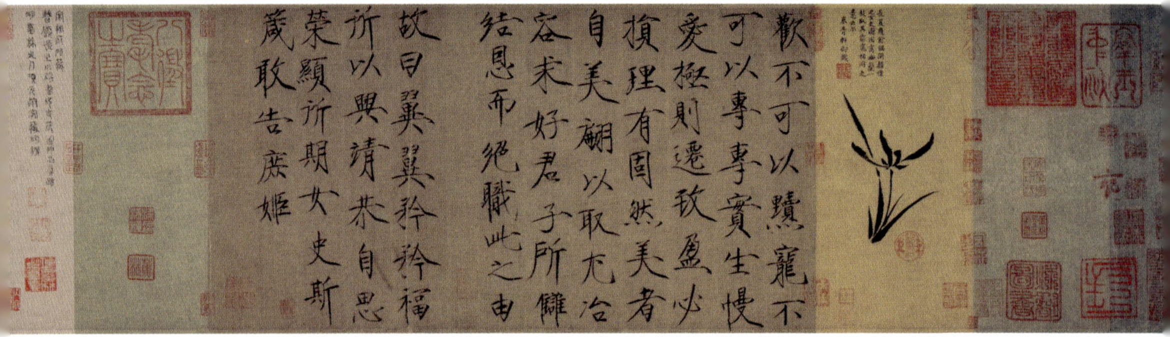

《女史箴图》
东晋 顾恺之
纵 24.8 厘米
横 348.2 厘米
绢本设色
大英博物馆

箴言内容无非是对女子的一些规劝，比如不要修饰容貌，要注重心灵美，男女没事儿不要共处一室，不要放纵丈夫对自己的宠幸……另外，还有一些十分极端的，比如临危不惧的女子为丈夫抵挡熊的攻击。画中女子的面容倒是如箴言中所说一般并不重要，差不多都一个模样。整个画面依旧无比例、无皴擦，但因为顾恺之的“春蚕吐丝”，高古线描，裙衫飞扬，立刻灵动了起来。画中威猛的熊被画成了小狗大小，射日的猎人差不多与山同高，一切旨在突出戏剧冲突。顾恺之似乎特别擅长把一些不合现实的元素安排在一起，

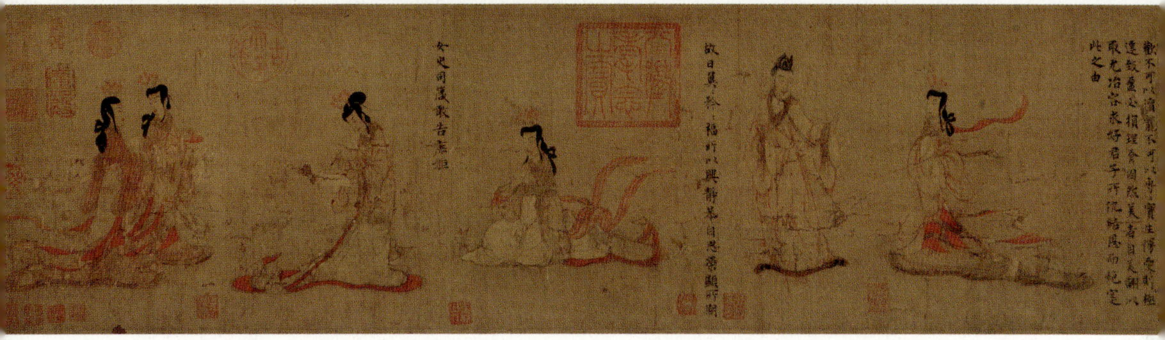

以高超笔法连贯成一个和谐的画面。虽然大家都一种模样，却个个神采不同，使人信服，“传神写照，正在阿堵中”。

可惜，这幅画当年被八国联军抢去，一九〇三年被大英博物馆收藏。“二战”后，为了感谢中国军队在缅甸帮助英军解除日军之围，英国给了中国两个选择：第一，大英博物馆将这幅画归还给中国政府；第二，英国送给中国一艘潜水艇。最终，中国选择了潜水艇。《女史箴图》为丝质品，历经千年，纤维早已僵硬脆弱。据说，英国人早期不知道怎么维护手卷，一直悬挂展示，导致这幅国宝早已掉渣。近些年才在中国专家的帮助下，重新装裱修护，估计还能保存一两百年。

六

美人如玉

簪花仕女图

《簪花仕女图》

唐 周昉

纵 46 厘米

横 180 厘米

绢本设色

辽宁省博物馆

·壹·

仕女画的前世今生

美得像从画里走出来一样，这是夸女人漂亮的一种既文艺又老土的说法。古代画家多为男人，最爱画美人。唐代以后，画家们越发怜香惜玉、爱慕女性，现实中的美人走进了画中，人间烟火代替了神仙菩萨。画家用画笔表达对美人的欣赏和对美的渴望，大大方方，毫不遮掩，画笔如相机。都说唐朝美女古今第一,千年后我们得以在画中一见。

水墨画中有专画美女的门类，叫作仕女画。唐代仕女画高手有一对师徒——张萱、周昉。张萱没有亲笔作品传世，如今人们只能看到两部宋人摹本《捣练图》《虢国夫人游春图》。相比而言，徒弟周昉的《簪花仕女图》被证实为原作，是现存唯一一件唐人亲绘作品，稀世珍宝。

张萱出身卑微，是专职的宫廷画师，专为宫中贵妇作画，《虢国夫人游春图》应该是在草丛中不知吃了多少土、观察了多少次虢国夫人马队后完成的作品。那时，画师的职责是记录与再现，并不需要增添太多感情色彩，再加上张萱本人并没有受到良好的文化教育，不太可能了解高贵妇人的所感所想，只能忠诚于自己的眼睛，用画笔记录。周昉则出身贵族，在高墙深宫中长大，就像《红楼梦》中的贾宝玉，对女儿家的心思了如指掌。生长环境和所受教育的差异，使得周昉笔下的仕女与张萱的略有不同。

唐朝女人以胖为美，身材丰腴，喜气洋洋，线条简单粗糙，有出土的陶俑为证。《簪花仕女图》描绘了五位仕女与一位婢女，全部面若银盆，衣着艳丽华贵，一幅活生生的唐朝贵妇妆容穿衣时尚指南。

《虢国夫人游春图》宋人摹本
（原）唐 张萱
纵 51.8 厘米
横 148 厘米
绢本设色
辽宁省博物馆

·贰· 唐朝姑娘

这几年，电视剧里的唐朝仕女胸部造型大多夸张，好像西方宫廷贵妇。历史上真正的唐朝仕女到底是怎样的呢？

唐朝女性的装束实际是隋炀帝的发明。历史上，这位皇帝非常好色。自他开始，女人衣服越来越华丽，布料越来越薄，越来越少；到了唐朝，李家人本就有胡人血统，作风不拘束，女性礼服便多以窄袖、袒胸、低领为主。即便如此，唐朝女性的胸部造型也没有影视剧中那样夸张，一般只在内衣下扎一根带子显示胸形。《捣练图》中的仕女基本符合初唐女性穿着，到了周昉所在的盛唐，女性衣服更显华丽，袖子和裙摆也更加宽大飘逸。

《簪花仕女图》卷首的仕女，头戴粉红牡丹花，身着绛紫，外罩纱裙，脸转向左侧，正在逗弄一只小狗；对面前方的另一位仕女，身着透明白纱，内着红色绣金纹长裙，伸出手，似乎想招呼小狗到她这边来。两位仕女的造型中最引人注目的便是那向上扫起的两道蛾眉，十分特殊。

之前谈到敦煌壁画的一个重要作用，可以当作判定画作年代的试金石。敦煌壁画在唐朝达到鼎盛，窟中有一幅唐代绢画《引路菩萨》，画中有一位被接引的妇女，眉式便与《簪花仕女图》中的相同。贞元年间有诗云：“莫画长眉画短眉，斜红伤竖莫伤垂。”说的便是画中的眉毛，而且只有贞元年间流行此样式的眉毛。南唐时期，虽然妇女也梳着高耸的头发、头簪大花，但并不画这样的眉形。这种眉毛具有极其特殊的时代性，成了判定此画为唐代周昉原作的证据之一。

周昉在画中再现了衣料的薄、透，在一片式的裙子外面罩着同色系的薄纱，犹如轻轻盖在雪白肌肤之上，千年之后还有油画一般的质感。最绝妙的是，薄纱上同样绘制着花纹，精细华美，纱裙也变得立体，既有重量，又平添飘逸。

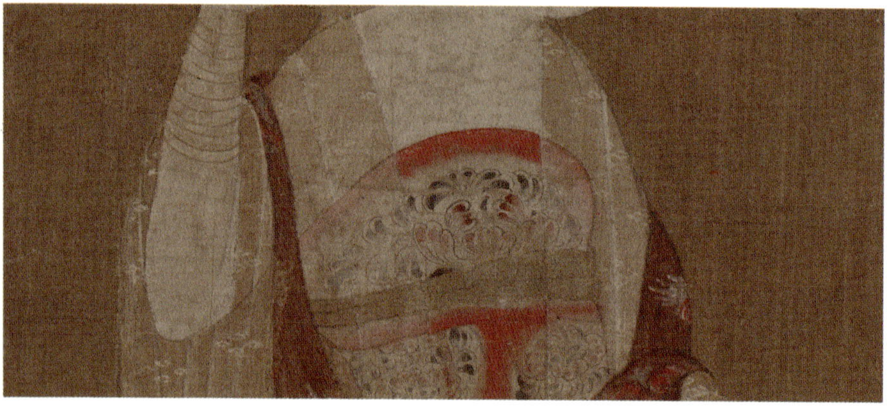

·叁·

有故事的女同学

两位仕女一大一小、一前一后，自然地形成了一个空间的景深。小狗作为分割点，吸引二人的焦点，构成了一个平行四边形的立体空间。

中国画与西方油画最大的差异就是透视问题。精通天文地理、把二十四节气算得如钟表一样精准的中国人在透视这件事情上一直没有屈从“科学”。其实，透视根本就是一个“伪命题”，对于一个点而言，焦点透视是合理的，但放在整个宇宙空间，它只是一个维度。从这个角度讲，西画的构图似乎就不科学了。

《捣练图》宋人摹本

(原)唐 张萱

纵 37 厘米

横 145.3 厘米

绢本设色

美国波士顿美术馆

《簪花仕女图》在构图中并没有用很勉强的衬景来体现二人的站位角度与关系，只用简单的肢体动作与目光在平行的地平线上缓缓升高来体现空间感，以达到构图的平衡、稳定。这也是周昉的师父张萱所擅长的。《捣练图》以一张平行四边形的布作为画面中心，人

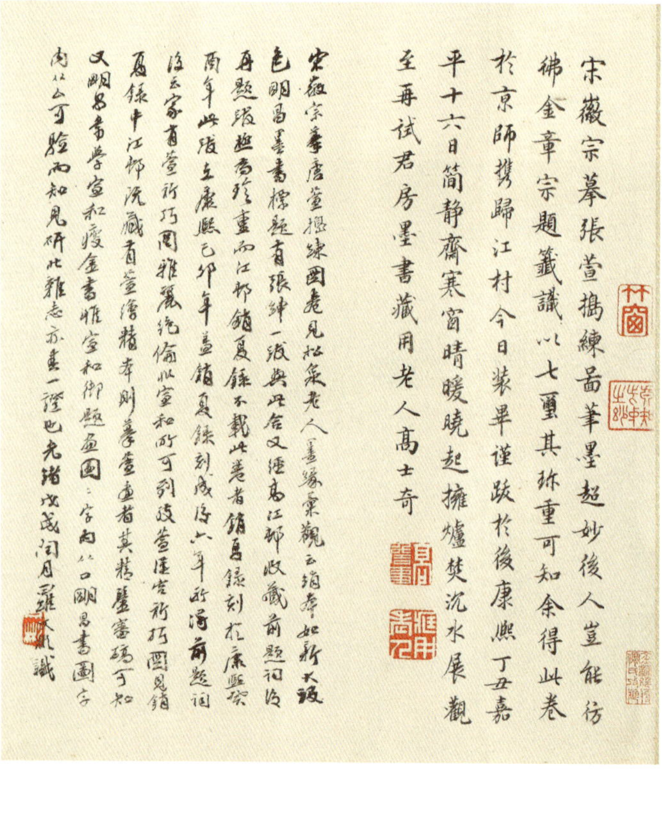

《捣练图》题跋

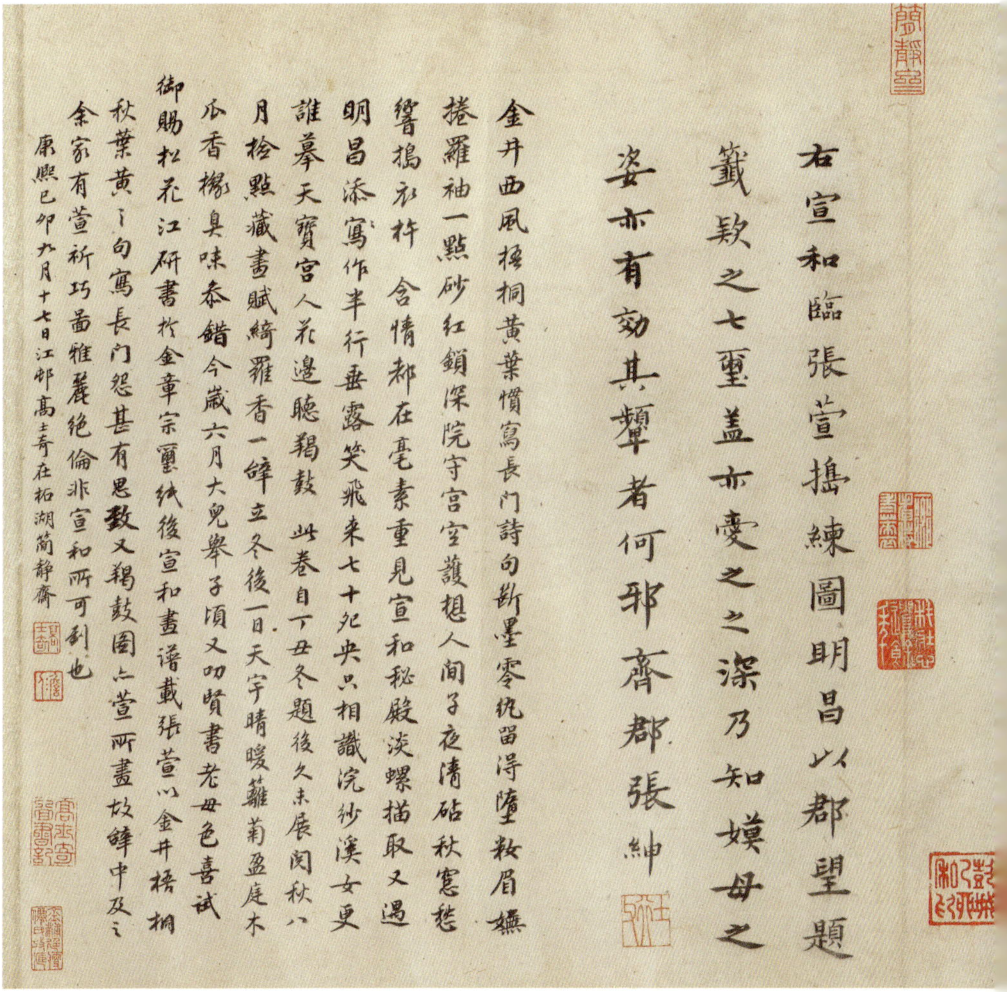

右宣和臨張萱擣練圖明昌以郡望題籤歟之七璽蓋亦愛之之深乃知嫫母之姿亦有効其顰者何邪齊郡張紳

金井西風梧桐黃葉慣寫長门詩句斷墨零紈留得墮粧眉嫵捲羅袖一點砂紅鎖深院守宮空護想人间子夜清砧秋窻愁響擣衣杵　含情都在毫素重見宣和秘殿淡螺描取又遇明昌添寫作半行垂露笑飛来七十兒央只相識浣紗溪女更誰摹天寶宮人花邊聽羯鼓　此卷自丁丑冬題後久未展閱秋八月檢點藏書畫賦綺羅香一闋立冬後一日天宇晴暖籬菊盈庭木瓜香櫞臭味參錯今歲六月大兒輿子須又叨賢書老母色喜試御賜松花江研書於金章宗璽紙後宣和畫譜載張萱以金井梧桐秋葉黃〻句寫長门怨甚有思致又羯鼓圖亦萱所畫故闋中及之余家有萱祈巧圖雅麗絕倫非宣和所可到也

康熙己卯九月十七日江邨高士奇在柘湖簡靜齋

《捣练图》题跋

物分配在四周，构图谨慎又不失灵动，正对着画面的仕女目光交会于中心，而藏在布下面玩耍的女孩则将目光投向背对着观者的仕女。不用画出来，我们就知道这位仕女的目光会落于何处。这就是高级的表现形式，看似简单的构图却在局部透出玄机，引领观者走入下一个空间。

《簪花仕女图》中部的仕女与婢女并没有互动，相比右边气氛明显沉闷了许多。两人都望向左侧，一个低眉顺眼执扇而立，一个低头望着红花顾影自怜，仕女的红花似乎要献给昂首向前的仙鹤。以此为界，进入第三个空间。

同样，有一只小狗作为“活泼担当”，一位仕女侧身低头看着它，满怀爱意，眉目似乎都在笑。她身着绛紫色薄衫，内里裙子上绣有鸳鸯图案。远处的红衣仕女则望向画外，若有所思。只通过服饰描绘、微妙的眼神处理和肢体语言，六位女性的性格、心情便一目了然。在一个极其普通的午后花园，深宫贵妇闲来无事，长日无聊，这就是她们的日常。周昉高于张萱的一点便在于此，不但描绘了人物的外表，还刻画了人物的内心。他与这些仕女朝夕相处，清楚她们的日常生活，清楚每一个动作、每一个眼神。例如，第五位站在远处的红衣仕女目光深远，可以说她在幽怨地望着开心玩乐的其他贵妇，也可以说她就是在发呆，或者正在思考人生。这些女性在周昉的笔下都变成了有故事的女同学。

·肆·

推开时间的门

一九七二年，《簪花仕女图》的画心开裂得厉害。为了长久保存，工作人员把这幅画送去北京故宫博物院重新装裱，才发现这并不是一幅完整的画，而是由三段大小相同的织锦拼接而成，这三段织锦的尺寸正好是古代屏风常用的尺寸。宋高宗曾让人重新装裱所有南宋朝廷收藏画册，按照《簪花仕女图》的装裱尺寸判断，这幅画也是在此时被重新装裱的。原来，此画并不是一幅长卷，而是屏风画。屏风是中国古代家具中一个必不可少又非常特殊的存在，既可作为分离空间的独立存在，又可作为装饰品，画上山水、仕女供人欣赏。主人与屏风之间常常有一种莫名互动的幻觉，明明是隔开空间的，却有种打开一扇任意门的神奇效力。屏风画最早以仕女图为主，到了宋朝文人画兴起，才渐渐以山水画居多。

南宋灭亡之后，这幅画流落民间，去向不明，也没有任何记载。现在按照画上的收藏章判定，直到清朝，这幅画才流传到大收藏家梁清标手中，后又归安岐收藏。在《墨缘汇观》中，安岐认定此画为唐代周昉所作。到了现代，经过多位专家多年考证，大部分人认同了这个观点。

入清内府收藏之后，乾隆皇帝将这幅画编入《石渠宝笈》续编。清朝灭亡之后，溥仪以赏赐弟弟溥杰为名带走了一批珍贵书画，其中也包括这幅。一九四五年，此画被东北抗联截获，几经辗转，归入辽宁省博物馆，为镇馆之宝。《簪花仕女图》从绘画技法、写实的衣着服饰等方面佐证了大唐贞观盛世。从此，人们印象中的大唐不再是抽象的文字或斑驳的壁画陶俑，而是那长日无聊的午后花园中六位鲜活的女性。

有功勇與八滑為

部索虜入居桑乾滑為小國屬芮芮齊時始走莫獻而居後稍大

征其旁國破波斯槃槃罽賓烏纏龜茲疏勒于闐句盤等國開

千里其土溫暖多山川少林木有五穀國人以麨及羊肉為糧獸有師子兩

腳駱駝野驢有角人善騎射著小袖長身袍金玉為絡女亦如之被長頭

剡木為角長六尺金銀飾之少女子兄弟共妻無城郭氈屋為居東向

開戶其王坐金床隨太歲轉與妻並坐接客無文字以木為契刻

約物數與旁國通則使旁國胡為胡書羊皮為紙無職官所降小國使

其王[illegible]事天神火神每日則出戶祀神而後食其跪一拜而止止即鳴

〇九

万国来朝

职贡图

《职贡图》宋人摹本
（原）南朝梁 萧绎
纵 26.7 厘米
横 200.7 厘米
绢本设色
中国国家博物馆

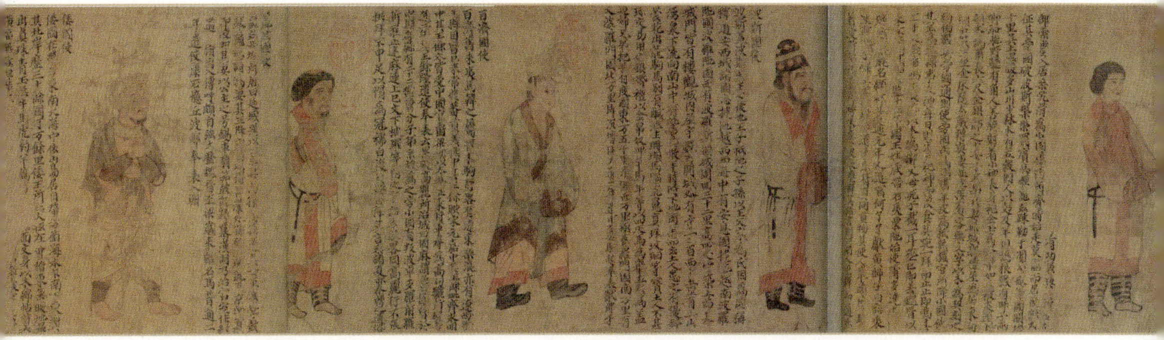

·壹· 宇宙中心

“职贡”是中国古代沿用千年的专有名词，指外国或番邦附属国向朝廷按时进献贡品的制度。这种活动相传始于大禹会稷会诸侯。到汉武帝时期，天朝威武，附属番国四方来朝，正式形成了完备的朝贡制度。《左

《职贡图》
唐 阎立本
纵 61.5 厘米
横 191.5 厘米
绢本设色
台北故宫博物院

传·襄公二十九年》记载："鲁之于晋也，职贡不乏，玩好时至。"送来的东西其实没多少金银财宝，主要是些国外的时兴玩意，这跟受侵犯时天朝出兵保护的成本相比不值一提，更大意义上是一种形式主义的服软。

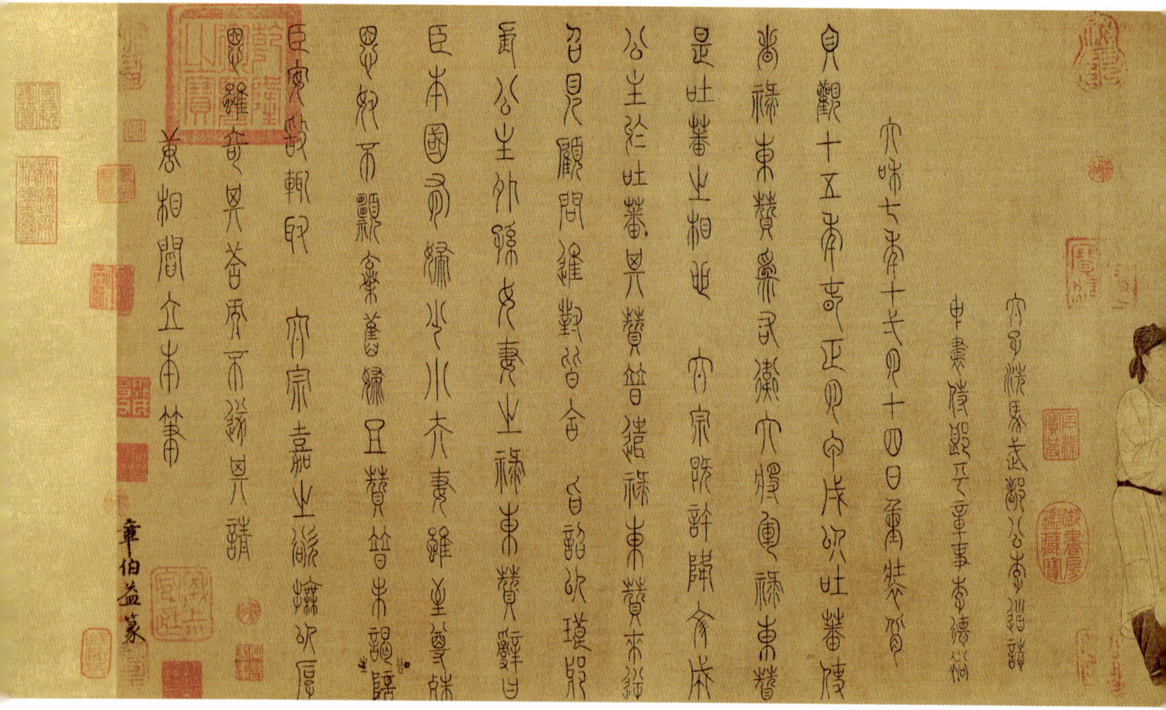

《步辇图》宋人摹本
（原）唐 阎立本
纵 38.5 厘米
横 129 厘米
绢本设色
北京故宫博物院

古时中国确实强大，如今到西安各处景点都能看到汉代的骑兵雕塑，文有乐府、史传，武能吊打马背上的匈奴。古人一向痴迷外国人对自己的敬仰，但苦于当时没有照相机，无法记录万朝来贺的盛况。好在还有绘画，这才有了从南北朝到清朝的一系列《职贡图》。

历代《职贡图》中，最有名的是唐代阎立本版。阎家是上流家族，阎立本的母亲是北周武帝的清都公主，父亲阎毗是北周驸马，哥哥阎立德是了不起的艺术家。初唐时期，阎家还是朝廷的“艺术总监”，不但绘画了得，在建筑和工艺艺术方面也很擅长，据说大明宫就是阎立本主持设计的。他在李世民还是秦王时期就任府中库直，在太宗时期更是身居要职。贞观四年（公元六三〇年），婆利、罗刹、林邑三国遣使来朝，长安城挤满了异国朝贺队伍。在这个需要彰显国家软硬实力的关键时刻，唐太宗自然要派出阎立本这个最厉害的角色。于是，就有了《职贡图》。

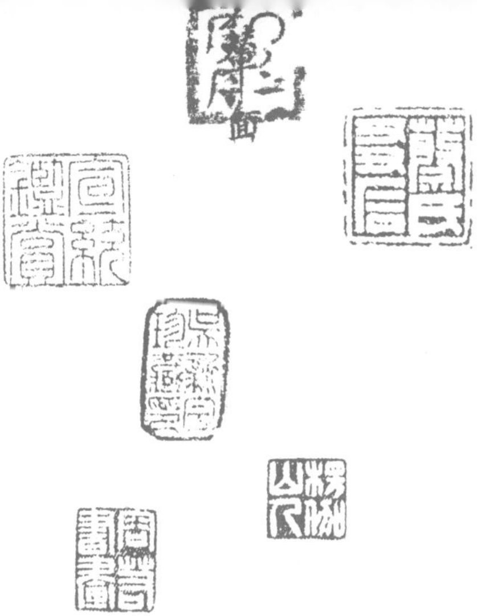

·贰·

独眼皇帝好画家

阎立本的《职贡图》重点描绘了许多奇珍异宝，鹦鹉、琉璃、珊瑚，个个闪闪发光，鲜活生动。相比起来，现存最早的南梁萧绎版《职贡图》就朴素得多。这幅画戏不多，但画家本人可算是“戏精”。中国历史上有几位喜爱艺术的著名皇帝，李后主、宋徽宗可并列第一，乾隆爷做了不少努力，虽被后人诟病，却也不能说完全没有才华，而南北朝时期的传奇君主梁元帝萧绎，则是集才华与乖戾于一身。

南北朝时期十分特殊，短短一百多年交替了好几个朝代，光南方就有宋、齐、梁、陈四朝。萧绎为南梁武帝萧衍第七子，被封为湘东王。“性爱书籍，既患目，多不自执卷，置读书左右，番次上直，昼夜为常，略无休已，虽睡，卷犹不释。五人各伺一更，恒致达晓。”萧绎爱读书，爱到即便瞎了一只眼，也要人通宵达旦读书给他听，能不睡就不睡，一心想创一家之言，成为大学问。当时，南梁占据着江南长江流域最肥沃的国土，不仅是整个中国的文化中心，更是东亚文化中心，倭国、新罗、百济无不来帝都朝贺。萧衍、萧统、萧纲、萧绎父子四人合称“四萧”，地位堪比“三曹”。梁武帝励精图治，各皇子也勤奋苦读，帝国一派和平盛世景象，萧绎的《职贡图》便是在这个时期画就的。他不但刻苦攻读学问，且极善画，是一个用功的学霸。自负但又自卑，这倒是与赵佶不同。

窃闻职方氏掌天下之图，四夷八蛮，七闽九貉，其所由来久矣。汉氏以来，南羌旅距，西域凭陵，创金城，开玉关，绝夜郎，讨日逐。睹犀甲则建朱崖，闻葡萄则通大宛，以德怀远，异乎是哉。皇帝君临天下之四十载，垂衣裳而赖兆民，坐岩廊而彰万国。

——《职贡图》序

“皇帝”指梁武帝萧衍，“君临天下”有点夸张，只能算“君临江南”。萧衍在位第四十年，萧绎目睹了朝贡盛事，并用画笔记录了下来。

唐代张彦远《历代名画记》记载：“任荆州刺史日，画蕃客入朝图，帝极称善。”据张彦远说，萧绎曾创作过一幅《蕃客入朝图》，画有二十五个国家的使者。后代学者推断，书中记载的《蕃客入朝图》应该就是《职贡图》。只不过我们今天看到的萧绎版《职贡图》并非原作，而是宋人摹本，流传到现在成了残本，仅存十二国使，从右至左分别来自滑国、波斯、百济、龟兹、倭国、狼牙修、邓至、周古柯、呵跋檀、胡蜜丹、白题、末国。

滑国这个名字一直不断出现在各大架空历史的古装影视剧中，基本都以女性形象为主，各个妖艳诡谲，聪明过人。历史上，真正的滑国人长得也比较秀气，留着温婉的波波头，一身红衣，双手恭敬地藏在衣袖里，面目柔和，反倒是虎皮裤更加夺人眼球。萧绎贴心地补充了一段文字，介绍这个国家的历史、地理位置、风土人情。滑国源于古老的春秋

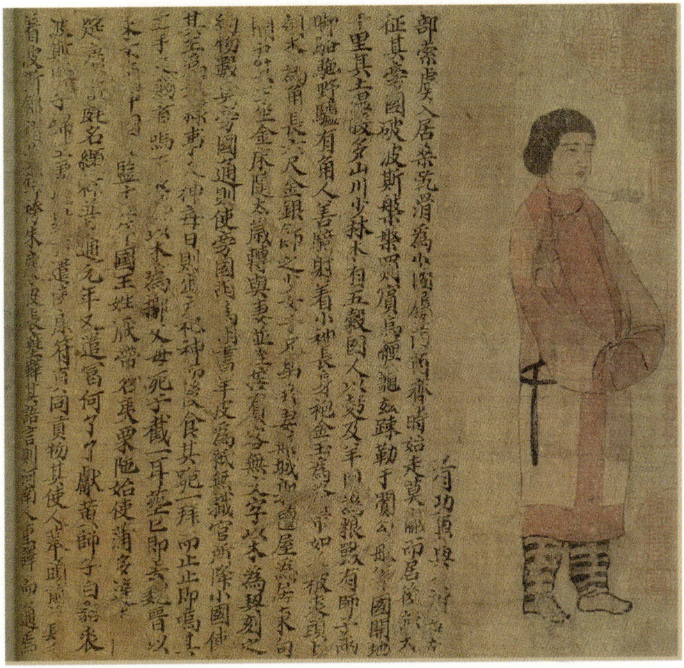

滑国使

战国，是中亚游牧民族与汉代大月氏人的后裔，史称“白匈奴”，自汉代开始受中国政权庇护，定居中亚。五代十国时期，滑国十分强大，一直打到波斯，是南梁西边最重要的政权。

排在滑国之后的是波斯，波斯使者头戴极富民族特色的花帽，长眉长须耷拉着，显得低眉顺眼，非常顺从。

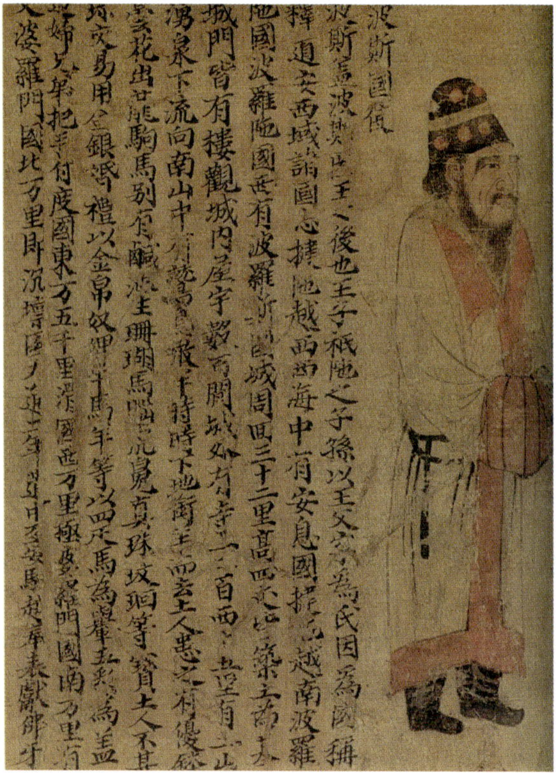

波斯国使

第三位是百济使者，白帽绿衣，肤白唇红，秀气很多。百济是古代朝鲜半岛上的政权，是连接中国与日本最重要的通道，这位使者的双足前端翘起，与其他使者恭敬的站姿大有不同，朝鲜人在那个时候性格就很俏皮。

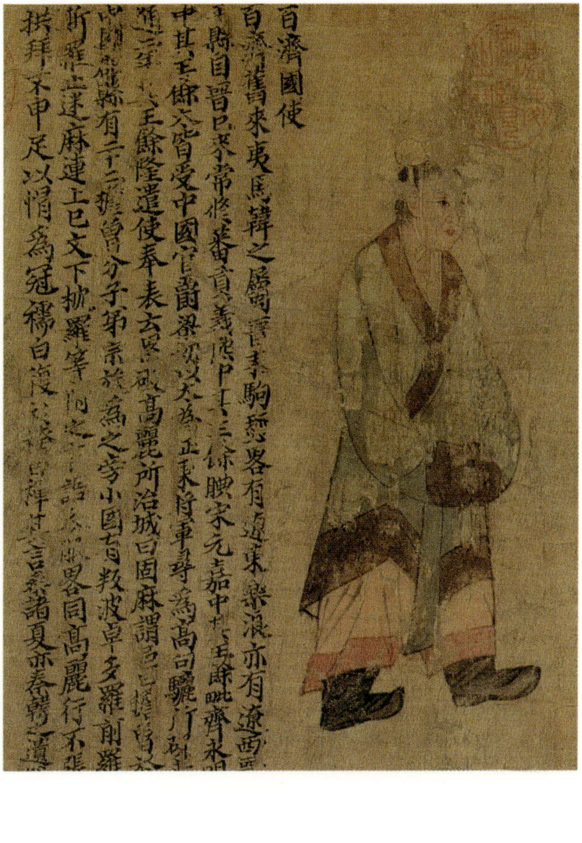

百济国使

除了滑国和百济，我们最熟悉的应该就是倭国（今日本）。可惜，倭国使者的脸庞已经损毁得看不大清了，不过古代日本人一身赤脚渔民打扮跟现在倒是区别不大，白色头巾短裤，青色外套，清爽利落。

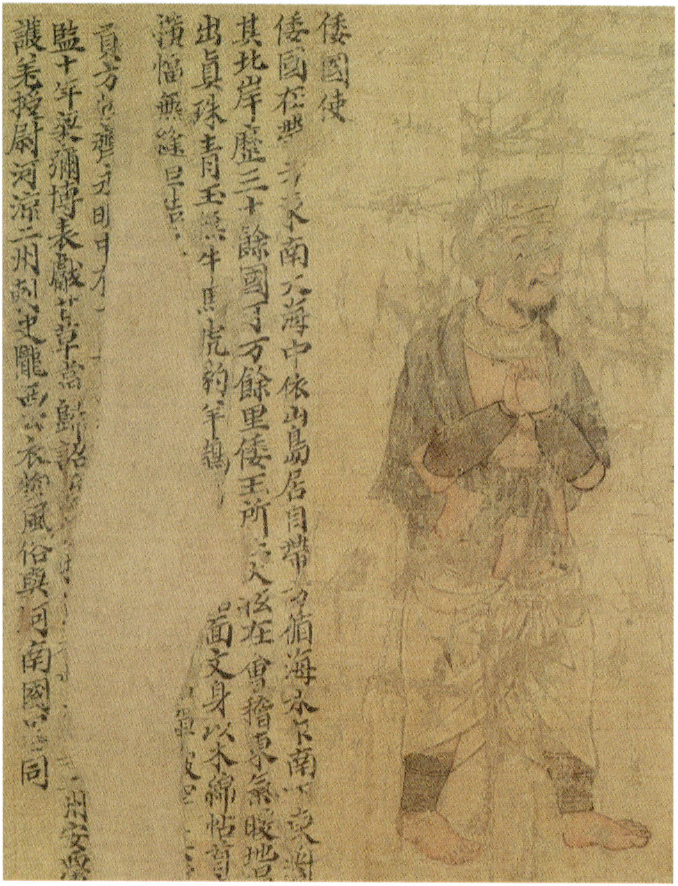

倭国使

·叁·

《琅琊榜》外的萧氏王朝

萧绎笔下的“万朝来贺”完全没有阎立本版本的花哨复杂。画面有情景设定，使者们一律侧站，姿势恭顺，面带欣喜。一位使者配一段文字，简洁明了，以最真实的笔触第一次记录了千年前外国人的相貌与服饰特色，是了解一千五百年前大中亚地区疆域划分最珍贵的文字地图。

顾恺之是人物画当仁不让的老祖宗，他笔下的神女仙气飘飘，不管是发型还是衣衫，都是向上走反重力，需要很细密的线条一层层拖起来。萧绎笔下的各国使者都是“地球人”，不必有神女这般待遇，越朴实越好。所以，萧绎虽然也用了高古游丝画法，但疏密有致，线条整体是向下简略地迅速勾出轮廓，一层层渲染，更加洗练，明朗洒脱。这种画风叫“疏体画”，到了宋朝大画家梁楷笔下，演变成更加简略的《李白吟行图》，寥寥几笔，连颜色都不用上，形神兼备。

谁说艺术家皇帝就一定要像李煜、赵佶那样玩物丧志？萧绎虽然也

狼牙修国使

是亡国之君，可他政治上的手段之狠，是李煜、赵佶等人远远不及的。

大儿子萧统死后，梁武帝萧衍立第三子萧纲为太子。这下其他皇子都不乐意了，纷纷伺机而动。公元五四八年，“侯景之乱”爆发，南梁都城建康被围。侯景起初只有几千兵马，本来不是什么生死关头，可惜几个儿子拥兵自重，没人去救老爹和太子，特别是手握重兵的湘东王萧绎。梁武帝曾偷偷派人发密诏给他，许诺了无数官职，最终他还是按兵不动，任由亲爹活活饿死，太子萧纲被侯景所杀。等几个侄子、兄弟斗了一段时间，两败俱伤后，萧绎出兵，彻底平定了侯景之乱，并在江陵登基，史称梁元帝。

论狠，玄武门之变时的李世民、九子夺嫡时的雍正，可统统比不上我们这位梁元帝萧绎。叛乱平定后，萧绎将一众兄弟子侄杀的杀、囚的囚。据说，萧绎还不给这些被囚禁的兄弟子侄饭吃，最后他们只好割自己胳膊上的肉吃。很难想象一位梁朝最有名的诗人、画家能做出如此残暴之事。有时候，可能身体的残疾能把一个人带上疯狂之路。萧绎哪哪都好，唯一的遗憾就是只有一只眼睛，或许这也是他尽管才华出众却不被立为太子最重要的原因。萧绎的妻子徐昭佩经常只化半面妆，因为他只有一只眼睛，只能看到一半的美，“徐娘半老”说的就是她。这位美丽的妻子还经常打扮得漂漂亮亮的，四处会情夫。这是何等奇耻大辱，枕边人都对他如此，更何况其他人？可以说，萧绎上演的是一场王子复仇记。

可惜，王子变皇帝不到两年，侄子萧纪去西魏求救，五万大军杀进江陵。历史总是惊人地相似，没有人来勤王。生死存亡之际，萧绎组织所有文武官员，听他讲《老子》。《梁书》记载：“九月辛卯，世祖于龙光殿述《老子》义。”十一月，西魏大军攻破江陵城，萧绎下令焚毁历代藏书十四万册！他哀叹：“读书万卷，犹有今日，故焚之！”十四万册历代珍品书籍，无数绝世孤本，化为灰烬。随后，他又挥剑砍断柱子，说道：“文武之道，今夜尽矣！”

萧绎被俘，受尽折磨，最后被侄子萧詧用土袋闷死。西魏士兵从灰烬中抢救出一批书画典籍，其中就包括这幅《职贡图》。流传到清代大收藏家梁蕉林手中的，已是宋摹本，并有破损。后经乾隆收藏，又损失了十四国题记和十三国人像。清末，溥仪将此画带出宫，辗转被南京博物馆收购，现收藏于中国国家博物馆。

萧绎称自己：“韬于文士，愧于武夫。”实则较着劲，最后毁了自己。

十

天涯癫狂
高逸图

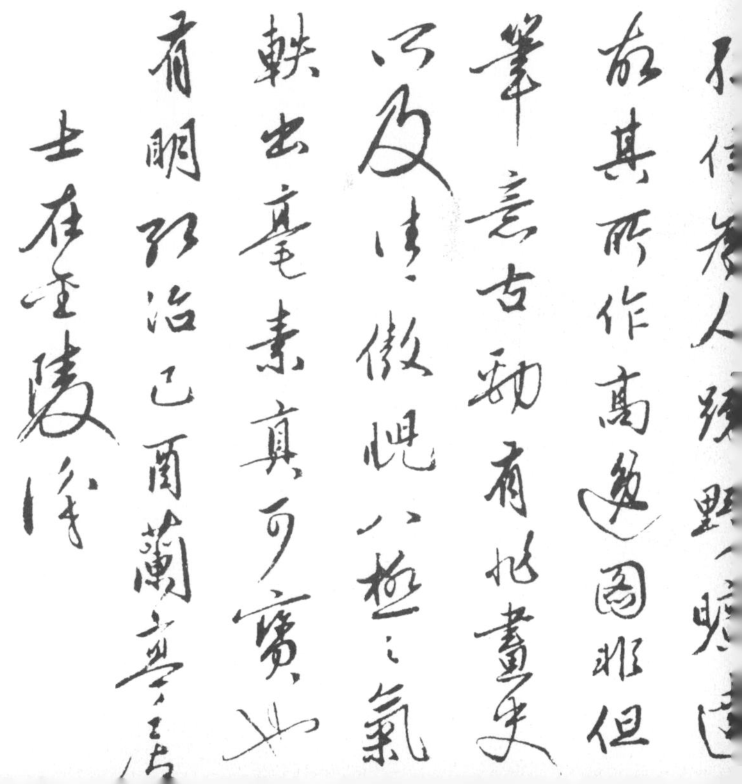

《高逸图》
唐 孙位
纵 45.2 厘米
横 168.7 厘米
绢本设色
上海博物馆

《高逸图》是唐末画家孙位的作品，但“高逸”二字并非孙位所起，而是宋徽宗赵佶将此画收入《宣和画谱》时亲笔题的。

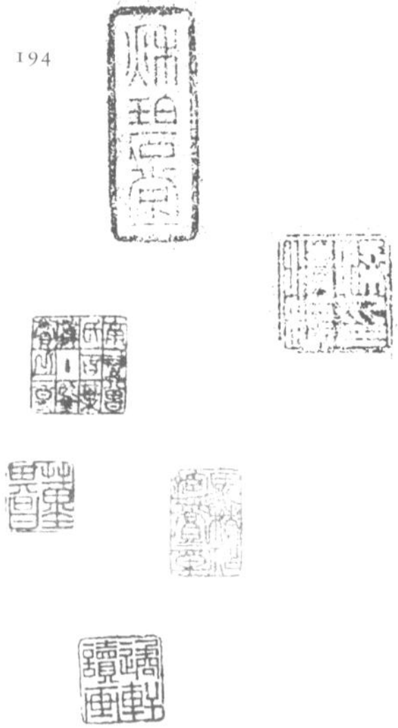

·壹·

永远的男子天团

《竹林七贤与荣启期》（砖画拓片）
南朝 作者不详
纵 80 厘米
横 240 厘米
砖画
南京博物院

画中一共有八个男人，四主四仆，特别明显。四位大名士席地而坐，把酒言欢，四个小童子则在一边殷勤侍候。

二十世纪六十年代，有人考证，孙位画的是魏晋名士竹林七贤，但画中明明只有四名士，为何说是七贤呢？

一个理由：这幅画可能是残卷，不完整。

另一个理由：画中的道具对应着七贤。

竹林七贤是中国文人的精神偶像，时常出现在后世画作，受人敬仰向往。

阮籍
山涛
王戎
阮咸

一九五〇年四月，南京西善桥南朝墓出土了一块完整的砖印壁画《竹林七贤与荣启期》，这是中国现存最早的砖画，也是关于竹林七贤最早的图画记录，留给后世许多重要线索。画中的道具，如酒杯、如意、乐器等，生动刻画了每个人的性格特点，暗示出七贤的才华，以及各自不同的人生。

砖画上排从右至左第一个人物是王戎。他坐在银杏树与柳树中间，银杏叶子半圆，柳树枝条下垂。王戎手中拿了一柄如意，这是古人搔背用的东西，印证了庾信《乐府•对酒歌》中那句“山简接篱倒，王戎如意舞”。对面坐的是七贤中年纪最长的山涛，头戴一块布，手拿酒杯，似乎在向王戎敬酒。

第三位，袖子卷起，右手放在唇边，嘴巴噘起，正在“长啸”，这是阮籍。

阮步兵啸，闻数百步。苏门山中，忽有真人，樵伐者咸共传说。阮籍往观，见其人拥膝岩侧，籍登岭就之，箕踞相对。籍商略终古，上陈黄、农玄寂之道，下考三代盛德之美，以问之，仡然不应。复叙有为之教，栖神导气之术以观之，彼犹如前，凝瞩不转。籍因对之长啸。良久，乃笑曰：“可更作。”籍复啸。意尽，退，还半岭许，闻上啮然有声，如数部鼓吹，林谷传响，顾看，乃向人啸也。

——《世说新语•栖逸》

第四位是弹琴美少年嵇康。

嵇中散临刑东市，神气不变，索琴弹之，奏《广陵散》。曲终，曰："袁孝尼尝请学此散，吾靳固不与，《广陵散》于今绝矣！"太学生三千人上书，请以为师，不许。文王亦寻悔焉。

——《世说新语·雅量》

下排右一是向秀。好友嵇康被害之后，一日向秀要西行，听到邻人吹笛声，"余逝将西迈，经其旧庐。于时日薄虞渊，寒冰凄然。邻人有吹笛者，发音寥亮。追思曩昔游宴之好，感音而叹"，于是写就《思旧赋》，千古流传。

右二是超级酒鬼刘伶，正专心地盯着手中的一碗酒。

先生于是方捧罂承槽，衔杯漱醪，奋髯箕踞，枕曲藉糟，无思无虑，其乐陶陶。兀然而醉，恍尔而醒。

——刘伶《酒德颂》

第三位，是阮籍之侄阮咸，一位音乐家，人称"阮咸妙赏"，时谓"神解"，手中抱的乐器是他自己发明的"阮咸"，可惜早已失传。

下排最左边的就是荣启期，与竹林七贤属一路人，也被象征性地放

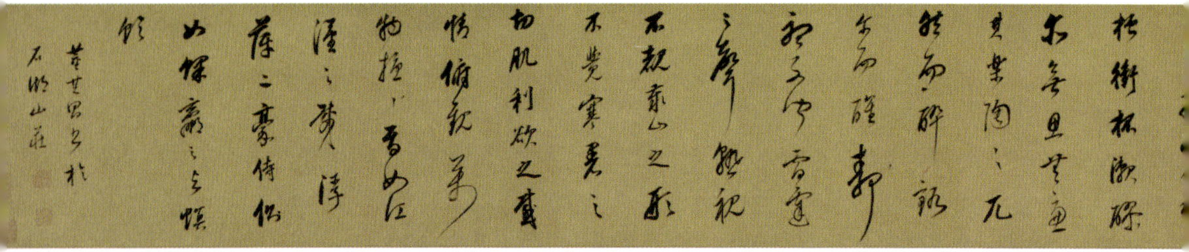

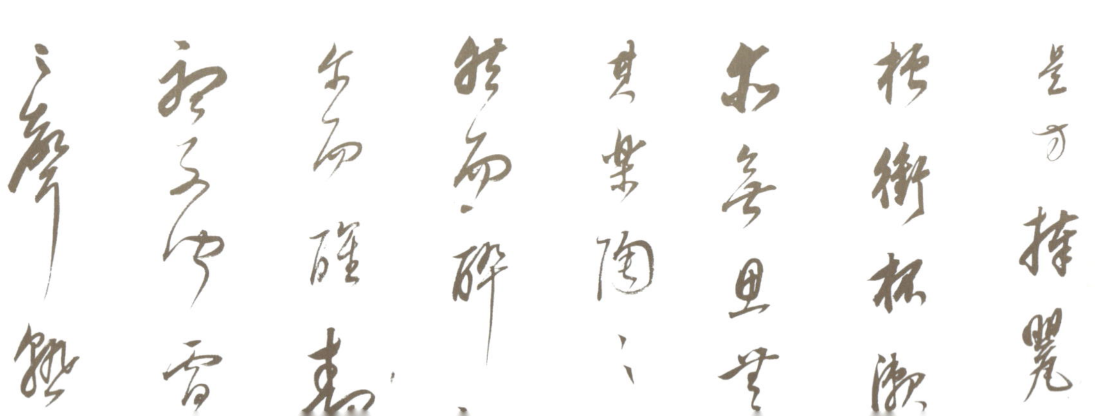

《酒德颂》
明 董其昌
纵 24.5 厘米
横 245.7 厘米
行草绢本
藏处不详

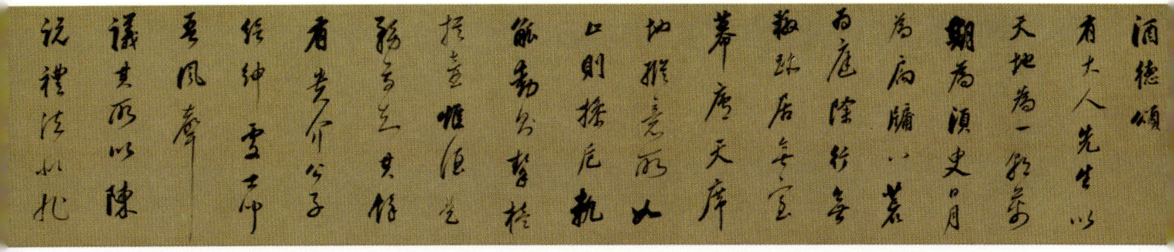

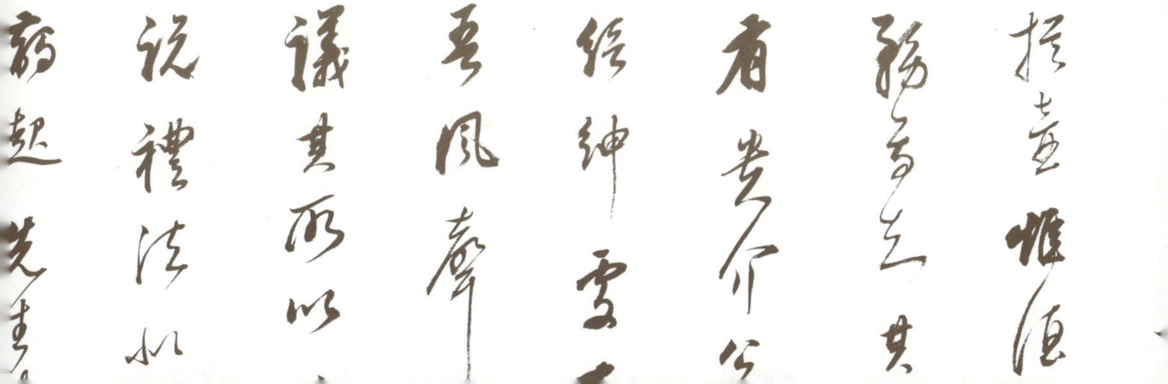

进画里。

对比砖画中的七贤，再来看《高逸图》中的四名士，第一个人赤膊袒胸，披襟抱膝，眼神深沉持重，应是山涛；第二人裸足趺坐，手执长

《消夏图》
元 刘贯道
纵 29.3 厘米
横 71.2 厘米
绢本水墨
美国纳尔逊·艾特金斯艺术博物馆

阮咸

柄如意，面有得意之色，应是善作“如意舞”的王戎；第三人手捧酒杯，回首做呕吐状，由侍者捧壶跪接，应是“嗜酒如命”的刘伶；第四人手执麈尾，面露微笑，神情悠然，肯定是阮籍。麈是一种比鹿稍大的动物，是鹿群领头者，故而麈尘不仅能拂尘清暑，还有“领袖群伦”之义。画中道具一一对应，四人应是“竹林七贤”无误。只可惜此画流传到宋代，

山涛

王戎

已缺了嵇康、向秀、阮咸三位，成为残卷。

古代画家一向喜欢借古喻今，再“古”的人都要借来喻一喻。所以，这幅画画的不仅是“竹林七贤”，更是孙位自己，“高贵飘逸”是对他最好的诠释。

刘伶

阮籍

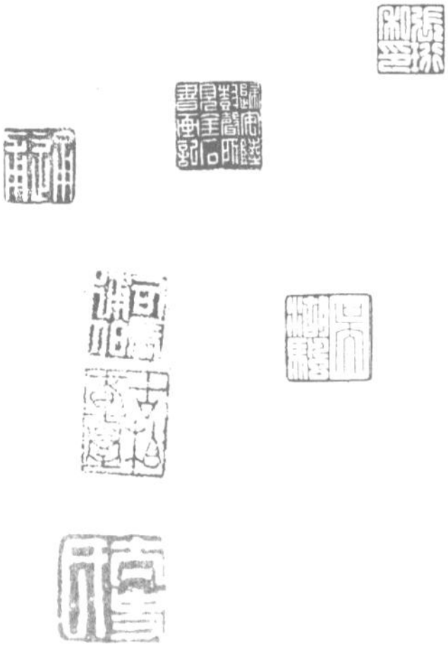

·贰· 同是天涯癫狂人

孙位是王羲之的老乡，会稽（今浙江绍兴）人，但生不逢时。安史之乱后，大唐日落西山，岌岌可危。或许冥冥之中真的与魏晋名士有关联，即便在开放包容的大唐，孙位也是难得的独树一帜的艺术家。《益州名画录》记载：“孙位者，东越人也。僖宗皇帝车驾在蜀，自京入蜀，号会稽山人。性情疏野，襟抱超然。虽好饮酒，未曾沉酩。禅僧、道士，常与往还。豪贵相请，礼有少慢，纵赠千金，难留一笔，唯好事者时得其画焉。”活脱脱一位唐朝版超凡脱俗的竹林名士：有才华，爱喝酒，交友广泛，但绝对不势利，性情潇洒，高兴了画几笔，不高兴了给多少钱都不干。孙位与隐士打交道，不以物质为基础，而是以精神为根本，谓之“神交”。这样的精神性情，必然反映在作品中。

《高逸图》人物特点鲜明，尤以眼神为甚。后世以“传神阿堵”来形容人物画的传神。《晋书·卷九十二》记载：“恺之每画人成，或数年不点目精。人问其故，答曰：'四体妍蚩，本无阙少于妙处，传神写照，正在阿堵中。'"相传，孙位画人物正是向顾恺之学习。山涛的宽容豁达、王戎的狡黠讨巧、刘伶的酒鬼性情、阮籍的淡然高冷，无不通过眼神一一呈现，人物身份清晰可辨。

此外，人物宽大的衣袍散落在坐榻之上，与顾恺之《女史箴图》异曲同工，古朴飘逸。当然，《高逸图》的整体风格已比顾恺之成熟了许多。虽然四位主角还是比四位童子大一圈，以此确定男主地位，但周围山石树木和人物已经成了比例，山石的纹理也以阴影浓淡来表现，敷色更加精美鲜艳，这都是典型的唐代风格。

传神阿堵

衣袍

孙位还以宗教

山石树木

壁画名扬天下，据说他笔下的鬼神无不传神动人，画龙更是一绝——龙拿水汹，千状万态，势欲飞动。后世的花鸟名家，像黄荃、黄居宷等，都曾向孙位学习。可惜的是，《宣和画谱》中记录了孙位二十七件作品，只这一幅《高逸图》传世。

《高逸图》流传至今也有许多故事。从画上的收藏印章可知，宋代开始，《高逸图》基本都被宫廷收藏。传至清代初年，流入大收藏家梁清标手中，后又收入清宫。一九二二年，《高逸图》被溥仪从宫中盗出，带到东北，藏于伪宫小白楼中，后被值勤士兵盗出，在民间贱卖，换点烟酒钱，成为“东北货”。有一段时间，“东北货”成为北京琉璃厂获利最大的国宝，弄得很多收藏家和商人眼红。琉璃厂古玩店老板靳伯声兴趣不在一般人看重的明清字画，而在宋元以前的古玩字画，眼光更“远”一些。《高逸图》流落到琉璃厂，被靳伯声发现，用重金购得，幸得保存，不受损伤。一九五五年，陈毅特批购入此卷，《高逸图》最后由上海博物馆收藏。

十一

折叠时空

韩熙载夜宴图

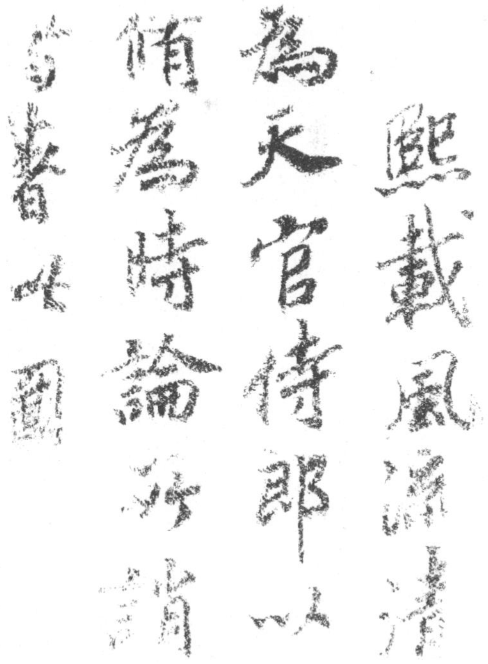

《韩熙载夜宴图》摹本
五代十国·南唐 顾闳中
纵 28.7 厘米
横 335.5 厘米
绢本设色
北京故宫博物院

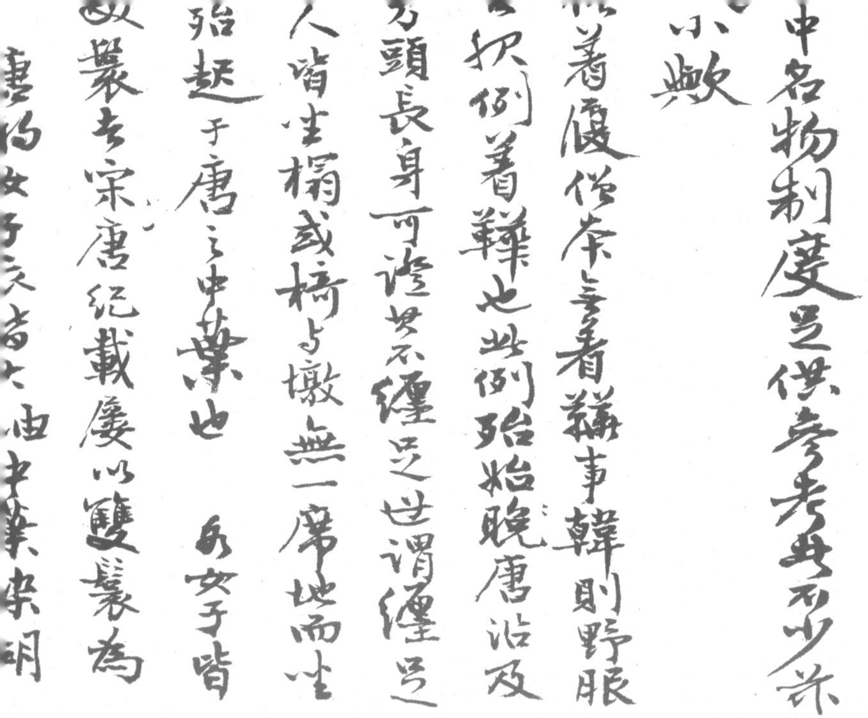

五代十国的李唐王朝，史称南唐。建国皇帝李昪自称唐朝建王李恪的后代，定都江宁，即今天的南京。南唐占尽江南富庶之地，为五代十国中面积最大、最富庶的割据政权。李昪自知占了优势，并不着急开疆拓土，而是老老实实发展国内经济，大力发展艺术，大批因连年战乱散落江湖的文人士大夫纷纷来此落脚，“儒衣书服盛于南唐”。文学、美术、诗词、音乐都在这个温室中摇曳生长，南唐俨然有了大国风范。

在我心中，南唐是被浪漫的诗词歌赋堆砌起来的，仿佛是乱世中笼罩着彩色气泡的世外桃源，仙气缈缈，飘浮在战乱不断的土地上，正如南唐最有名的皇帝李煜所写：“春花秋月何时了，往事知多少。”很可惜，李昪建立的强大政权在他儿子中主李璟手中开始凋零。

·壹· 空间的幻术

在说《韩熙载夜宴图》的作者顾闳中之前，必须要先说一下同时代另一位重要画家周文矩。二人皆为南唐最有名的画家，在中主、后主时代备受重用，记录了许多不为人知的宫廷往事。

周文矩的《重屏会棋图》记录了李璟与兄弟对弈的故事。画面正中头戴黑帽、手拿棋谱、最显眼的一位，便是南唐中主李璟，左边身着红衣和青衣的侧脸男子分别是老三李景遂和老五李景逷，右边手持黑子、正要落棋的是老四李景达。传说，南唐先主李昪最宠爱的儿子并非老大李璟，而是老四李景达，本想传位给他，后来作罢。画中，现任皇帝李璟正面对着智慧与武力都不弱于自己的弟弟，不知该如何下这盘棋。

《重屏会棋图》重在“重屏”二字，画中有多重屏风。据宋朝《宣和

乙酉秋東北變後遺內府書畫流落於長春余適奉檄入瀋
中罕逢真賞目睹此泰半殘缺糟爛蓋墨搨此卷乃從一畫估
估者余能鑑識目睹之嘆庶可遇惠宗敕賦卒得收弆寒齋
禿檀樓圖存為絹本完好驊騮騄驥偶若有神物呵護者然此
此圖亦作戰事與織亂遇於仲詡此圖用筆於纖弱處之中彌見洋
任唐賢追開宋法函於傳神之妙造之意之者猶餘于耳卷尾綴
進林右藏部名印俱在後幅沈氏文衡山兩跋推崇備至推均
金題即胡老林藏西清劄記亦載有宋徽宗御書令與陳宣和政
龍記璽紆絲蟠螭道君集字應是嘉慶間收入寶笈三編時根

《重屏会棋图》摹本
（原）五代十国 · 南唐 周文矩
纵 40.3 厘米
横 70.5 厘米
绢本设色
北京故宫博物院

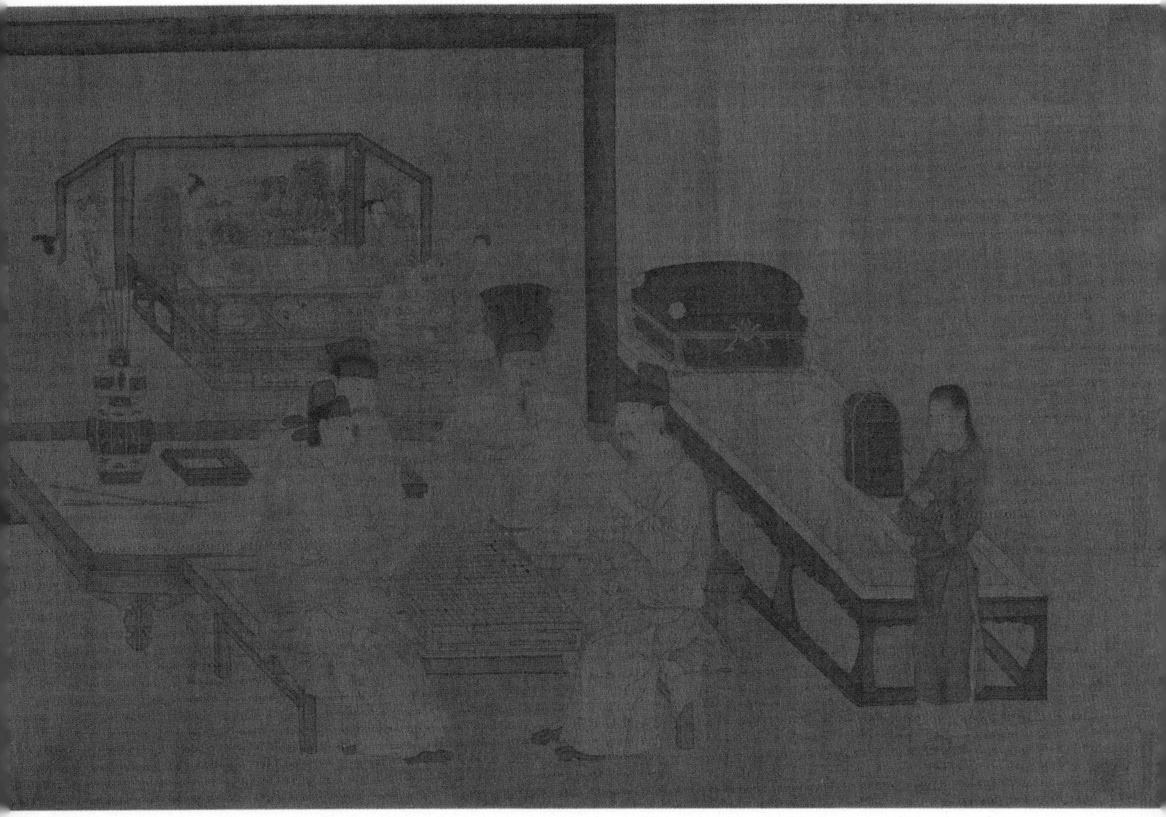

李璟与李景达

画谱》记载，这幅画最初是装裱在一架屏风上的，后被宋徽宗重新装裱为卷轴。画中还有两架屏风。顺着李璟身后望去，坐榻后方是第二重屏风，画面以白居易《偶眠》为题目，表达了李璟命周文矩作画的真正意图：

放杯书案上，枕臂火炉前。
老爱寻思事，慵多取次眠。
妻教卸乌帽，婢与展青毡。
便是屏风样，何劳画古贤？

第一重屏风·投壶

当时南唐饱受后周威胁侵犯，几个小儿子还指望不上，几个正值

第一重屏风·会棋

第一重屏风·食盒

第二重屏风·慵懒的男主人

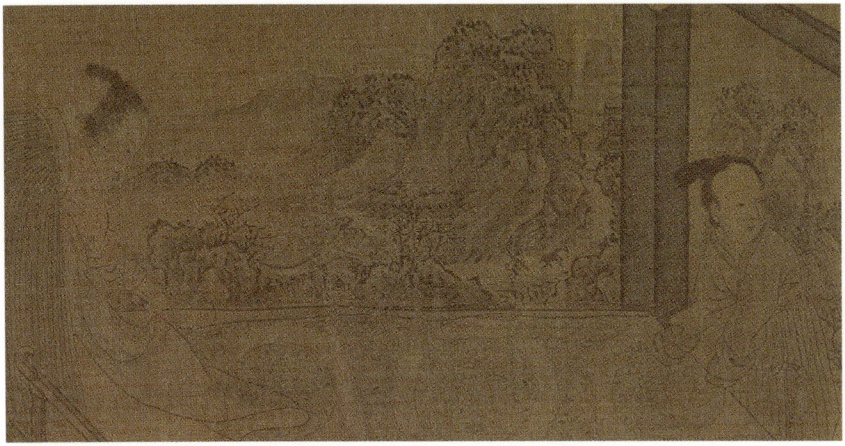

第二重屏风·铺床的侍女

盛年的弟弟，特别是四弟李景达似乎又对因长幼关系而错失皇位不太服气，内忧外患，朝局复杂。李璟借题发挥，屏风上两位婢女在收拾床铺，目光投向宽衣解带慵懒的男主人，他正出神地望着床榻上的山水屏风，似乎早已神游天外。画面右边，女主人头戴道冠，气氛安定祥和，与屏风前的真实场景相比，一动一静。再看最外层的棋局，棋子呈北斗七星状，似乎寓意权力的交替。周文矩将李璟放在七星头部即斗口处，执黑子不知该如何落棋，又将李景达放在七星尾部，用意是：我（李璟）如白居易一般，一心向往田园神仙生活，若非时下局势所迫，也不会做这个皇帝，将来的皇位可以不由我的儿子接替，按长幼尊卑依次传下去，兄终弟及。“宣告中外，以兄弟相传之意。”

事实证明，李璟这个皇位坐得其实也并没有多为难。他一改老爹休养生息的保守作风，积极扩张，可惜不知是运气不好还是才能欠缺，反被后周夺去了大片江北土地，最后连皇帝都不敢叫，只能自称小国之主。雪上加霜的是，被他寄予厚望的儿子李弘冀因忌惮皇太弟李景遂，竟将亲叔叔给毒死了，之后自己也“惊恐而亡”。

周文矩用屏风把一幅画分割成几个时空，可以想象这幅画装裱在屏风上的效果。一个时空紧连着一个时空，从皇家内院看似平静实则剑拔弩张的兄弟日常，到皇帝心中幻想或是做给兄弟看的“假象”——人设祥和的家庭生活，最后回归到大自然山水之间的逍遥自在，互不干涉又紧密相连，造成视觉上的迷惑，令人分不清是真是幻，一眼望不到边界。

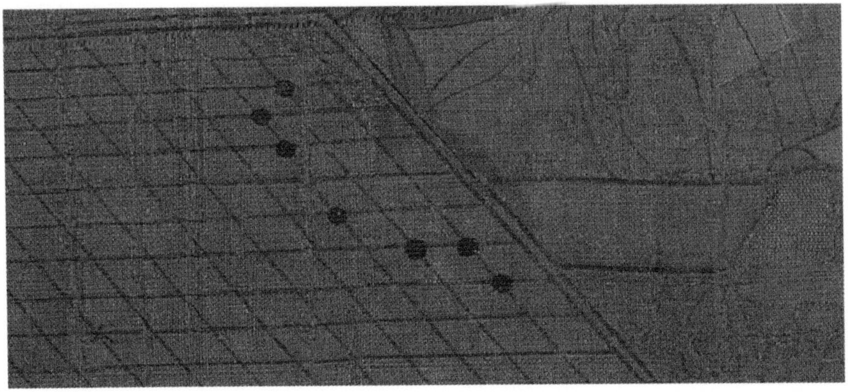

北斗七星

屏风不仅是一个家具摆设，更是串联时空的重要道具。周文矩和顾闳中都喜欢并且擅长在画中加入屏风元素，《韩熙载夜宴图》中也有大量屏风出现，大玩了一把时间游戏。

北宋灭亡之后，《重屏会棋图》流出宫廷，成为私人藏品，如今原作早已消失，我们看到的乃是后人摹本，因为第三重屏风上的山水画法直接决定了它绝不可能是原作。第三重屏风中的山水呈现出的熟练皴擦要到两宋才出现。《重屏会棋图》现存两幅，分藏于美国弗利尔美术馆和北京故宫博物院。二者的构图也有很大区别，弗利尔美术馆版的

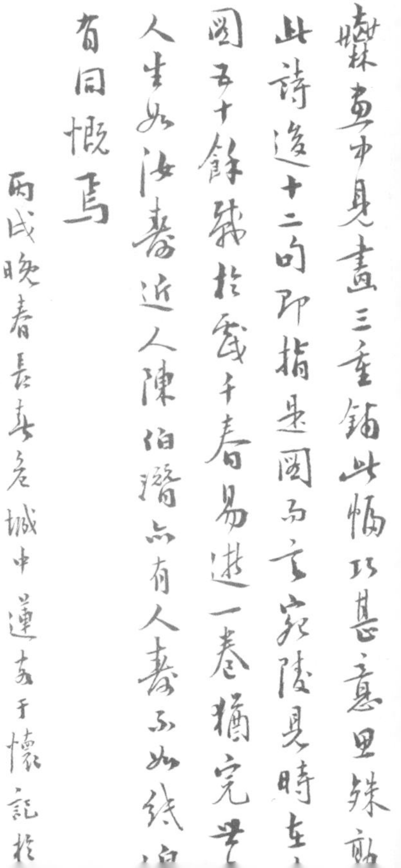

第二重屏风一边无限隐于画面之外，更具迷惑性，稍不留神就会以为《偶眠》是同时发生在内堂中的故事；北京故宫博物院版相对板正，屏风和人物出现在画面中央，泾渭分明。

第三重屏风·山水

·贰· 穿越古今的『谍战照』

南唐三任帝王，真正对权力不上心、一心只求诗情画意的乃是后主李煜。李煜天生是文人的料，自小过着爷爷和爸爸梦想中的雅士生活，琴棋书画无一不精。只可惜造化弄人，生在帝王家，毫无心理准备的他，一下子被推上龙椅，而此时的南唐早已摇摇欲坠。

在责任与能力之间，人会本能地选择能力。从某种程度上来说，李煜在国家危难之时挺身而出，算是承担起了那份责任。他也想有所作为，采取了一些在后人看来十分荒唐的政治手段，没想到无意间成就了一幅千古名画《韩熙载夜宴图》。

韩熙载在李璟朝就是国之重臣，集艺术才华与政治才华于一身。韩家本是后唐臣子，因父辈受株连下狱才逃到南唐。李璟十分看重韩熙载，却没想到自己会短命。李煜也很想重用这位曾被父亲信任、帮南唐管理天下的臣子，可此时的韩熙载跟自己到底是不是一条心呢？据史籍记载，韩熙载的态度很是含糊，《宣和画谱》说他“多好声伎，专为夜饮，虽宾客揉杂，欢呼狂逸，不复拘制”，每晚在家狂欢，似乎根本无心朝政。

一是好奇，二是为了探听虚实，李煜考虑了很久，想出一招自认为最妥当也最擅长的办法——派两位最好的宫廷画师顾闳中和周文矩赴韩熙载夜宴，仔细观察记录，回来画给自己看，“颇闻其荒纵，然欲见樽俎灯烛间觥筹交错之态度不可得，乃命闳中夜至其第，窃窥之，目识心记，图绘以上之。故世有《韩熙载夜宴图》”。所以，这幅画不单是记录皇家生活或大臣日常这么简单，而是身负了“谍战”使命，会直接影响皇帝的判断，决定一位重臣的生死去留。在没有照相机的漫长岁月里，绘画是我们认识历史最直接也最美丽的途径，留给后人无数宝贵瞬间。

第一段 独奏

中国水墨多以长卷形式装裱，特别是像《韩熙载夜宴图》这类充满故事性的作品，从右向左缓缓展开，如同观看一场水墨电影。

全画分为五个部分。

第一段：独奏。

戴着高高黑色纱帽坐在榻上的正是主角韩熙载；右边穿红衣服，兴致勃勃的青年是新科状元郎粲；在摆满食物的长案两旁坐着的，是韩熙载好友太常博士陈致雍和他的学生朱铣；站着的宾客有王屋山，还有韩熙载的宠姬家眷。大家正一起欣赏教坊副使李嘉明的妹妹弹琵琶，歪头专心看琵琶女的正是李嘉明。

李嘉明兄妹身后有一大片山水屏风，由此屏风过渡到第二个场景。

第二段 独舞

教坊副使李嘉明兄妹

如同《重屏会棋图》一样，屏风也在这里起到了过渡时空的作用，犹如打开时空之门，引领观者的目光。

第二段：独舞。

韩熙载换了便服，为舞蹈的歌姬打鼓，却面色深沉。最引人注目的是，他身边还站了一个和尚，在如今世俗的夜宴狂欢中显得有些不协调。和尚法号德明，是韩熙载的好朋友。据说韩熙载曾向他透露自己不看好李煜，怕自己一世英名毁

第三段 小憩

在李煜这种有亡国相的皇帝身上，因此故意沉迷于酒色，搞得满城皆知，好让李煜死心。

德明和尚

第三段：小憩。

穿过挂着红色帷幔的床榻之后，宴会似乎到了中场休息时间，韩熙载被奴婢宠姬们殷勤地伺候着，洗脸醒神。

第四段：管弦合奏。

他身后又是一架屏风，转换出第四个场景。彻底放松了的韩熙载袒胸露臂坐在椅子上，在向婢女吩咐着什么。一群歌姬在管弦合奏，画面最左

第四段 管弦合奏

第五段 宴席散场

边一位宾客隔着屏风与一个姑娘目光相接，窃窃私语，然后走入第五个场景。

第五段：宴席散场。

一场夜宴宾主尽欢，客人们也肆意地与姑娘

调笑起来。韩熙载独站一旁，似是送客，有趣的是左手好像比出了“不”的姿态。

屏风在《韩熙载夜宴图》和《重屏会棋图》中发挥了巨大作用，在前者之中让观者亲身感受到时空的流动，试想若把一整幅画打开，看着韩熙载同时出现在五段时空之中，是怎样奇妙的体验；在后者之中让观者在方寸之间感受到了时空的无限，仿佛永远看不到边界。

顾闳中是一位心理肖像画高手，擅长以周围动态的环境来衬托主角，从而反映心理状态。《韩熙载夜宴图》中五个场景、四十多个人物，歌

心事重重的韩熙载

笑语喧哗的宾客与婢女

舞升平，乐曲悠扬，舞姿曼妙，觥筹交错，笑语喧哗，每个人的表情、姿态都跃然纸上。音乐声好像远远地飘了过来，最重要的是，一群高高兴兴的人中间坐了个嘴角耷拉着、眼睛也耷拉着的韩熙载。他深沉、抑郁、心事重重，明明置身于自己办的宴会之中，但就是高兴不起来，夜夜笙歌逃避现实。顾闳中成功地将韩熙载复杂矛盾的心理世界展示给了李煜看。

在绘画技巧方面，顾闳中没有使用像《簪花仕女图》中那种艳丽的颜色，用色绚丽清雅。清雅的淡色和浓重的黑白红色穿插，人物的衣服褶皱处用勾线和渲染两种技法结合，和唐代相比显得柔和很多。

与《重屏会棋图》一样，现今世人所见这幅《韩熙载夜宴图》乃是后人摹本，画中的山水屏风再次

“出卖”了摹本作者。传说周文矩的《合乐图》就是另一个版本的韩熙载夜宴故事，画作构图与《重屏会棋图》类似，几位宠姬则与顾闳中版的重叠。不管李煜相不相信这两个版本，总之韩熙载并未因此被杀，反而受到重用。

公元九七五年，北宋军队攻破金陵，南唐灭亡，李煜被俘。北宋文学家徐铉如此评价：“以厌兵之俗当用武之世，孔明罕应变之略，不成近

勾线与渲染技法

功；偃王躬仁义之行，终于亡国。道有所在，复何愧欤！”李煜以他的敦厚善良为南唐争取了十几年太平光景，无愧。

四十二岁生日之际，从皇帝沦为阶下囚的李煜写下名篇《虞美人》：

春花秋月何时了？往事知多少！
小楼昨夜又东风，故国不堪回首月明中。
雕栏玉砌应犹在，只是朱颜改。
问君能有几多愁？恰似一江春水向东流。

宋太祖听到后，认为他仍有复国之心，便令人在宴会上下毒，将他害死。后世多认为李煜荒淫无道，致使南唐亡国，却忘了在那样的年代，他才是最大的受害者。明代文学家王世贞对南唐李家父子的评价最为中肯：“花间犹伤促碎，至南唐李王父子而妙矣。”

作山東書生裝黃衫落拓韓生像黃衫草屨殆仿其鄉俗為之歟　樂器祗有笛管琵琶與鼓板而無他器不知何故又全部有樂與無聲而多歌亦可注意樂器中之笛與今製不同其頭部別附一小器似用竹所製與笛孔正相對但不知何用　琵琶仍用弁撥則知唐中葉後用手彈之說亦未的確　拍手為節似非樂奏正宗又大鼓高及人身之三分之二以入樂何耶　食具數席皆下酒物非果腹物也湯壺置一桃中殆以溫酒其飯飲食具皆承以舟與唐宋圖繪正同　男女不垂足坐時則坐皆交叉兩足或柱足如昔所稱箕踞無復如漢魏六朝之跪坐此亦習慣之一變也

十二

大宋之光

西园雅集

《西园雅集图》
南宋 马远
纵 29.3 厘米
横 302.3 厘米
绢本设色
美国纳尔逊·艾特金斯艺术博物馆

王羲之的兰亭集会是中国历史上最有名的文人聚会，《兰亭集序》也成为千古书法名篇。时光流转，到了几百年后的北宋，又一场集合当世最有名大文人的聚会出现了，同时诞生的还有一幅名画——《西园雅集图》，李公麟绘，搭配米芾书法诗文，如此顶级配置，堪称前无古人。

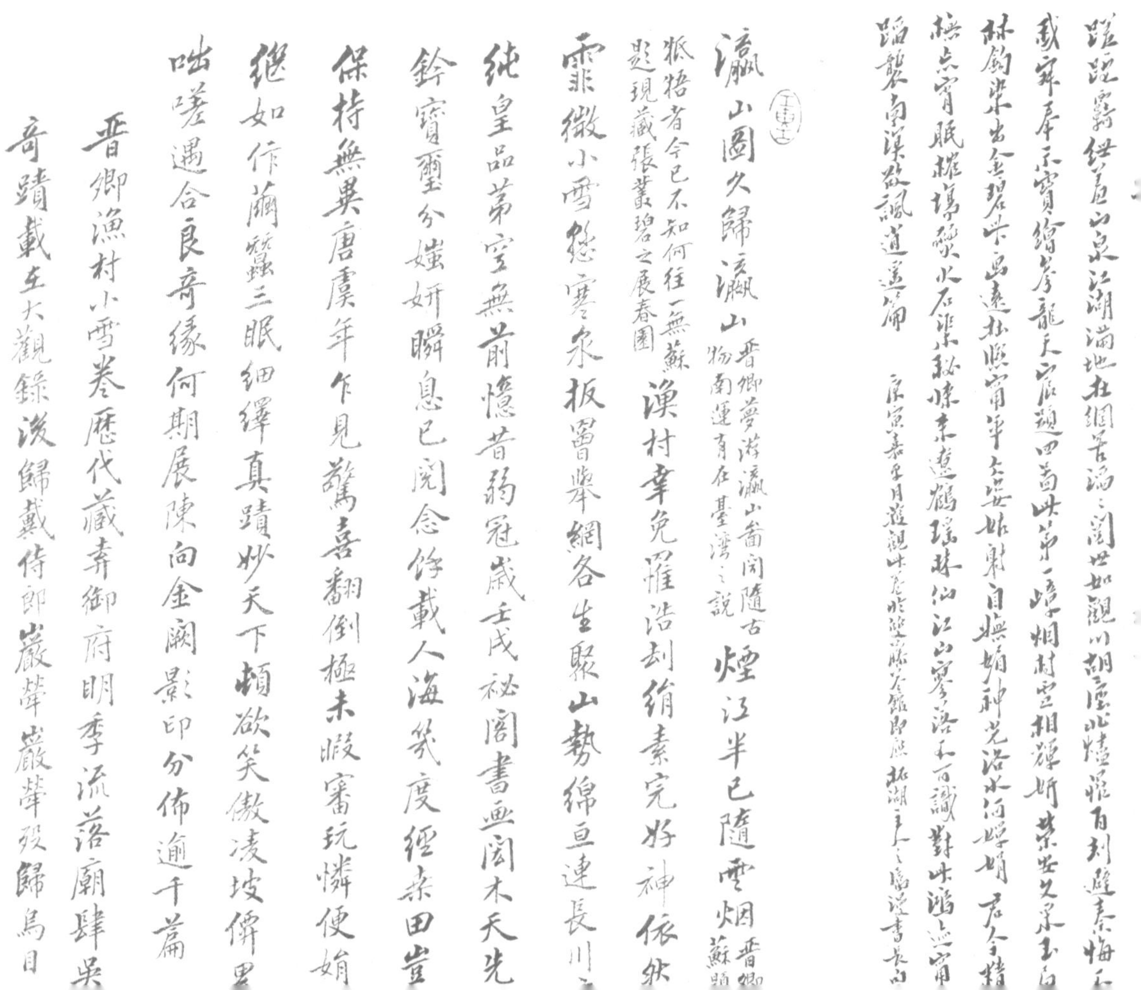

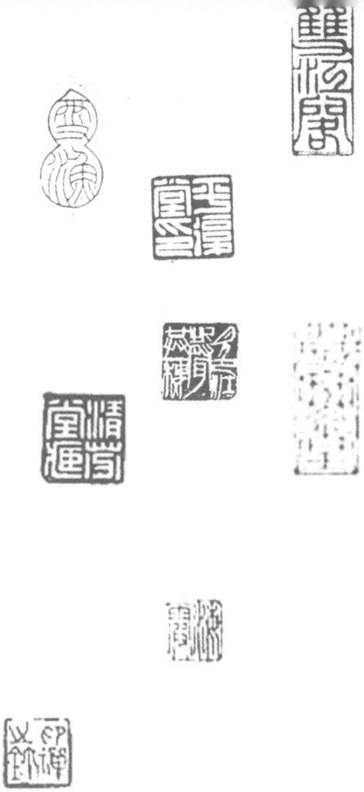

·壹· 宋朝顶级聚会

西园主人是北宋最红的驸马王诜，他出身名门，祖上是北宋开国元勋，本人琴棋书画无一不精，名满天下，宋英宗欣赏他的家世与才华，将女儿蜀国长公主下嫁于他。为了这场聚会，王诜专门请李公麟来现场作画。宋画被认为是中国绘画的巅峰，而李公麟则被称为“宋画第一人”。他可不是一般的宫廷画师，不仅出身名门，还中过进士，可是做官没什么起色，却因绘画结交了一批大文人，成了王诜的座上宾。

尤工人物，能分别状貌，使人望而知其为廊庙、馆阁、山林、草野、闾阎、臧获、占舆、皂隶。至于动作态度、颦伸俯仰、大小善恶、与夫东西南北之人才分点画、尊卑贵贱、咸有区别，非若世俗画工混为一律。

贵贱研丑止以肥红瘦黑分之。大抵公麟以立意为先，布置缘饰为次，其成染精致，俗工或可学焉，至率略简易处，则终不近也。

——《宣和画谱》

李公麟最擅长画人物，沿袭顾恺之、陆探微风格，不但画得像，还能让观者通过人物动作、表情判断这个人的喜好与尊卑，神形皆为上等，绝非只图画得准的世俗匠人可比。文人画发展至此，人物画的标准已不是“像不像”，而是“以意为先”。除了诗文书法，文人也开始用绘画表达个性和态度，绘画不再只是一种记录工具。

李公麟的书法和诗文也相当精彩，“楷书有晋人之风”。《宋史》说他

《渔村小雪图》
北宋 王诜
纵 44.5 厘米
横 219.5 厘米
绢本设色
北京故宫博物院

“好古博学，长于诗，多识奇字，自夏商以来钟鼎尊彝，皆能考定世次，辨测款识”，宋代每一位文人都追求他这样的境界和学识，就连王安石和苏东坡这对政治宿敌都是他的好朋友。这场北宋顶级聚会，王诜一共邀请了十五位好友，包括“唐宋八大家”中的苏轼、苏辙，“苏门四学士”张耒、秦观、晁补之、黄庭坚，“宋四家”之一的米芾，从日本来到中国的圆通和尚，名道士陈景元，大藏书家王钦臣，词人李之仪，制墨高手郑嘉会，画家蔡肇、刘泾以及李公麟。

李公麟的《西园雅集图》真迹早已失传。幸运的是，作为文人精神的象征，《西园雅集图》被后世画家反复摹写，留存至今有多个版本，其中距李公麟原本最近的，当属南宋马远版和刘松年版。

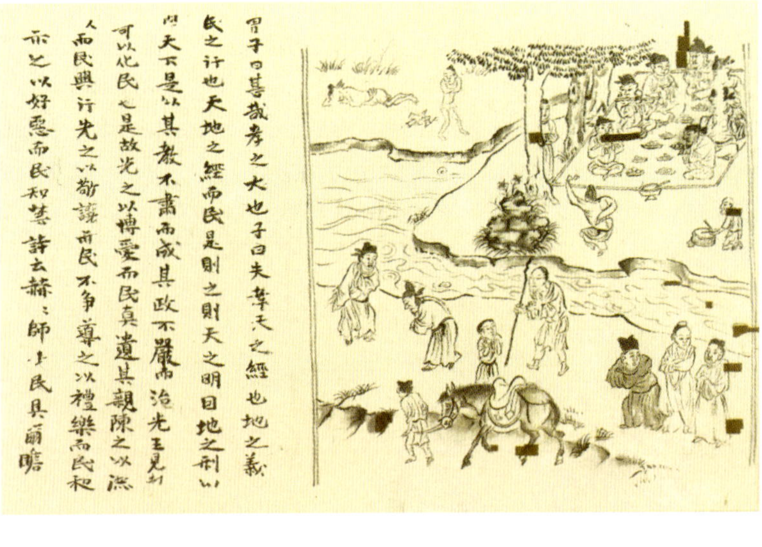

李公麟《孝经图卷》中的书法与人物

李公麟《西岳降灵图》中的白描人物

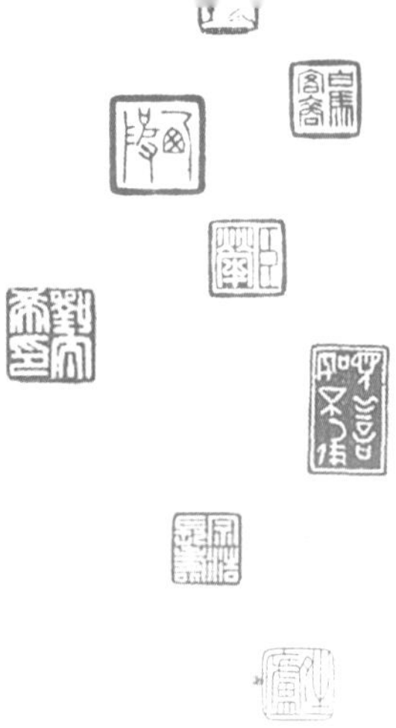

·贰· 桃花西园

中国古代人物画最有意思的地方不是艺术价值而是史料价值。通过这幅画，我们有幸看到许多在小学课本上频繁出现、至今还被广为传颂的名士相貌。让我们有请讲述人——米芾。

李伯时效唐小李将军为著色泉石云物、草木花竹，皆妙绝动人；而人物秀发，各肖其形，自有林下风味，无一点尘埃气。

李伯时即李公麟，他学习了唐朝大画家李昭道的青绿山水画法。

下面这一段是整幅长卷的高潮，几乎所有重要人物都集中在此。

其着乌帽、黄道服捉笔而书者为东坡先生；仙桃巾、紫裘而坐观者为王晋卿；幅巾青衣、据方机而凝伫者为丹阳蔡天启；捉椅而视者为李端叔；后有女奴，云环翠饰侍立，自然富贵风韵者，乃晋卿之家姬也。

孤松盘郁，后有凌霄缠络，红绿相间。下有大石案，陈设古器瑶琴，芭蕉围绕。坐于石磐旁，道帽紫衣，右手倚石，左手执卷而观书者为苏子由；团巾茧衣，手秉蕉箑而熟视者为黄鲁直；幅巾野褐，据横卷画渊明《归去来》者为李伯时；披巾青服，抚肩而立者为晁无咎；跪而捉石观画者，为张文潜；道巾素衣，按膝而俯视者为郑靖老，后有童子执灵寿杖而立。

苏东坡先生挥毫，王诜和蔡肇在一旁观看。另一旁大树之下、石案之上，李公麟展开自己根据陶渊明的《归去来兮辞》所作《归去来图》供朋友们欣赏。苏辙左手持卷仔细观看，晁补之站在他旁边，张耒干脆跪在石头上观画，郑嘉会弯着身子，手按在膝盖上俯视石案。

二人坐于磐根古桧下，幅巾青衣，袖手侧听者，为秦少游；琴尾冠、紫道服，摘阮者为陈碧虚；唐巾深衣，昂首而题石者，为米元章；袖手而仰观者为王仲至。前有髯头顽童捧古砚而立，后有锦石桥、竹径，缭绕于清溪深处，翠阴茂密，中有袈裟坐蒲团而说《无生论》者，为圆通大师；旁有幅巾褐衣而谛听者，为刘巨济。二人并坐于怪石之上，下有激湍潨流于大溪之中。

古树之下，陈道长在给秦观讲道学。米芾写自己一贯“石痴”，王钦臣看他在石头上题字。庭院树林深处，圆通大师与刘泾谈论《无生论》。

相比较而言，刘松年版是最接近原版人物的，与米芾的描述一模一样。而马远版有着他自己非常鲜明的特点：人物方面，他将画卷从院外小溪环绕、翠草茵茵的小路上开始，家仆们从船上下来，忙碌地运送聚会所需的用品。苏轼则单独出现，带着小童正在过桥，写书法的人换成米芾，将十六人增加为十八人，伺候的小童也多了几位。马远并没有拘泥于李公麟的画法，从北宋到南宋，从开封到江浙，在技法方面早已发生了很大变化。而且马远生活在南方，擅长画南方山水，一草一木都刻画得极为细腻。马远史称“马一角”，所以他作画布局时喜欢边角之景，人物和山水背景都集中在画面一角，再加上有明显南宋特色的大斧劈皴

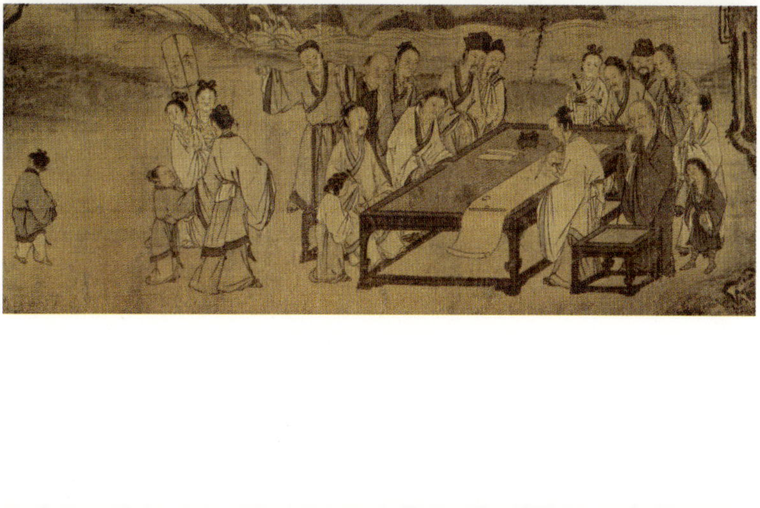

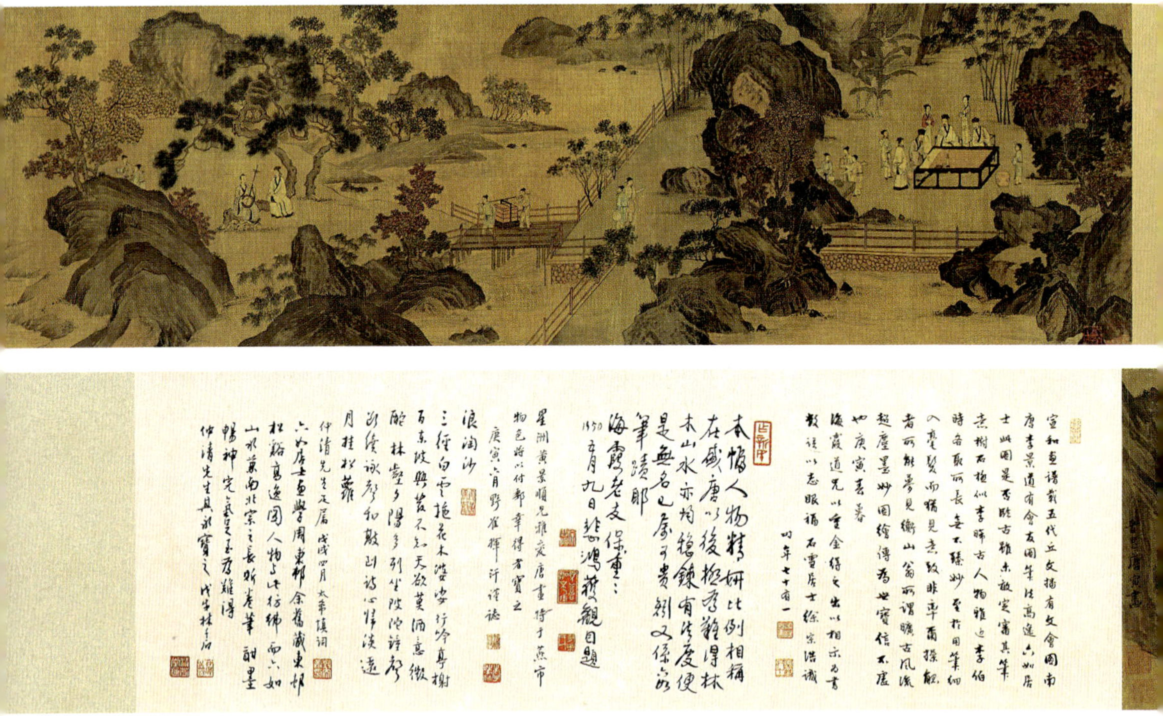
宣和畫譜載五代丘文播有文會圖南
唐李景道有會友圖筆法高逸亦如居
士此圖是否臨古雖未敢定審其筆
意樹石極似李晞古人物雅近李伯
時各取所長無不臻妙至於用筆細
入毫髮而獨見意致非率爾操觚
者所能夢見衡山翁所謂曠古風流
超塵墨妙圖繪傳為世寶信不虛
也庚寅春暮
海霞道兄以重金得之出以相示為書
數語以志眼福 石雪居士徐宗浩識
時年七十有一
本幅人物精妍比例相稱
在盛唐以後極為難得林
木山水亦均穩練有法度使
是無名氏亦可貴矧又係宋
筆蹟耶
海霞老友保重之
1950五月九日悲鴻獲觀因題
星洲黃景順兄雅愛唐畫得于燕市
物色將以付郵幸得者寶之
庚寅六月野雀輝汗謹誌
浪淘沙
三徑白雲拖花木婆娑行吟亭榭
百東坡興致不知天欲暮洒意微
酡林壑夕陽多列坐陂陀鍾聲
別後詠聲和敲剖詩心情淡遠
月桂松蘿
仲清先生正屬 戊戌四月 太希填詞
六如居士畫學周東邨余舊藏東邨
松谿高逸圖人物與此彷彿而六如
山水兼南北宗之長所老筆酣墨
暢神完氣足更為難得
仲清先生其永寶之 戊戌冬林千石

《西园雅集图》
明 唐寅
纵 24.8 厘米
横 173 厘米
绢本设色
台北故宫博物院

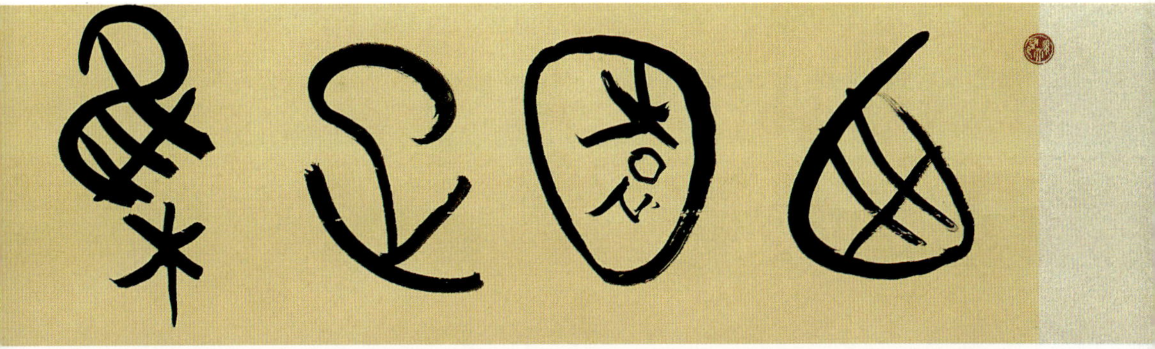

法，整幅画显得苍劲干脆，刚柔并济。

无论哪个版本，无一不是后世文人向《西园雅集》中的众先贤致敬。正如米芾所说：“水石潺湲，风竹相吞，炉烟方袅，草木自馨，人间清旷之乐，不过于此。嗟呼！汹涌于名利之域而不知退者，岂易得此耶！自东坡而下，凡十有六人，以文章议论、博学辨识、英辞妙墨、好古多闻、雄豪绝俗之资，高僧羽流之杰，卓然高致，名动四夷。后之览者，不独图画之可观，亦足仿佛其人耳。”

文人们向往的生活不过如此。这幅画的画眼在于“文人精神”和我们永远无法看到的李公麟笔下的《归去来图》。

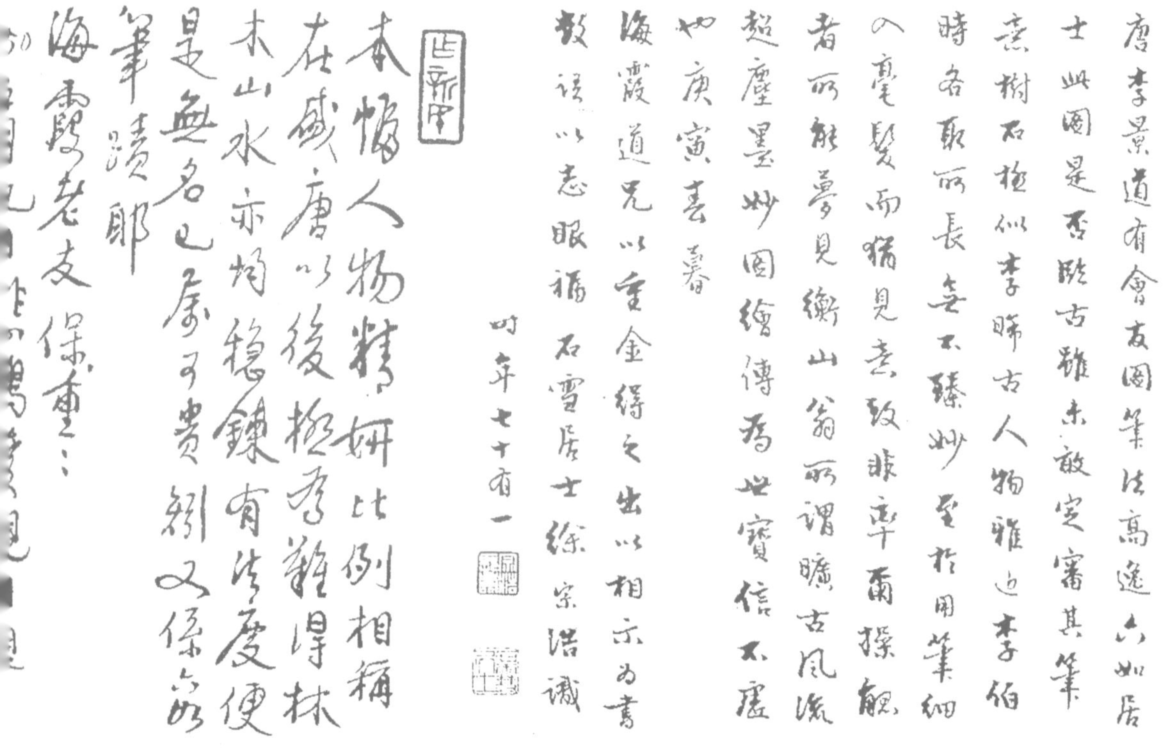

·叁·

宋画第一

《洞天清录》中记载：“伯时惟作水墨，不曾设色，其画殆无滞笔。凡有笔迹重浊者，伪作。其于人物，面相尤妙。”其实，李公麟独步天下的绝技不是如《西园雅集图》一般的设色作品，而是白描。他最擅长画马，其次是人物，苏东坡就评价说“龙眠胸中有千驷，不惟画肉兼画骨”。

一说起画马，好像天底下的骏马都被唐人韩幹画完了，谁也画不过他，后世却纷纷称李公麟“画马过韩幹”。《五马图》的五位马主角均是来自西域的贡品，自右向左依次为凤头骢、好头赤、照夜白、满川花和锦膊骢，各由一人牵引。全图五段，皆为白描，不见着色，并有黄庭坚题记的马名、产地、年岁、尺寸，更为难得。

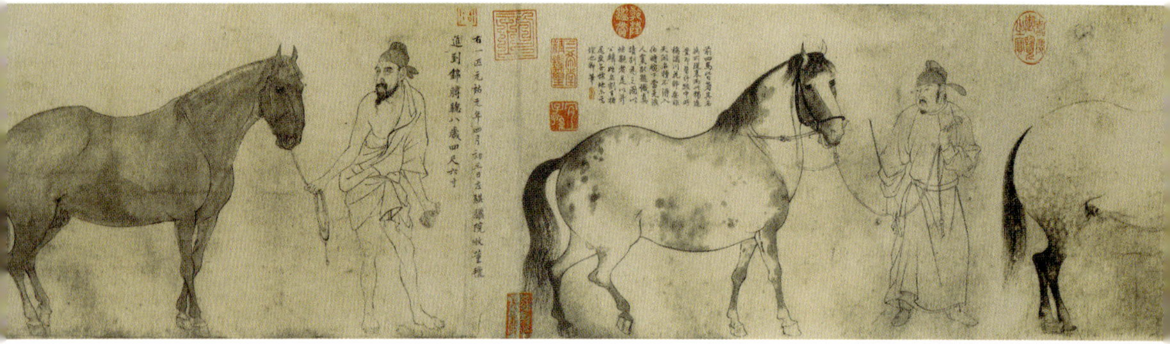

《五马图》
北宋 李公麟
纵 29.3 厘米
横 225 厘米
纸本水墨
东京国立博物馆

右一匹：元祐元年十二月十六日左骐骥院收于阗国到进凤头骢，八岁，五尺四寸。

凤头骢通身体白，头部鬃毛、尾巴和四蹄为黑色。牵马人身着少数民族服装，爱怜地看着被他亲手驯养出来的良驹。

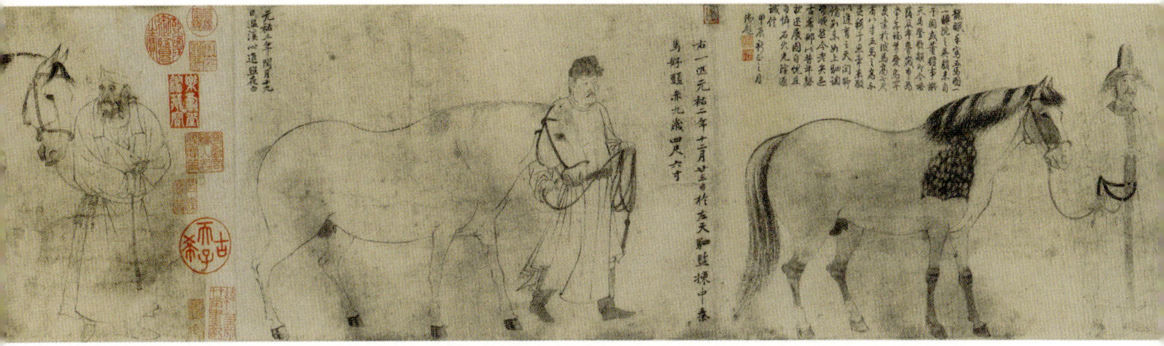
右一匹元祐二年十二月廿三日於左天駟監揀中秦馬好頭赤九歲四尺六寸

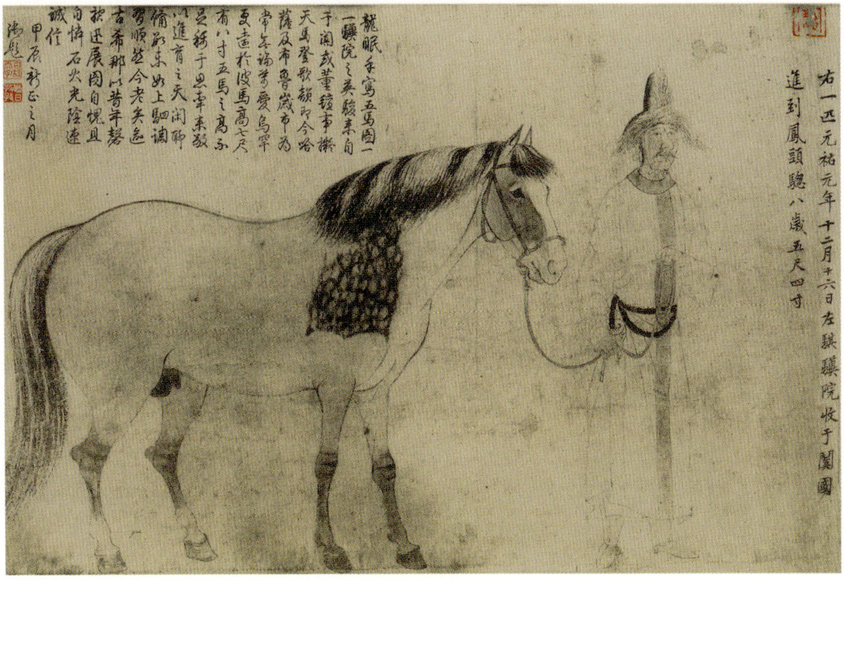
右一匹元祐元年十二月十六日左騏驥院收于闐國
進到鳳頭驄八歲五尺四寸

凤头骢

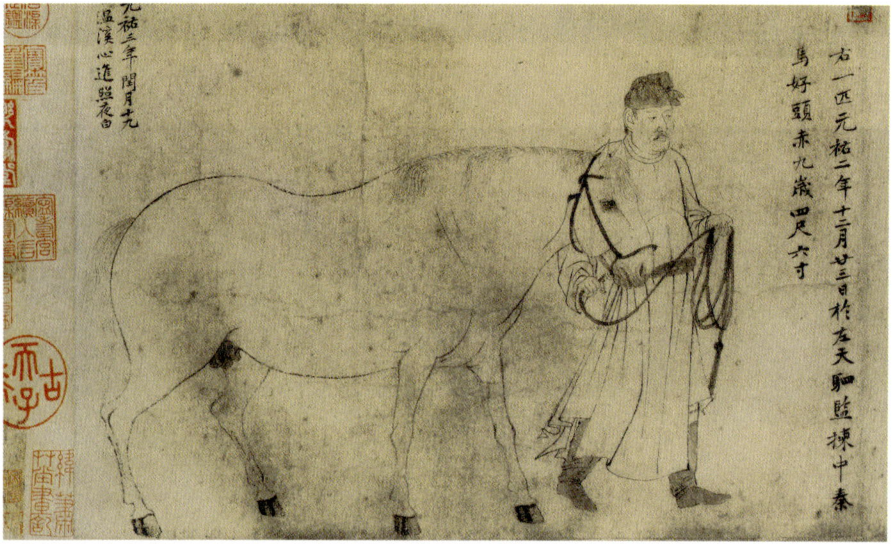

好头赤

右一匹，元祐二年十二月廿三日于左天驷监拣中秦马好头赤，九岁，四尺六寸。

好头赤身形瘦长，灰黑色。牵引人是典型的养马人装束，右手还拿着一把专门用来洗马的刷子。

照夜白

元祐三年闰月十九日，温溪心进照夜白。

此照夜白非唐太宗爱马韩幹笔下的照夜白。通身雪白、身形丰腴这点倒是很像，但比唐太宗的照夜白恭顺了很多，在牵引人的带领下神色温柔。传说这匹照夜白并没有进入皇家马圈，而是赏给了太师潞国公文彦博。

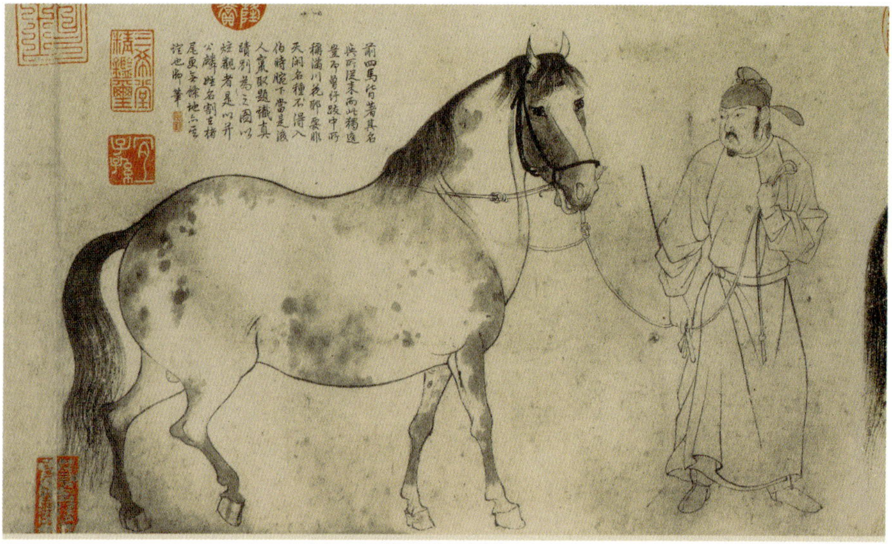

满川花

第四匹马满川花上方并没有黄庭坚的题记。经考证，周密《云烟过眼录》中有黄庭坚原题“元祐三年上元进满川花”，指的就是这匹马。

锦膊骢

右一匹，元祐元年四月初三日左骐骥院收董毡进到锦膊骢，八岁，四尺六寸。

锦膊骢也是由一名西域人牵引，但这位牵引人显得很年轻，气质昂扬。董毡是东吐蕃联盟主，按时间顺序，他的进贡时间早于凤头骢。

李公麟画马也是从细心观察与写生开始的。据说，他做官时“必终日纵视，至不暇与客语”，整天盯着皇家马圈里的马，甚至忘了与同僚交谈，“久久则胸中有全马矣，信意落笔，自然超妙，所谓用意不分乃凝于神者也”。李公麟并未止步于韩幹技法，巧妙地将吴道子铁线白描法吸收进来，凸显了线条的弹性与变幻之美，勾勒出更加传神丰富的肢体语言。马的骨骼不用晕染堆积，全凭借线条勾勒，再用淡墨晕染肌肉，“不惟画肉兼画骨”。吴道子擅长表情刻画，笔力凌厉，李公麟则唯美柔软，干脆准确。黄庭坚的尾跋充满溢美之词：“余尝评伯时人物似南朝诸谢中有边幅者，然中朝士大夫多叹息伯时久当在台阁，仅为喜画所累。余告之曰，伯时丘壑中人，暂热之声名，傥来之轩冕，此公殊不汲汲也。此马驵骏，颇似吾友张文潜笔力，瞿昙所为识鞭影者也。黄鲁直书。”再加上渊博的学识、极高的境界，使得李公麟的白描得以“扫去粉黛，淡毫轻墨”，意境深远，高雅飘逸，无人超越，《五马图》也被称为“宋画第一”。

在西园雅集中，苏轼、黄庭坚、李公麟关系最好。苏轼似乎比李公麟更爱马，他留存于世的残卷《三马图赞》写的正是凤头骢、照夜白和好头赤。他还专门请李公麟画下这三匹马，方便随身携带观赏。东坡虽也会画画，可始终敬仰李公麟。有一传说，乌台诗案后，苏辙、王诜均遭贬斥，李公麟在街上遇到苏家人居然掩面假装不认识。而在苏轼眼里，李公麟依然“其神与万物交，智与百工通”。

西园雅集中的十六人在中国历史上无一不是赫赫有名之人，伟大的艺术家喜欢结伴而来，生怕这世间无人相知的孤独。李公麟则用画笔见证了这一刻，似乎比只有书法的兰亭集会更加圆满。

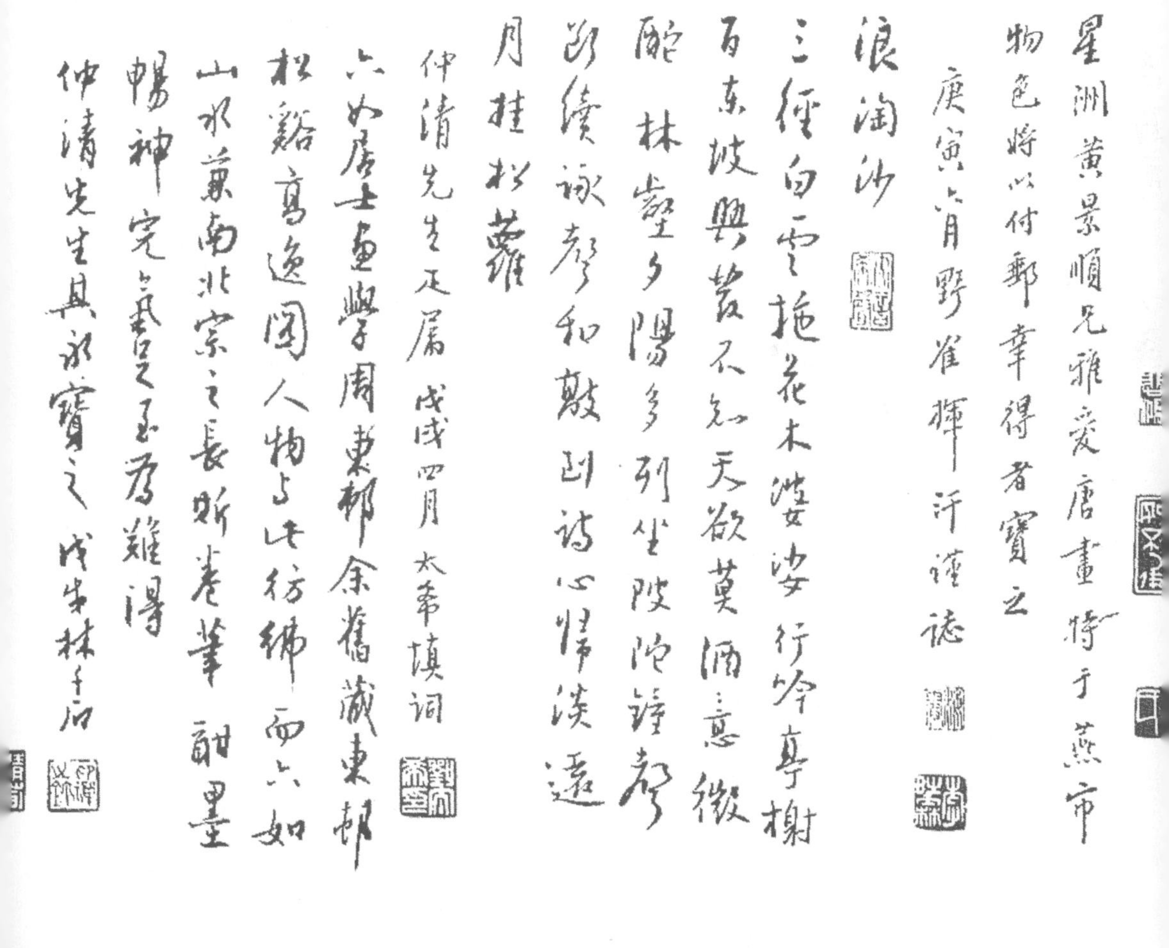

星洲黃景順兄雅愛唐畫 得于燕市
物色將以付郵 幸得者寶之
庚寅六月野雀揮汗謹誌

浪淘沙
三徑白雲拖 花木婆娑 行吟亭榭
百东坡與黄不知天欲莫 酒意微
酡 林壑夕陽多 列坐陂陀 鐘聲
斷續 詠聲和 敲到詩心歸淡遠
月挂松蘿
仲清先生正屑 戊戌四月 太希填词

六如居士畫學周東邨 余舊藏東邨
松谿高逸圖 人物與此彷彿 而六如
山水兼南北宗之長 斯卷筆 酣墨
暢神完氣足為難得
仲清先生其永寶之 戊戌林千石

十三

千古一画

瑞鹤图

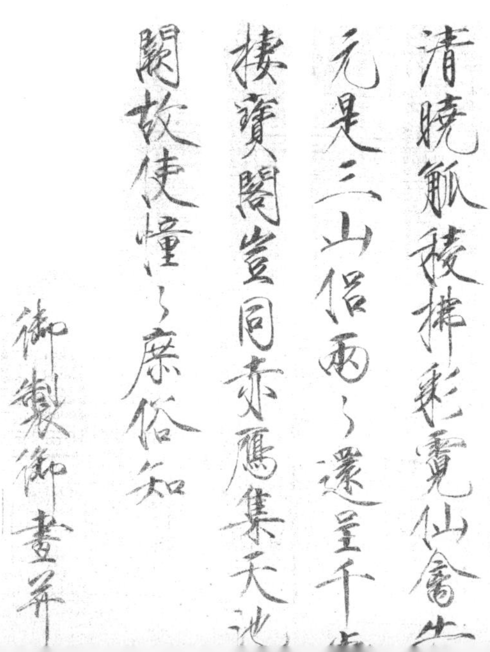

《瑞鹤图》

北宋 赵佶

纵 51 厘米

横 138.2 厘米

绢本设色

辽宁省博物馆

·壹·

者般颜色做将来

中国水墨的构图逻辑与西方绘画完全不同。前者讲究三远——深远、平远、高远；讲究散点透视，移步换景。后者讲究焦点透视，好像从窗户中看出去的风景一样，一切要合乎肉眼所见的比例。视角不一样，气韵天差地别。几千年来，中国古人着迷于这种抽象的山水游戏，目之所不及，心向往之。只有一幅画成功打破了游戏规则，大胆出界，依然仙气缈缈。这幅画就是《瑞鹤图》，而这位玩出界的“神仙”，就是宋徽宗赵佶。

天青色铺满整个天空，二十只白色仙鹤翱翔盘旋，占据了篇幅的三分之二。“天青色”绝对是宋徽宗制造出来的“招牌爆款”。想当年，这位皇帝做了一个梦，梦见大雨过后，远处天空云破处有一抹天青色，神秘又令人着迷，醒来之后，便写下“雨过天青云破处，者般颜色做将来”的诗句，命工匠烧制“天青色”瓷器，将梦中美景搬到现实中来，如此便有了我们今天看到的如梦似幻的汝窑青瓷。不过，这门工艺现在早已失传，注定了那只是宋徽宗的梦。

仙鹤下方是金碧辉煌的宫殿，烟雾缥缈之中只露出宫殿顶部，层层叠叠如山峦一般，就此停住。一般的帝王，甚至普通画家都会以山峦作为主体，将宫殿安排在山中，以山中云雾缭绕做留白处，有白鹤来访。宋徽宗偏偏取天空作为主体，神秘的天青色平铺了大部分画面，增添了皇家的贵气。这幅画的最高级之处便是留白。普通水墨以“不画”作为留白，但是宋徽宗竟然能画出留白，白鹤的白色即为留白，而且白鹤配天青色；宫殿只有顶部，宫殿主体即为留白。在这一幅画中，皇家气象、仙人境界、文人雅致，都做到了极致。

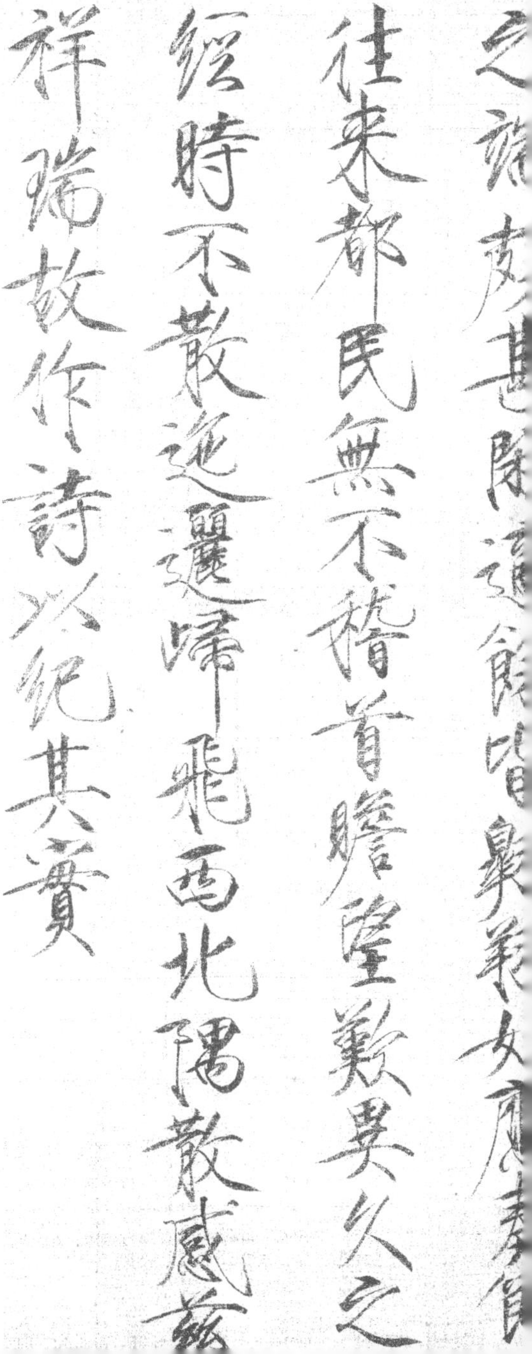

·贰·

艺校创始人

关于这幅画是否为赵佶亲笔作品，业界一直争论不休，其实，从构图与留白用色这两个巧思来看，此画非赵佶所不能。宋徽宗登基之后做的一件大事就是成立翰林图画院，自封院长，将画学列入科举，就像今天的艺考，分佛道、人物、山水、鸟兽、花竹、屋木六科，摘古人诗句以为考题。赵院长出过“深山藏古寺”这个题目，有人画了深山中露出寺庙一角，也有人在山峦中画了一根寺庙的旗杆，总之无论怎么画，图中总会有寺庙建筑的一部分。只有一个人，没有画任何有关寺庙本身的建筑元素，只画了一个老和尚来溪边打水，赵院长将这幅画评为第一。

还有更难的题目——“踏花归去马蹄香”。七个字的题目没有一个字是按常理出牌，第一，马蹄怎么会香？第二，怎么才能画出马蹄香？一番评选之后，赵院长挑出了第一：画中有一群蝴蝶流连于飞驰的马蹄之间，能引得蝴蝶停驻，马蹄之下自然满是扑鼻的香气，让人信服。

留白不代表不画，留白也是一种气韵。所谓气韵，就是能让人看到画外的空间，无限遐想。气韵是中国水墨画的终极格局，宋徽宗更是这方面的佼佼者。《瑞鹤图》如此构图，如此用色，反常而大胆，新颖又不失气韵，就这一点来说，也只有他才能有这般格局。

北宋政和二年（公元一一一二年）上元元宵节，东京汴梁城举办长达五天五夜的灯会，群臣陪着宋徽宗登上宣德门观赏夜景灯会。第二天一早，有人来报，宣德门出现了奇异景象，一群仙鹤突然出现在城楼上方，盘旋和鸣，皇城内外都被这罕见的奇景吸引。群臣认为，这绝对是难得的吉祥之景，象征着大宋朝国泰民安、太平盛世。于是，这个国家的主宰者亲自把这一切记录了下来。

瘦金体是宋徽宗的原创招牌，千年来独步天下，比他的画有名得多。瘦金体的"金"其实是"筋骨"的"筋"，为了表示皇帝的高贵才用了"谐音梗"。赵佶行笔快而狠，下笔细而重，笔画间又顿又锋利，去掉了字体的骨肉，只剩下筋骨，所以叫"瘦筋"。说得通俗一点儿，瘦金体就是楷书的美术字变形。北宋年间，楷书发展到瓶颈期，千篇一律，"瘦金体"是一个大突破，贵气十足，风姿绰约。

"天下一人"这四个字看起来像是一个字，这种签名方式叫作"花押款"。这倒不是宋徽宗的发明，而是另一位赫赫有名的皇帝李后主的杰作。唐人名画《照夜白》上"韩幹照夜白"五个字就是李煜亲笔，下有他的花押款签名，这是中国书画史上现存最早的花押款。明崇祯帝也用

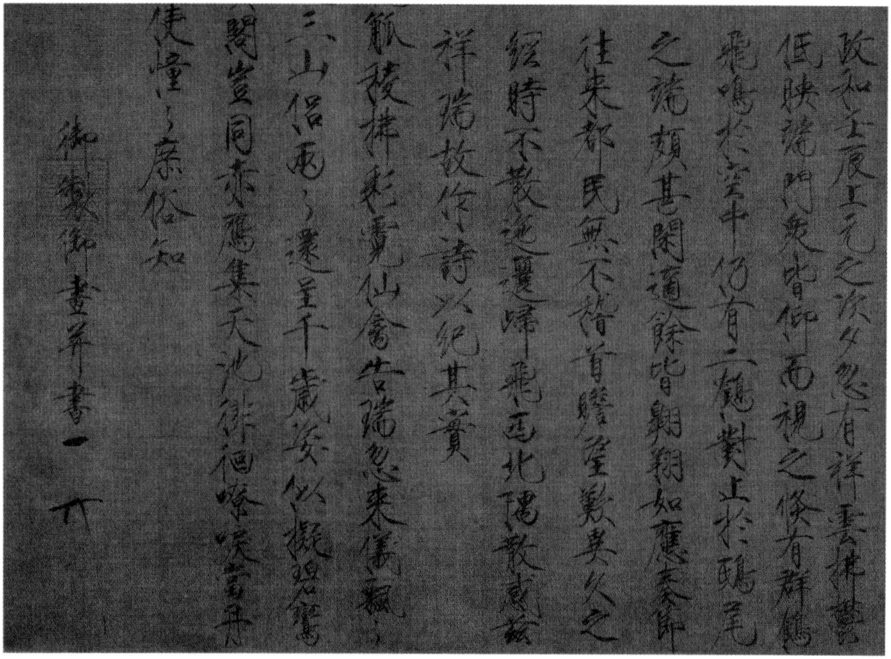

政和壬辰上元之次夕，忽有祥云拂郁低映端门，众皆仰而视之。倏有群鹤飞鸣于空中，仍有二鹤对止于鸱尾之端，颇甚闲适。余皆翱翔，如应奏节。往来都民无不稽首瞻望，叹异久之。经时不散，迤逦归飞西北隅散。感兹祥瑞，故作诗以纪其实：

清晓觚棱拂彩霓，仙禽告瑞忽来仪。
飘飘元是三山侣，两两还呈千岁姿。
似拟碧鸾似宝阁，岂同赤雁集天池。
徘徊嘹唳当丹阙，故使憧憧庶俗知。

题押：天下一人。

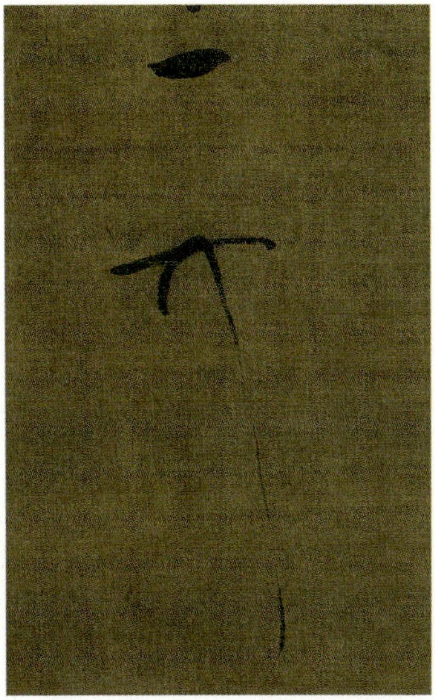

赵佶花押款 天下一人

韩幹《照夜白》图首李煜花押款

过花押款，不过后人至今也没能认定他的花押款是什么意思。

这二位皇帝身世、遭遇几乎一模一样，都没有当皇帝的野心，偏偏被命运驱使到这个位子上，一位大词人，一位大画家，艺术上的天才，治国上的庸才，亡国之君。明代《良斋杂说》曾记载，传说当年宋神宗来到秘书省（类似现在的国家图书馆，收藏天下书画），看到了李后主的画像，对这位亡国之君的风度颇为欣赏。后来有一天，他梦到李煜前来拜访，两人神交一番，不久后宫嫔妃便有了身孕，这个孩子也就是赵佶。所以后人传说，赵佶正是李煜转世，也许这是对两个亡国艺术家皇帝最美好的解读。

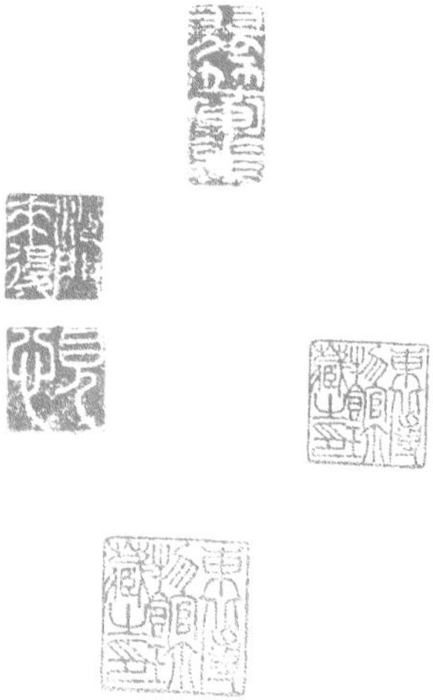

·叁· 四时之景古难全

宋徽宗还做了件大事，他把全天下最珍贵的书画搜罗到宫中，编撰了一套《宣和画谱》和《宣和书谱》。《宣和画谱》共二十卷，记录魏晋至北宋画家二百三十一人，作品六千三百九十六件，画科分十门：道释、人物、宫室、番族、龙鱼、山水、畜兽、花鸟、蔬果、墨竹，按年代排序，记录每一门的起源与发展、门下画家的生平及作品，可以说是一部魏晋两宋书画史。从此，皇家编撰的史书里不再只有帝王圣贤，还有艺术和艺术家。千年后，我们还要靠着这两本书来寻找老祖宗的印记。

《宣和画谱》的主编是赵佶的“好朋友”蔡京、米芾。北宋四大家——苏黄米蔡，宋徽宗一人就“占用”了两个。在《水浒传》里，蔡京是“六恶人”之首，梁山好汉一多半都是因他而反。宋徽宗喜欢怪石，蔡京就搞一个花石纲，弄得民不聊生，引出一段“智取生辰纲”故事，点起了造反的第一把火。蔡京确实太坏，所以被后人从北宋书法四大家“苏黄米蔡”中除了名，换成他的堂兄蔡襄，著名的《万安桥记》就出自蔡襄之手。一码归一码，蔡京的艺术造诣确实高，他之所以受宠，也是因为那一手让宋徽宗都不得不服的好字，《千里江山图》的题跋就是他写的，那位神秘少年天才王希孟也是他挑中进献给宋徽宗的。政治归政治，艺术归艺术，蔡京之于宋徽宗，除了是君臣，还是良师益友，是伯牙与子期。

蔡京的字现存单独成篇的极少、极珍贵，要看他的字最容易的方式就是去看宋徽宗的作品，上面满是他的题跋。

他画，他评；他信，他懂。

宋徽宗传世作品不少，但大部分都被认定为捉刀之作，意思是皇帝见画院学生画得好，便在上面签个名，归到自己名下。《瑞鹤图》就有很多争议，徐邦达先生认为，宋徽宗本人画风偏朴拙，《柳鸦芦雁图》这种小写意画才是他的亲笔。谢稚柳与杨仁恺一派根据邓椿《画继》记载，认为此画与现存北京故宫博物院的《祥龙石图》和美国波士顿美术馆的《五色鹦鹉图》同属《宣和睿览册》，再加上《瑞鹤图》中还有宋徽宗亲笔写的一大段长跋和七律诗，并不像《听琴图》那种简单的御题画，所以十分珍贵。徐、谢两位先生“互掐”几十年是事实，倒也把不少疑点掐成了真相，之于学术界也不失为一件好事。

《柳鸦芦雁图》

北宋 赵佶

纵 34 厘米

横 223.2 厘米

纸本淡设色

上海博物馆

《雪江归棹图》

北宋 赵佶

纵 30.3 厘米

横 190.8 厘米

绢本设色

北京故宫博物院

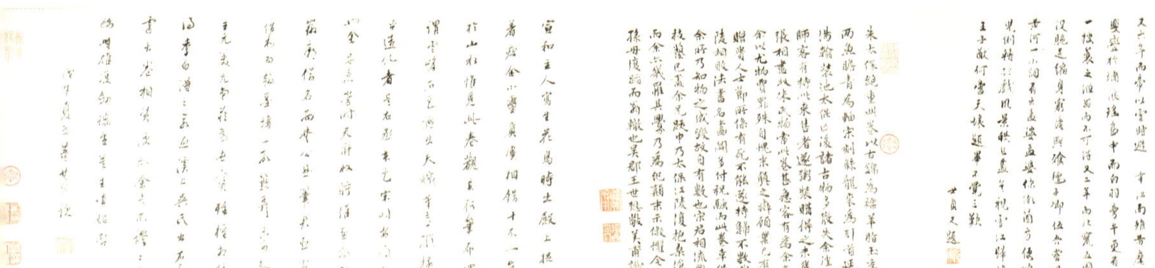

传世作品中最有可能是赵佶“独生子”的不是珍禽花鸟，而是一幅山水——《雪江归棹图》。卷首照例由宋徽宗亲题瘦金体“雪江归棹图”五字。与金碧辉煌的花鸟画不同，雪江以赭石为主色。前半段是雪江两岸平缓的山坡，江中一叶扁舟，也许正在捕鱼；还有一叶小舟正在泊岸。河边树木稀疏，江岸边孤独地走着一行旅人，直至群山深处。山势高耸，山峰用浓墨细笔，山顶以苔点法画成，白雪覆盖山峦，萧瑟肃穆，整幅画寒气逼人，孤冷至极。

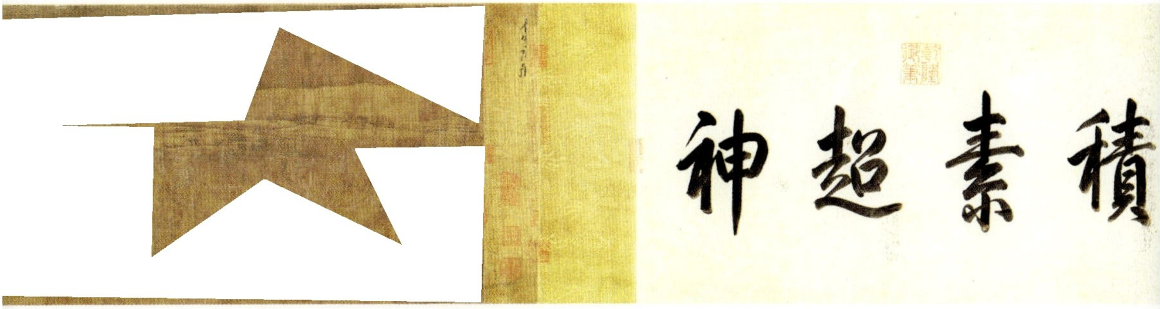

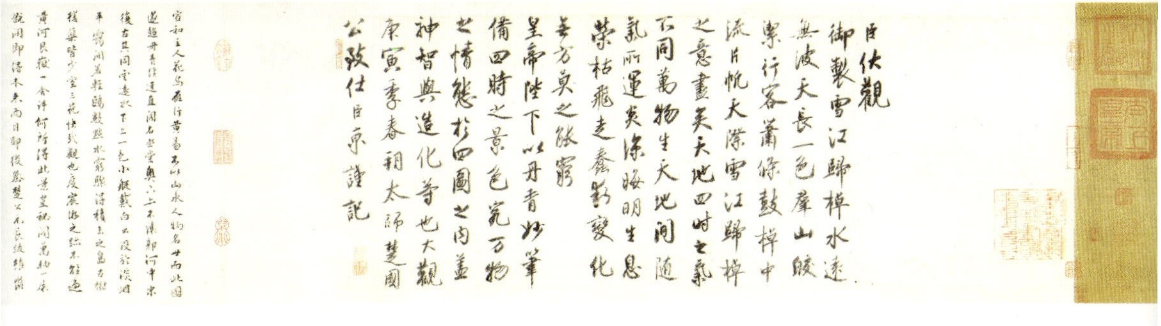

赵佶传世山水最少，本人也不擅长山水，但作为忠实粉丝，蔡京还是毫不吝啬地送上溢美之词，写了一段行书长跋。虽有吹捧之嫌，但言辞优美恳切，文采飞扬，字体沉着痛快，如贵公子般光彩照人，意气风发。怪不得连骄傲的米芾都甘拜下风，认为蔡京的字是继唐朝柳公权之后的天下第一。

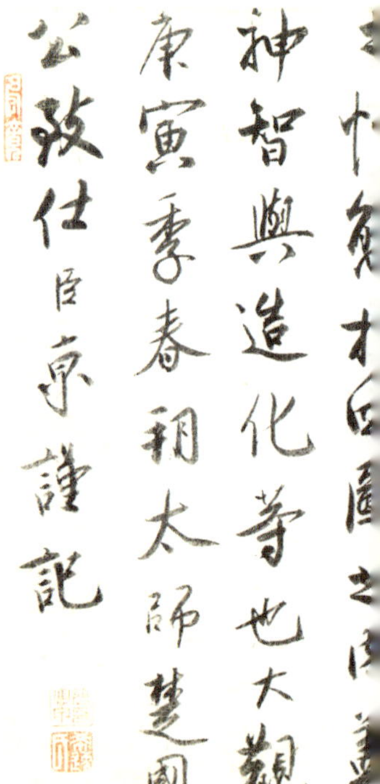

臣伏观御制雪江归棹，水远无波，天长一色。群山皎洁，行客萧条。鼓棹中流，片帆天际。雪江归棹之意尽矣。天地四时之气不同，万物生天地间。随气所运，炎凉晦明。生息荣枯，飞走蠢动。变化无方，莫之能穷。皇帝陛下以丹青妙笔，备四时之景色，究万物之情态于四图之内，盖神智与造化等也。大观庚寅季春朔，太师楚国公致仕臣京谨记。

在前作《山山水水聊聊画画·元明清卷》中，记录过有关这幅画题跋的一件趣事。几百年后，董其昌看到《雪江归棹图》，写了一段题跋嘲笑这对君臣，特别是嘲笑蔡京，为了讨好皇帝，居然指鹿为马，行迹令人发指。

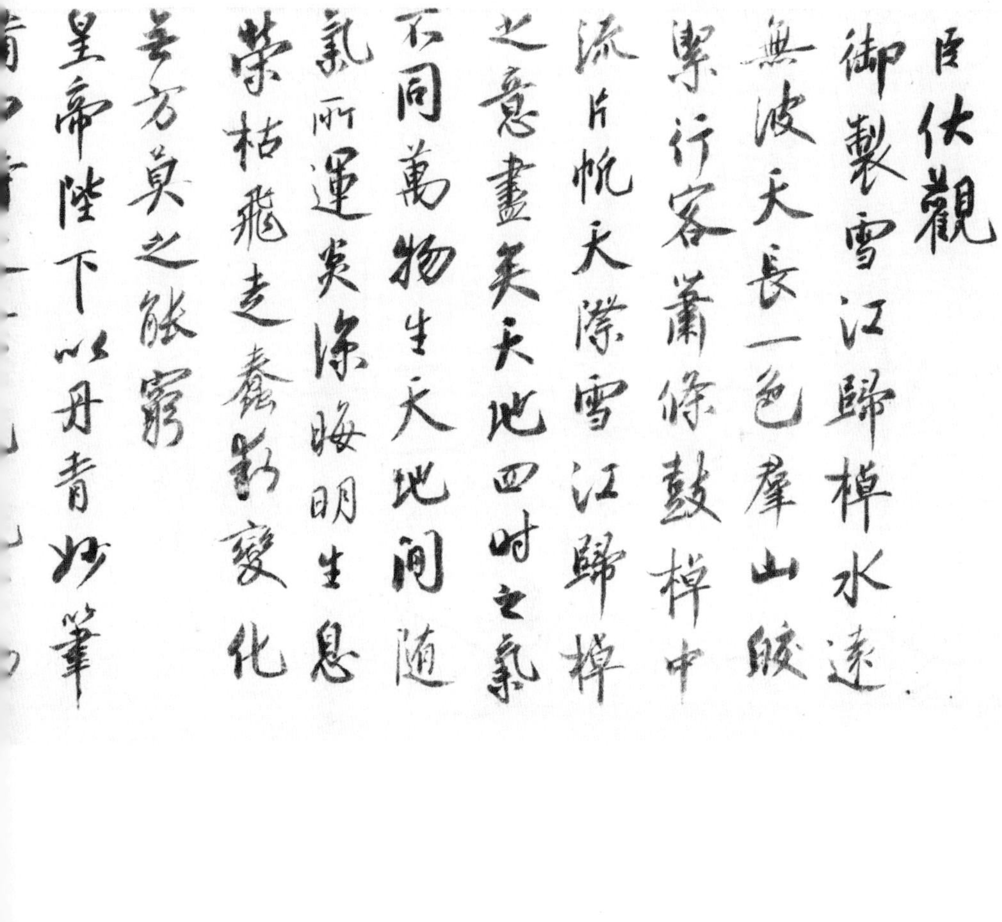
臣伏觀
御製雪江歸棹水遠
無波天長一色羣山皎
潔行客蕭條鼓棹中
流片帆天際雪江歸棹
之意盡矣天地四時之氣
不同萬物生天地間隨
氣所運炎涼晦明生息
榮枯飛走蠢動變化
無方莫之能窮
皇帝陛下以丹青妙筆

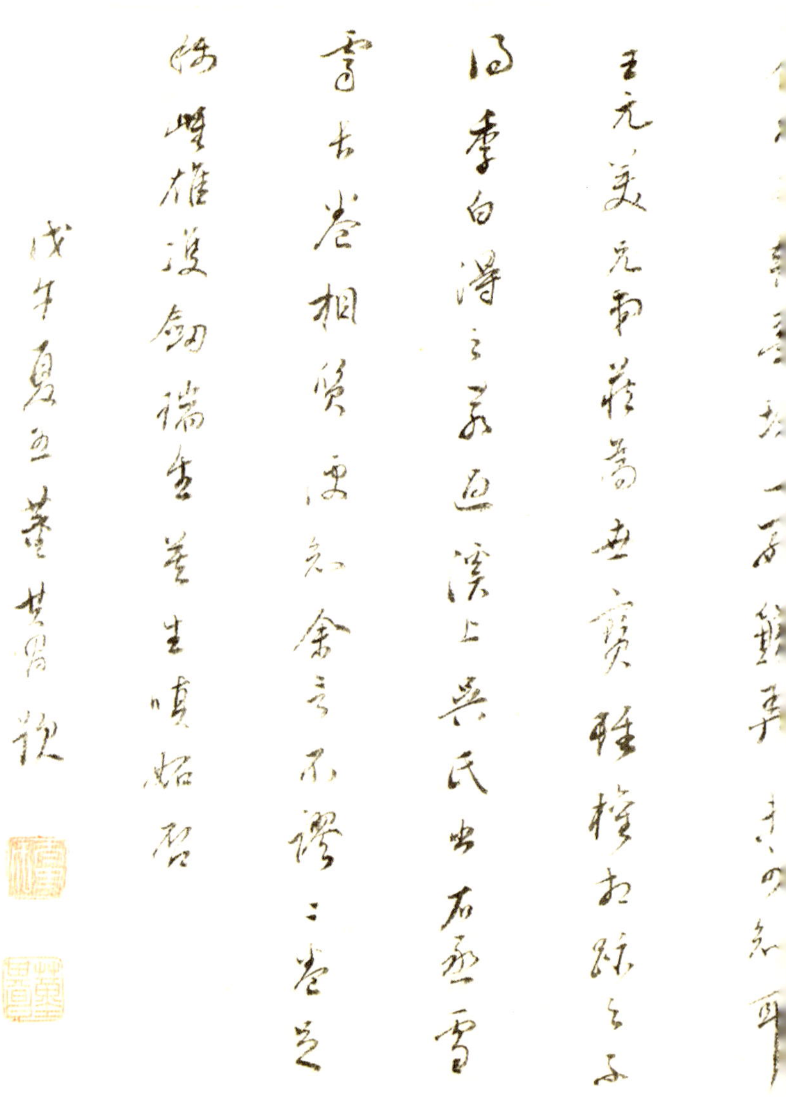

宣和主人写生花鸟，时出殿上捉刀。虽着瘦金小玺，真赝相错，十不一真。至于山水惟见此卷，观其行笔布置，所谓云峰石色，迥出天机。笔意纵横，参乎造化者，是右丞本色。宋时安得其匹也？余妄意当时天府收贮，维画尚多，或徽庙借名而楚公曲笔。君臣间自相唱和，而翰墨场一段簸弄未可知耳。王元美兄弟藏为世宝，虽权相迹之不得，季白得之，若遇溪上吴氏，出右丞雪霁长卷相质，便知余言不谬。二卷足称雌雄双剑，瑞生莫生嗔妒否。戊午夏五董其昌题。

宣和主人寫生花鳥時出殿上捉刀雖
着瘦金小璽眞贗相錯十不一眞至
於山水惟見此卷觀其行筆布置所
謂雲峰石色迥出天機筆意縱橫參
乎造化者是右丞本色宋時安得有之
以余無意當時天府收貯維畫尚夥或
藏府借名而拜公無筆果畫百目打

董其昌认为，这幅画实际上是王维所画，只是被赵佶据为己有，蔡京写这段题跋是为皇帝背书，实在是弄巧成拙，可笑。题跋一向是判定一幅画的重要依据，是研究一幅画的关键线索。如果一幅画是一条朋友圈，那么题跋就是朋友圈下的点赞和评论，只不过这些评论可能延绵几百年，甚至上千年。

其实在这件事上，董其昌才真正可笑。

明末收藏家吴其升便毫不客气地回撑了董其昌几句：

而右丞《雪霁图卷》亦为季白所得，予尝见之。其画简略，山石盖为解索皴，树木为蟹爪皴。枝杆与此图画法绝不相类，迥异天渊。若未见此二卷，必以董言为然。不知先生平日议论与夫题跋，专用皋陶曰杀之三，尧曰宥之三等语。世人闻风附会而宗焉，推为一代鉴赏祖师。

你董其昌对书画理论深有研究，又是一代大画家，怎么没看出画作上的那些树是由蟹爪皴画成的，画作上的平缓山势均由细笔勾勒出来的呢？皴擦法到五代十国才出现，而细笔勾勒乃是典型的北宋画法，王维怎么会？

当然，董其昌本人也无法回复这条评论了。

事实上，蔡京在题跋中提到，宋徽宗本画了四时之景，并非单有雪景。虽然内府藏有王维书画，但全部都是雪景，无法凑齐四时景色，如何能据为己有呢？而且，除了皴擦法暴露出宋人手笔之外，赵佶本人确实不擅长画山水，这幅画画得也并不怎么好，山石树木用笔不尽妥帖，这反而证明了《雪江归棹图》是皇帝亲笔。

彻夜西风撼破扉，萧条孤馆一灯微。

家山回首三千里，目断天南无雁飞。

《瑞鹤图》画成后十五年，金兵攻陷汴梁，掳走徽钦二帝，抢掠无数古玩字画。宋徽宗在北国做了九年俘虏，受尽屈辱，这首《在北题壁》便是这段悲惨生活的实录。

就这样，中国艺术的巅峰时代因战乱而结束，来不及收拾旧河山，无数国宝四处飘零。《瑞鹤图》《雪江归棹图》不知所终，消失了几百年，直到清朝才被收入内府，回归皇宫。后来，《瑞鹤图》被溥仪带走，成为著名的“东北货”，终藏入辽博；《雪江归棹图》则被张伯驹先生重金收入，中华人民共和国成立后，捐给北京故宫博物院。

天下一人，不老仙鹤。

十四

让自然活起来

写生珍禽图

《写生珍禽图》
五代十国 黄荃
纵 41.5 厘米
横 70.8 厘米
绢本设色
北京故宫博物院

宋徽宗的瘦金体独步天下，他的花鸟画也是一绝。他在宫廷里养了无数珍禽异兽，不但供自己赏玩，还为画院学生提供了写生对象。宋朝院体花鸟画的发展，在他的调教下，一度胜过了山水画。宋徽宗喜欢颜色浓烈、富贵华丽的风格，同时讲求“格物”，即逼真。简单来说，就是画得比真鸟还真，还生动，在一张薄薄的织锦上画出 3D 效果。

画院画家接受了严苛的训练，甚至要在御花园里观察孔雀是先迈左脚还是先迈右脚，因而也的确做到了可以真实再现的 3D 效果。论画技精湛，画面美轮美奂，后世无人能敌，中国花鸟画也在宋朝达到了顶峰。其实，在花鸟画方面，天赋超高的宋徽宗也只是这个时代的践行者，并非开创者。时势造英雄，花鸟画的“起势”并不在宋朝，而在战乱不断、四分五裂的五代十国。

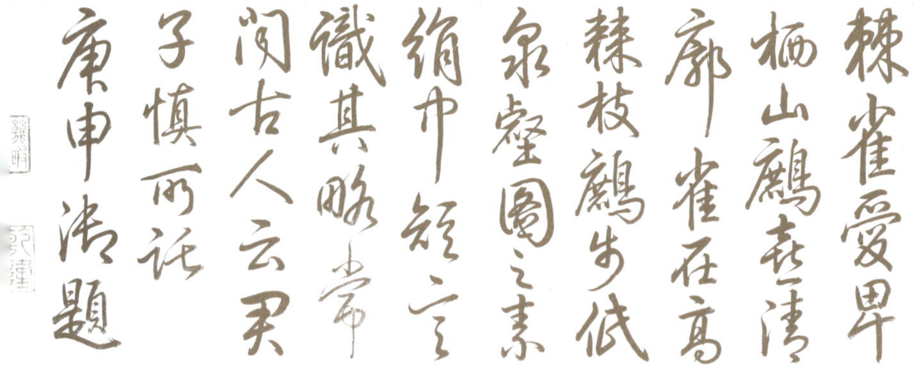

·壹· 黄家富贵

五代十国这五十多年历史是神奇的。大胆说一句，就艺术层面来讲，五代十国也可以称为“艺术的春秋时代”。山水画领域出现了南北两大画派，四大巨头（荆浩、关仝、董源、巨然，史称“荆关董巨”）创立了代表中国水墨的技法——皴擦法，成为中国水墨的代表性符号。同一时期，黄筌父子成为花鸟画领域的代表人物，“黄家富贵”由此诞生。

我们今天看到的，不论是乾隆“农家乐”的审美，还是红牡丹配大绿叶艳俗无比的画风，其实都是从“黄家富贵”衍生而来的。当然，审美在个人，与黄筌无关，宋徽宗就是一个典范。

《宣和画谱》中记载了黄筌的多幅作品，而且几乎所有的花鸟画都拿来与黄筌作比较。比如《双喜图》的作者——画功十分了得的崔白，《宣和画谱》是这样夸赞他的：“祖宗以来，图画院之较艺者，必以黄筌父子

《双喜图》
北宋 崔白
纵 193.7 厘米
横 103.4 厘米
绢本设色
台北故宫博物院

笔法为程式，自白及吴元瑜出，其格遂变。”一直以来，黄家父子实际统治着宋朝画院花鸟画，别说小小的画师崔白，就连宋徽宗都深受影响。其实，黄荃本人并不在宋朝画院服务，他最初供职于五代十国中的后蜀，十七岁师从刁光胤学花鸟画，十九岁供职于前蜀。后蜀皇帝孟知祥父子十分看重他的才华，遂命他主管后蜀画院。到了西蜀，黄荃迎来了属于自己的鼎盛时代。

宋朝以前，画中的花鸟、动物仅仅是人的衬景。以《簪花仕女图》为例，娇艳的牡丹、可爱的小狗、高贵的仙鹤，都不会抢画中深宫贵妇的风头。就好像因为有人，它们才有了生命力一样，或者说，花鸟、动物需要与人在一起，才能有生命力。五代十国战事频繁，改朝换代似乎就是朝夕之间的事，人们开始感叹世事虚无，转而把眼光投向无论世事如何变换我自岿然不动的大自然。古人终于意识到了自己的渺小，也领悟到了自然之美，所以开始临摹描画，试图用画笔留下这瞬间即永恒的美。

除了出走山林的隐士们，画院画师最常见的便是皇帝的后花园。他们眼中敬畏的大自然便是这园中具体的一草一木一花一叶，以及数不清的美丽动物。黄荃的敬畏感在于他力求“真”，比皇帝的后花园还要美，还要真，才叫好画。

·贰· 父亲的练习稿

黄荃流传至今的画作只得一幅——《写生珍禽图》。越是大师，越是年代久远，越没有真迹流传。《洛神赋图》《女史箴图》《兰亭集序》等传世珍宝只能靠宋人摹本一窥究竟，所以相比较而言，这幅《写生珍禽图》倒是性价比超高的真迹。黄荃的“写生”真是实在，整幅画并没有具体的构图，而是穿插着描绘了鹡鸰、麻雀、鸠、龟、昆虫等二十余种动物。黄荃的绝技都在这一幅画中。

在这幅画中，除了技法大揭秘，我们还能了解到古代贵族都养了什么宠物。右边最上面两只算是我们儿时的好朋友——螳螂和蚂蚱。一个朝左，一个朝右，螳螂并不是单调的绿色，而是由头到脚从深到浅再到深，两侧颜色略深，背部中央泛着白光，似乎有阳光洒落。它的前额触角高扬有力，一笔而就，四肢细长发达，毛须根根分明。只用一只小螳螂，黄荃就向我们展示了超强的勾线法、敷色法、细节处稳定的笔力和透视法。这二十四种动物看似简单地排列在画面中，实际上被各自安排在了自己的小宇宙里，最后融入整幅画这个大宇宙中，自成一套画面逻辑系统。

蚂蚱下方是一对麻雀。右边是老麻雀，爱怜地望着正在对它叽叽喳喳撒娇的小麻雀。小麻雀张着小嘴，扇动翅膀，似乎对飞行这件事情还不太熟练。两只麻雀，一双翅膀张开，一双翅膀闭合。闭合时黑色较少，以赭石为主，只有张开时才会显出麻雀翅膀上一层一层的黑色纹路。

螳螂与蚂蚱

两只麻雀

乌龟

如此细节，如此展现。

小麻雀下方有两只黑色的大乌龟，正努力向前方爬行，憨态可掬。乌龟黑压压的壳并不是一次性画成的。黄荃独特的敷色方法就是不直接用黑墨，而是用淡墨一层层敷就，这样染出来的动物颜色就会显得十分细腻、有质地。

接下来还有蜜蜂、天牛，黄色嘴巴的是蜡嘴雀，位于下方 C 位镇定自如侧脸迎人的是鸠鸽，俯冲直下的是小燕子，整幅画中最惊艳、最显功力的是画尾部上方的两只蝉。

“薄如蝉翼”通常形容衣物饰物轻盈透亮，那要如何用画笔画出蝉的翅膀呢？既要看出是翅膀，又要轻薄，似有似无，就如《簪花仕女图》

中能透出肌肤色的纱裙外衫。黄筌善用细笔，笔下所有的珍禽都是细笔双钩填色而成，“用笔新细，轻色晕染”，但是成品又看不出笔的痕迹。这两只小小的蝉翼上纹路清晰可见，黑色细笔交织成一双翅膀，蝉翼叠加在深色的虫体上，用极淡的墨多次敷色，墨色分明，骨气丰满。不用二十四种动物，光这两只蝉就足以使黄筌名垂千古。

近代画工笔草虫最有名的是齐白石老先生，他的作品多了寻常百姓生活的情趣，少了几分皇家贵气，相比黄筌，同样的草虫，风格截然不同。说到底，我还是喜欢黄筌多一点儿，齐白石先生笔下的小动物有趣，黄筌笔下的万物有灵。如此构图的一幅画，皇帝是不会埋单的。这幅画的左下角写着一行字——“付子居宝习”，原来，这是专门画给儿子黄居宝的写生练习图。黄筌有三个儿子，分别是居宝、居实、居寀，看来三个儿子都是老父亲手把手教出来的。可惜居宝、居实英年早逝，史料记载非常少，与父齐名的是小儿子黄居寀。

蝉

·叁· 后继有人

西蜀被北宋灭掉，对故国颇有感情的黄荃心灰意冷，可是他的名气太大，只好拖家带口迁移到东京汴梁，不久便病故。黄居寀之后供职于北宋画院，备受宋太祖、宋太宗重用，“画艺敏赡，不让其父”，一直做到画院主持的位置。

《宣和画谱》共收录黄居寀作品三百三十二件，最终仅有两幅传世——《竹石锦鸡图》册页和《山鹧棘雀图》立轴。其中《山鹧棘雀图》还有赵佶亲笔所题“黄居寀山鹧棘雀图”八个字，可见他对这幅画的喜爱。黄荃虽未在宋朝画院效力，但他的血脉一直延续了下来。长久以来，黄家父子的笔法就是画院评定绘画作品优劣的标准，“黄家富贵”也是“皇家富贵”。

《山鹧棘雀图》
北宋 黄居寀
纵 97 厘米
横 53.6 厘米
绢本设色
台北故宫博物院

直到崔白的出现才改变了画院的黄家风气，这种改变主要是意境上的变革，从岁月静好、富贵悠闲，变成了肃杀萧瑟之气。黄家父子的全盛时期正是新国初建，一派生机，根本没有阴暗面。崔白没赶上好时候，也不会如画院其他画师那样照葫芦画瓢，死脑筋粉饰太平。那时的大宋朝的确也到了日落西山的时刻，造化弄人而已。

当然，崔白仍然使用勾线填色法创作，因而并不算真正的突破。黄家父子之后，真正在技法和意境上成功突围的是明朝徐渭。他抛弃了“双钩填色”法，转而使用“没骨”法，完全抛开了此时此景，打开了时空大门，让四时花卉同时开放，将具象之物抽象化，再具象到笔下。直到这时，花鸟画才再次与山水画齐头并进。

《寒雀图》
北宋 崔白
纵 25.5 厘米
横 101.4 厘米
绢本设色
北京故宫博物院

《四时花卉图卷》
明 徐渭
纵 29.9 厘米
横 108.1 厘米
纸本水墨
北京故宫博物院

暖風吹浪生魚鱗畫舫彷彿
西湖春錦鷁詩人兩相逐碧
山桃杏霞初匀粉堦朱檻眼
歌醉垂楊淺試脩蛾顰人间
別自有蓬島僊源之說元非
其危橋淩空路欲轉飛流直
下煙迷津畫船亦有詩興好

第三章

山水

十五

山水之祖
游春图

東風一樣翠紅新綠水
山又可人料得春山更
處仙源初不限紅塵
中書平章政事張珪敬

《游春图》
隋 展子虔
纵 43 厘米
横 80.5 厘米
绢本设色
北京故宫博物院

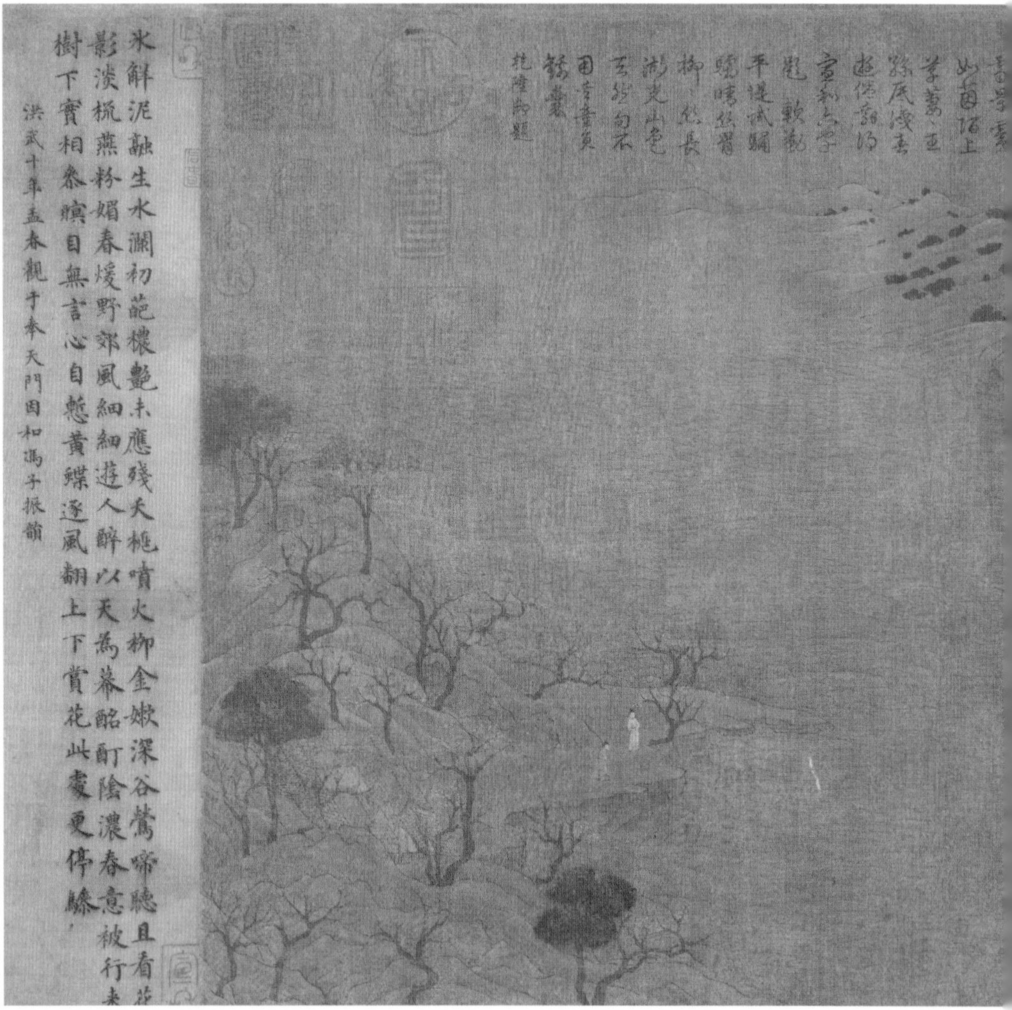

展子虔遊春圖

·壹· 神坛之首

若要策划一场“中国历代山水展”，那展子虔的《游春图》是永远也逃不开的，而且必将摆在展厅进门后最显眼的位置，老老实实供奉着。

《游春图》是中国山水画的老祖宗，也是全宇宙现存最早的山水画。

二〇一五年，故宫作“石渠宝笈特展”，《游春图》论资排辈，坐在了龙头老大的位置。当时《清明上河图》前人头攒动，每个人走过去只得看一眼的缘分，相反《游春图》前空无一人，乐得我一个人看了许久。二〇一七年，为了展出国民宠儿王希孟的《千里江山图》，燕翅楼再次将《游春图》恭恭敬敬地请出来，摆在展览首位。正如沈从文先生所说，“没有这幅画，历史便少了一个环节”。他曾前后八次近距离观赏过这幅古画，因为历史上对展子虔与这幅画共同出现的记录几乎为零，关于展子虔的记录更是少之又少，所以沈从文一直对此画作者存疑。唐代张彦远《历代名画记》向我们大概介绍了展子虔的生平：“展子虔，渤海人，历北齐、北周、隋，在隋为朝散大夫，帐内都督。”《隋书》记载：“散官，以加文武官之德声者，并不理事。”散官是指不理政务的六品官员，这里的描写并不详细。展子虔经历北齐、北周以及隋三个朝代，隋朝皇帝知他才华过人，特请他入宫作画，任一个闲职。《历代名画记》中还有他在扬州、洛阳等不少寺庙作佛道壁画的记录。至此，展子虔成了隋朝唯一有记载的有名有姓的画家。

唐以前画师多佚名，被称为画匠。展子虔身世普通，若非此画收藏、题跋流传有序，只怕这位山水画祖师爷也要被埋没。

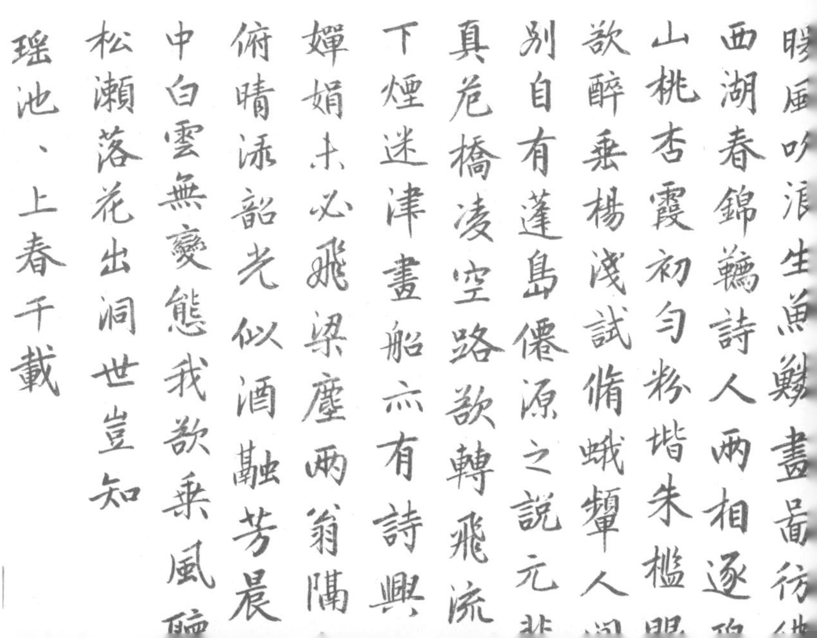

·贰· 山水元年

判定绘画年代的第一点便是“流传有序”。中国与西方不同，大收藏家收藏作品后必然会留下题跋，写个来源、观后感之类的，并以此为荣，也算向画家致敬。《游春图》上最醒目的几个字就是宋徽宗金光闪闪的瘦金体——“展子虔游春图”。宋徽宗作为艺术皇帝，在位期间几乎收藏了前代全部最出色的画作，展子虔作品还不止这一幅。比如，他收藏了一套展子虔的《四载图》，独缺其中《水行》一图，后来终于在民间发现，惊叹不已，“所谓天生神圣物，必有会合时也”。如今《四载图》早已不见踪影，但《游春图》上宋徽宗亲笔是真，这也成为《游春图》是展子虔真迹最有力的证据之一。

《游春图》的篇幅不像后世的《溪山行旅图》《富春山居图》那般巨大，波澜壮阔。这样一幅小画，却是大千世界的微缩景观，无意中给中国山水画定了几个后人无不遵从的规矩。此画在宋朝之前的典籍中并无记载，“游春”这个名字应该是宋徽宗起的，颇为贴切。画面采用俯瞰视角，大气磅礴，满眼青山绿水，郁郁葱葱，几位白衣贵族在林中或休息或散步，正是游春之机。

顾恺之的《洛神赋图》由矿物质颜料画成，红裙绿山，白衣公子。《游春图》延续了这种绘画颜色，依然用石绿、赭石。不同的是，在隋代，画中主角已是山水，而非人物，青绿山水时代自此开启，延续至今。山水成为画中主角，意即山水和人物之间有了正常比例。在《洛神赋图》中，人是主角，人大于山，人与山不成比例。而《游春图》最为后世评论家称赞的，正是“丈山、尺树、寸马、豆人”，一种新的秩序关系。展子虔有条不紊地在小小画幅上安排了自然界和人的种种足迹，更符合肉眼所见的科学自然，用画笔替古人承认自然的伟大壮丽与人的渺小，以及人对自然无穷无尽的探索。

不仅如此，《游春图》还有了最原始的远景、中景、前景之分，也奠定了中国画平远、深远、高远的“三远”法则。卷首是层峦叠嶂的几座高峰，其中最高一座居中，两座较矮的山峰位列两侧，剩余山峰环绕周

石绿 赭石

尺树 寸马 豆人

围。山峰间白云缭绕，形成深远之势。中景是蜿蜒曲折的山中小路，穿插低矮的树木、草丛，一直延伸到河边。白衣贵族牵着马好似正要上山游玩，跟壮阔的青山相比，他们只有豆大，但细节依然精细老到，栩栩如生。画面中央为大片水面，波光粼粼之中还有一只小船，小船上的仕女都清晰可辨。最后近

水中船与仕女

或许这正是展子虔本人

景以一片平缓的山丘结束，白衣公子站在岸边遥望对岸的湖光山色。我猜，他可能就是展子虔本人。

《宣和画谱》称赞展子虔："写江山远近之势尤工，故咫尺有千里趣。"我也想不出更贴切的句子来形容了。

这幅画也为判定中国绘画的年代做了分割线——隋代之前"无比例无皴擦"，隋代之后"有比例无皴擦"。"无皴擦"指的是绘画技巧。皴擦法是在五代十国晚期、宋代早期产生的，是一种描绘山石肌理的技法。在《游春图》中还没有出现这种技法，展子虔处理山石的方式与顾恺之相似，先渲染再用黑笔勾线，细密精致。画中的树木山石呈现出一种古朴的气质，特别是群山上的阴影，采用了"苔点法"，即用画点点的方式来表现山势高耸、植被茂盛，贵气十足。

展子虔从用色、布局、笔力三方面做了极大的改革，怪不得此图被宋徽宗奉为"神物"。元人称颂展子虔为"唐画之祖"，董其昌赞其"世所罕见"。

·叁·

春游主人

这幅画“流传有序”的经历，比它平淡无奇的诞生刺激得多。宋徽宗亡国后，《游春图》流落到南宋，被奸相贾似道据为己有。南宋亡后，此画落入元朝公主手中。到了明代，初为宫廷收藏，后又为权臣严嵩获得，自此流入民间，辗转百年，流入大收藏家梁清标之手，最终又被梁上交给了“国家”(清内府)。大宋宫廷、元朝公主、明代权臣、清宫内府，一路走来，安安稳稳，待遇都不差。

清末民初，溥仪流亡东北，带走了大量内府珍宝，其中就包括《游春图》。一九四五年，日本战败，溥仪开始靠变卖祖宗宝贝过日子，一批国宝因此流落民间，大量出现在北京琉璃厂两大厂商手中，即论文斋的靳伯声与玉池山房的马霁川。在“民国四公子”大收藏家张伯驹先生眼中，“马最为狡猾”。这些商人眼中没有“国宝”概念，贴上“国宝”标签反而意味着能卖上好价钱，尤其是卖给洋人。想到这些，张伯驹先生万分焦急，马上跟当时故宫博物院院长马衡商量，愿做中间人，从古董商手中买回国宝。刚刚打跑日本鬼子的中国一穷二白，国民政府根本没有心思理这些事，更别说拿钱了。古董商也不愿跟穷政府做生意，宁愿拿些平庸之作甚至伪作应付了事。张伯驹力主“宁收一件精品，不收若干普通之品”，这才以一百一十两黄金购得范仲淹的《道服赞》及其他五件精品。

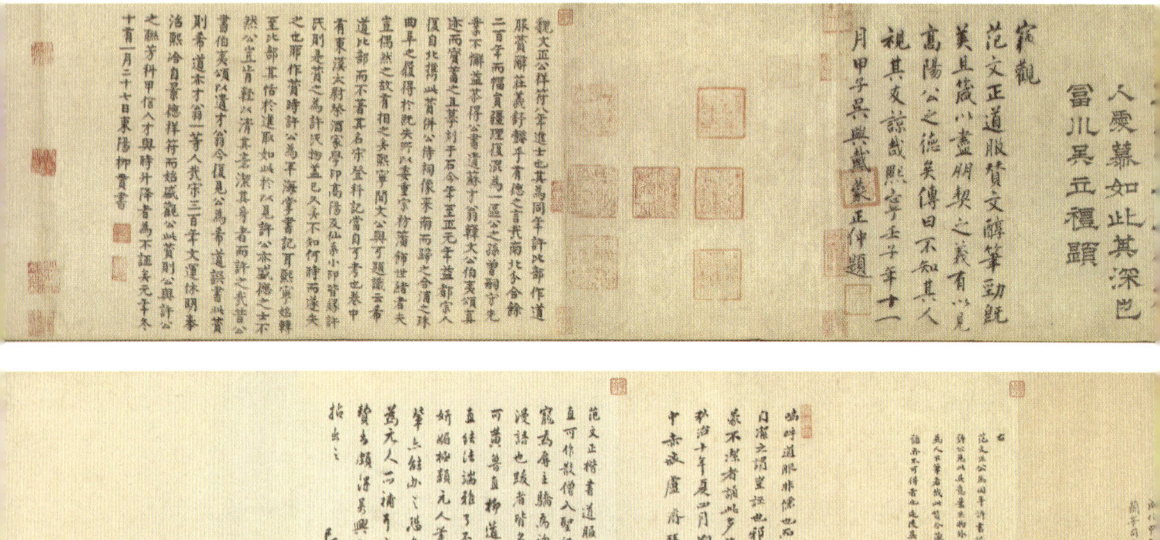

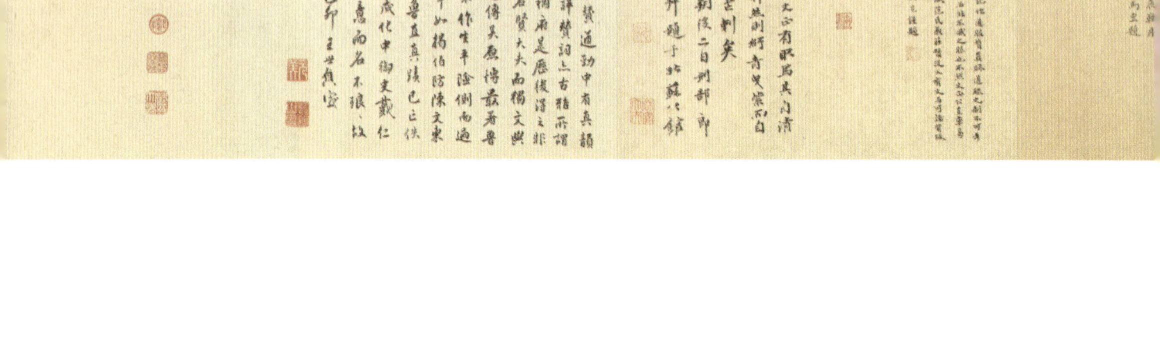

《道服赞》

北宋 范仲淹

纵 34.8 厘米

横 47.9 厘米

纸本楷书

北京故宫博物院

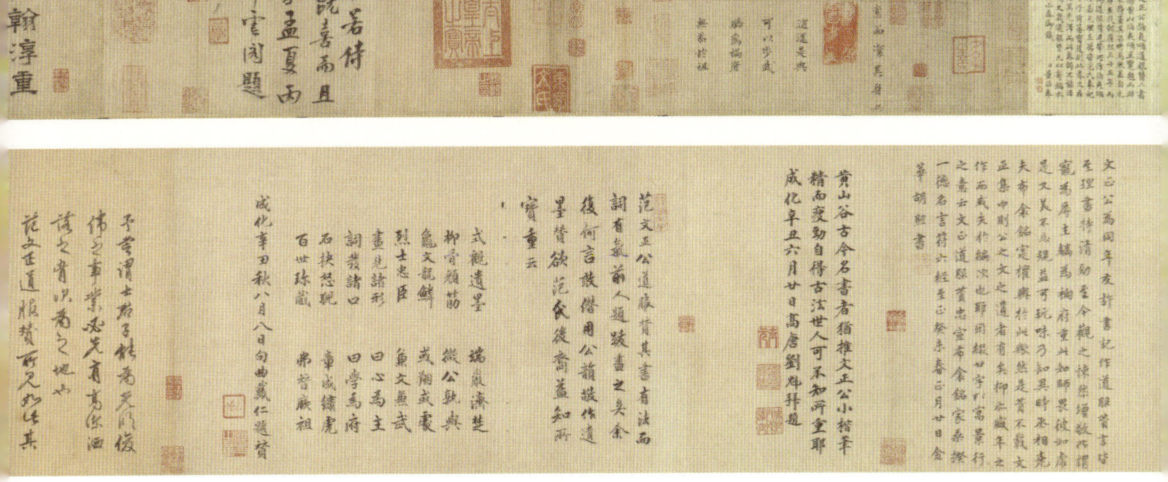

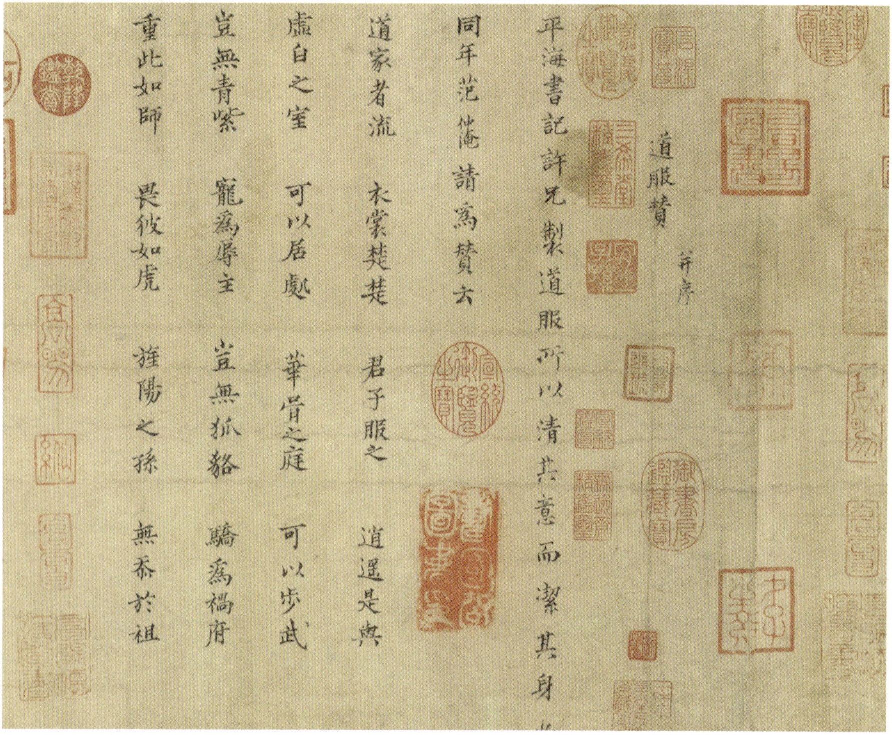

张先生查阅《宣和画谱》著录，发现《游春图》居然是现存最早的山水画。得知马霁川开价八百两黄金后，张先生与马衡商讨：第一，要收购此画，若故宫经费不足，自己补上；第二，故宫需出具官方信函致电各古董商，此画绝不能出境。如此一来，整个古董圈尽人皆知，马霁川也不敢再将此画卖给外国人。最终，由墨宝斋马宝山出面，将此画价格降到黄金二百二十两。此时张先生早已散尽家财，收藏了不少宋元巨作，为了保住

《游春图》，只得索性将李莲英当年的一处占地十三亩的宅子卖了。月余，国民政府张群拜访张伯驹，想花四百五十两黄金收购《游春图》。经过此前种种交涉，张老先生根本不信任国民政府，所以不肯转让。他给自己起了一个号——“春游主人”，还集结了一批大文人创立了“展春词社”，美不胜收。此处寥寥数语看似平淡，实则暗潮汹涌。若非张伯驹发现了《游春图》，若非他在古董圈有极大威望，若非他当机立断卖了祖宅凑足黄金，也许这幅画就如《女史箴图》及其他多幅国宝一样，不能留在故土了。

事后，先生写道：“然不如此，则鲁殿仅存之国珍，已不在国内矣。”

一九四九年，张先生将收藏尽数捐献国家。我们今日所见，都是先生经过战乱贫穷，散尽家财，一生的心血。在张先生眼中，这种结局才是国宝最好的归宿。

东坡为王驸马晋卿作宝绘堂序，以烟云过眼喻之。然虽烟云过眼，而烟云固长郁于胸中也。予生逢离乱，恨少读书，三十以后嗜书画成癖，见名迹巨制虽节用举债犹事收蓄，人或有訾笑焉，不悔。多年所聚，蔚然可观。每于明窗净几展卷自怡。退藏天地之大于咫尺之间，应接人物之盛于晷刻之内，陶熔气质，洗涤心胸，是烟云已与我相合矣。

——张伯驹

十六

东方蒙娜丽莎

溪岸图

《溪岸图》
五代 传董源
纵 221.5 厘米
横 110 厘米
绢本设色
美国纽约大都会博物馆

一九九七年春，纽约大都会博物馆收入了一件重磅藏品——唐骝千捐赠的董源《溪岸图》。同年五月二十二日，《纽约时报》头版刊登了一篇文章，称这幅画为中国的《蒙娜丽莎》，由此拉开了一场罕见的全球艺术界大论战，迷雾重重。

将论战推向高潮的是美国著名中国艺术研究者、加州伯克利大学艺术史教授高居翰。他认为《溪岸图》并非董源真迹，甚至不是十世纪古画，而是张大千伪作。这无异于一颗重磅炸弹，不但使享有盛名的大都会博物馆以及声誉良好的大都会博物馆主管亚洲部的方闻教授饱受争议，还使得启功、杨新、傅申等一批老先生为此发声。这既是一件谜案，也是一场盛事。

此次争论最主要的一点，就是《溪岸图》的作者到底是不是南唐大画家董源？董源是中国山水画真正意义上的“南派”宗师，米芾、董其昌等大画家都是他的拥趸。高居翰教授提出质疑：首先，这幅画在风格上远离他所相信的早期中国山水画，在早期山水画概念上也与他的推论有很大差距；其次，在某些绘画特质上，《溪岸图》令人不舒服地近似近代中国最伟大的“作伪者”张大千的手笔。总之，第一，风格不符；第二，张大千作假！

那么，十世纪的中国水墨画到底是什么样子？

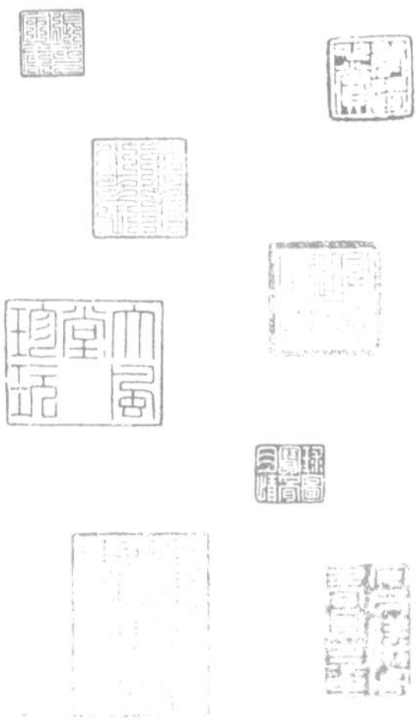

·壹· 南派宗师

唐朝灭亡后，中国经历了五十多年的分裂，史称五代十国时期。各国之间连年战争，混乱不堪，在这样的大背景下，大批文人没有家，更没有了国，心灰意冷，于是放下报国志向，隐居山林，从此不问朝堂之事。

五代十国的大环境不好，却是艺术创作的一个黄金期。天时地利人和，画家们开始真正践行王维的水墨主张，“行到水穷处，坐看云起时”。董源在南唐朝廷做了个小官——北苑副使，所以江湖人称“董北苑”。他生在南方，满眼都是坡势平缓的平远山水，由此创立了一个很重要的水墨技法——披麻皴，创立了南派山水。

董源《潇湘图》中的披麻皴

先看下《溪岸图》的风格。五代绘画评论名作《画鉴》记载：“董源山水有二种：一样水墨，疏林远树，平远幽深，山石作披麻皴；一样着色，皴文甚少，用色浓古，人物多用红青衣，人面亦有粉素者。二种皆佳作也。”唐代绘画喜用青绿着色，五代十国虽兴起用黑墨作画，但也不会完全舍弃着色。《溪岸图》描绘的是古代隐士山中隐居的生活，两座山谷环绕，溪水潺潺，山脚下有一户竹篱茅屋人家，女人劳作，牧童放牛，山间还有赶路的农夫。自山谷流下的山泉在山脚汇成一汪溪水，主人专门在溪水边搭了座凉亭，夫人带着儿子在一旁嬉戏，隐居的高士坐在凉亭中眺望远方。这是五代十国画家钟爱的题材，平淡天真，宁静高远。

赶路的农夫

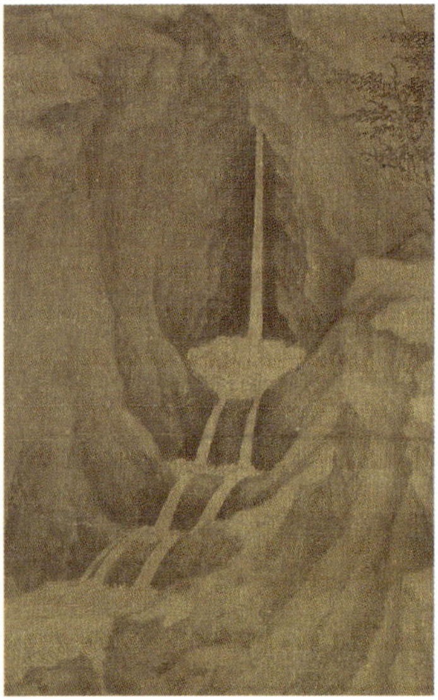

一汪溪水

劳作的女人

牧童

高士与妻儿

从技法上看，一条条细笔精工画出的水纹显然有唐代画家李思训、李昭道的风范，主体山石已不同于唐代山水，放弃勾线法，以晕染加皴擦的方法层层渲染，在山与山的分界处加强线条以作区别。山势平缓，符合董源善画南方山势的风格。沈括在《梦溪笔谈》中提到："董源善画，尤工秋岚远景，多写江南真山，不为奇峭之笔……其用笔甚草草，近视之几不类物象，远观则景物粲然。"这幅画看似并非"奇峭之笔"，山峰却如波浪般向左飘去，好似千年之风吹过，山谷之中暗流涌动。董源的其他作品，如

《潇湘图》

五代 董源

纵 50 厘米

横 141.4 厘米

绢本设色

北京故宫博物院

《潇湘图》《夏山图》，多为云雾缭绕、清新恬静之作，用披麻皴画出山势的平缓，越远用墨越淡，草草几笔，近看好像一根普通的线条，远看却和前景的主体山峰和谐搭配，山头多用苔点法，圆润葱郁，显出了远山的气势。

《溪岸图》既有南派山水的葱茏，又有北派大山大水的气势，还有唐人的雍容，确实是

岸边溪水

董源最具代表性的作品。高居翰先生认为此画风格与董源不符的原因也在于此。他认为在中国南北派山水发展之初不可能有这么成熟的笔力。傅申先生则回应："《溪岸图》是否董源真迹不能确定。董源一生也不是只有一个面貌，他年轻是一个样子，中年是一个样子，老年又是一个样子。我直觉上认为，那个董源的款是后人加上的，但我们不能弄清董源的变化，现在还有很多疑问。就连大家都公认的几张董源作品，意见也不一样，所以真的很难，都是瞎子摸象，越学越觉得不够。"

山石局部的晕染与皴擦

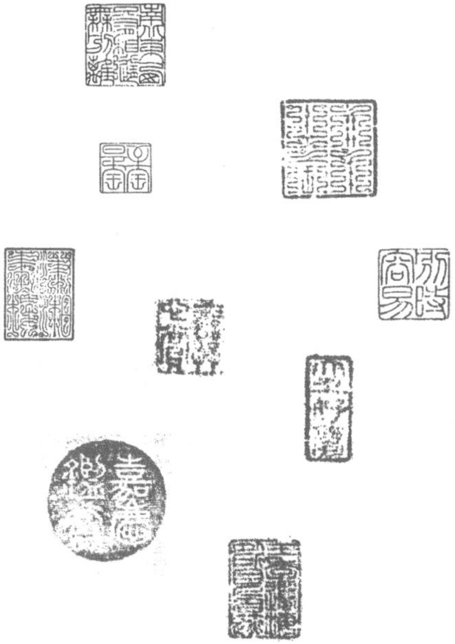

·贰·

未尽之谜

一九九九年十二月，美国大都会博物馆在纽约举行了“中国画鉴定问题国际讨论会”。大都会的方闻、何慕文先生以及中国重量级大学问家启功先生、杨新先生等为一派，接受了以高居翰先生为首的“十四项质疑”，疑点最终归结到关乎此画真假的“罪魁祸首”张大千身上。

根据画上的收藏印，《溪岸图》曾为南宋收藏家贾似道旧藏，后又为明代袁枢收藏。袁枢是董源、巨然作品的大藏家，从他手里出来的应该更为可靠。可惜到了民国，这幅画成了张大千私藏。张大千先生声名在外，不但自己的画画得好，别人的画也仿得丝毫不弱，特别是石涛的画，估计石涛本人看了也会糊涂。据说，有一次张大千参观国外博物馆，馆内正在展出石涛特展，张大千得意一笑，跟馆长说：“都是我画的啊。”

但是，最初发现《溪岸图》的并不是张大千，而是徐悲鸿。一九三八年，徐悲鸿在广西阳朔以几元钱的价格买到了《溪岸图》，他在给友人的信中写道：“弟得董源巨幅水村图，恐为天下第一北苑。……绢本颇损，但画佳极。”徐悲鸿先生当时给这幅画取名“水村图”，一九五一年经谢稚柳审定为《溪岸图》。张大千看上了这幅画，便借走研究，这一借就是六年。一九四四年，他派自己的弟弟带着金农的《风雨归舟图》跟徐悲鸿换得了《溪岸图》，有徐悲鸿题跋为证：“一九三八年秋，大千由桂林挟吾画董源巨帧去，一九四四年春，吾居重庆，大千知吾爱其藏中精品冬心此幅，遂托目寒（张目寒）赠吾，吾亦欣然。因吾以画为重不计名字也。”

这也是高居翰提出的一个疑点，为什么徐悲鸿愿意用董源换金农？这听着就不是一门好买卖。从题跋来看，徐悲鸿是真心喜欢金农的这幅画才愿意换的，还感谢了张大千，谢稚柳后来著书也证明了这一点，毫无疑义。但是，高居翰认为，这是徐悲鸿在帮助张大千作假，为报答当年之恩。这样的说法牵扯到了两位德高望重的已故中国艺术家，不仅关乎名声，也关乎中国画史。

启功、杨新等先生坚持认为，这幅画不但收藏流传有序，而且风格也符合中国山水画初期风格，高居翰可能以为自己对中国山水画十分了解，但鉴赏和鉴定并不是一回事。最终，大都会出动了高科技，用红外线对此画进行扫描，证明这幅画经过三次揭裱修补。高科技跟人眼相比，客观、真实、可信度最高，真相就要大白于天下。

《溪岸图》原为三联屏风最左侧一幅，第一次装裱后改为立轴，左侧裁掉三十厘米；第二次装裱的时候使用双丝绢；第三次装裱在二十世纪七十年代，张大千把这幅画转给王季迁，后者则又将此画交给日本装裱师黑三次修补。巧的是，这位黑三次是张大千亲手调教出来的装裱师。王季迁回忆："只是在几个地方上了些淡墨而已。"

另外，红外线扫描显示，每次装裱都有不同程度的接笔。

种种证据表明，这确实是一幅十世纪的中国古画。

高居翰"徐悲鸿与张大千联手作假"的阴谋论也许也是他渐渐式微的重要原因，就算张大千名声不好，何苦拖累徐悲鸿先生呢？这个脑洞完全无法自圆其说，也没有人能够接受。这件事也成为高居翰教授晚年的一处败笔，尽管他后来说："只是想引起一个学术争论，并没有攻击或诋毁任何人的想法。"

至此，也只是确定了部分真相，《溪岸图》虽定为十世纪中国古画，并非张大千仿造，但是否董源亲笔仍没有定论，所以大都会博物馆介绍此画时也写着"传董源"。一幅画历经千年旅程，到底是不是大画家亲笔，其实也没那么重要。重要的是，我们能在大都会博物馆观赏到《溪岸图》，它还活着。

十七

纪念碑

溪山行旅图

《溪山行旅图》

北宋 范宽

纵 206.3 厘米

横 103.3 厘米

绢本水墨

台北故宫博物院

自魏晋到唐代，山水画似乎一直被人物画压着，哪怕是有了王维的《辋川图》，情况也未见有多好转。直到北宋，《溪山行旅图》横空出世，成为中国山水画史上的一座里程碑，后世再也无法超越。

·壹· 开宗立派

在中国绘画历史上，除了壁画，几乎再没有《溪山行旅图》这么大尺幅的画作，说它是横空出世一点儿也不过分。但是，这幅画的原作者是否为范宽，一直是个谜。

首先，范宽就不是真名。范宽本名范中正，字中立，因为性情宽厚、不拘小节而被戏称为范宽，叫到最后，他自己也承认了。《宣和画谱》记载："范宽，字中立，华原人也。风仪峭古，进止疏野，性嗜酒，落魄不拘世故，常往来于京洛。喜画山水，始学李成，既悟，乃叹曰：'前人之法，未尝不近取诸物，吾与其师于人者，未若师诸物也；吾与其师于物者，未若师诸心。'"范宽是关中汉子，好酒，性格放纵不羁，为人豪爽，爱画山水，他的老师正是大名鼎鼎的李成。

说起李成，读者必须要厘清一个师承关系。李成的老师是关仝，关仝的老师就是中国山水画的祖宗——荆浩。荆浩本是唐末开封的一个小官，官做得一般，但画画极好。他跑去给唐僖宗特赐名字的寺庙"双林院"画壁画，画出了名气。

《匡庐图》
五代 荆浩
纵 185.8 厘米
横 106.8 厘米
绢本水墨
台北故宫博物院

《秋山晚翠图》

五代 关仝

纵 140.5 厘米

横 57.3 厘米

绢本水墨

台北故宫博物院

此關仝真筆也結構深峭骨蒼力厚婉轉瀾生又細又老磅礴

《晴峦萧寺图》

五代宋初 李成

纵 111.4 厘米

横 56 厘米

绢本淡设色

美国纳尔逊·艾特金斯艺术博物馆

五代十国时期，荆浩隐居在洪谷——太行山脉最美的一段。他笔下的山水画与大小李将军（李思训与李昭道）截然不同。李昭道常用先勾线再填色的方法，用色以青绿为主，画作雍容华贵。而荆浩创作只用墨色，并且升级了山水画技法，创造了皴擦法。他用毛笔蘸着墨汁在画上反复或点染或摩擦，描绘出山石肌理，显得自然而有质感。我们现在经常看到山水画上“黑乎乎”的一团，其实就是皴擦法的效果。从某种意义上来说，荆浩是中国山水画之父。

皴擦法也是绘画技巧，但是已经在最大限度上摈弃了勾线法人工的痕迹，还原了自然本真，抛开了勾线的束缚，所谓“有笔有墨”。画家也可以自由发挥，并无固定形状，只为心中所想，让山水充满人性。所谓中国水墨的气韵，便是如此。荆浩还写了一本“武林秘籍”——《笔法论》，幸好遇到了争气的徒弟，也就是李成的师父关仝，才得以流传下来。李成在荆浩的皴擦法基础上又演化出了“蟹爪皴”，可以说比师祖更进一步。

荆浩、关仝、李成、范宽四个人是师承关系，并且都是北方人，所以被后世称为“北派山水”。他们的山水画在布局上有一个很大的特点，就是全景式满山满水，因而《溪山行旅图》才会有这样大的尺幅。

解决了尺幅的问题，我们再来看下一个线索。

这幅画原属大收藏家梁清标旧藏，乾隆时期被收入清宫，现收藏于台北故宫博物院。在一九四六年之前，历代收藏者都以画右上角董其昌所题“北宋范中立溪山行旅图”作为这幅画是范宽原作的证据。

但是，“董其昌”这三个字却让人们不禁为这个判断打一个大大的问号。董其昌是大艺术家，可却不是一个好的鉴定家，经常犯一些在后人看来非常“幼稚”的错误。比如他对宋徽宗《雪江归棹图》的草率判断，就被后代鉴定家嘲讽了一番。这种事发生在董其昌身上也不是一次两次了，他的书画作品绝对一流，可鉴赏水平和自信心实在是一言难尽。既然董其昌的话不可当真，要想判定《溪山行旅图》是否为范宽原作，只好从画本身入手。

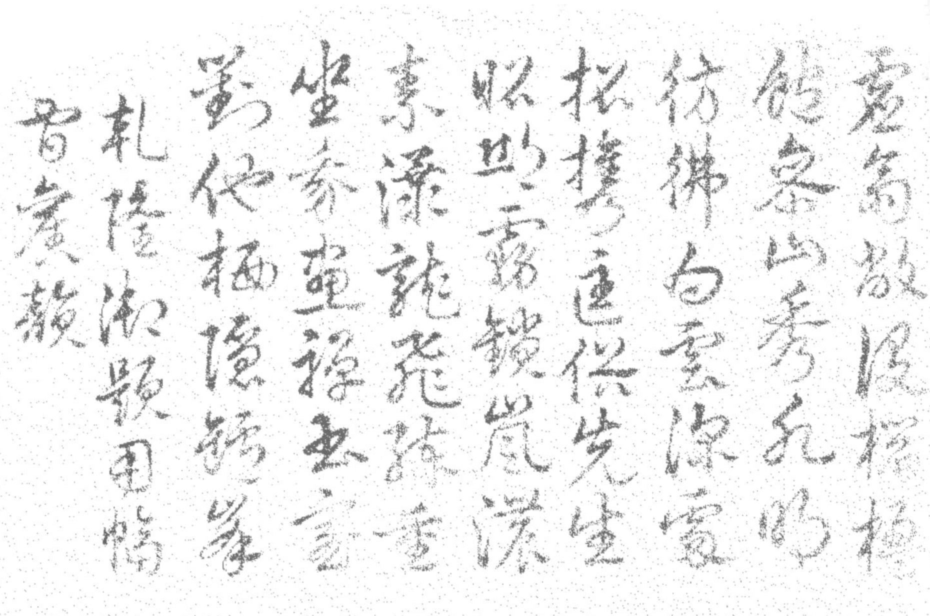

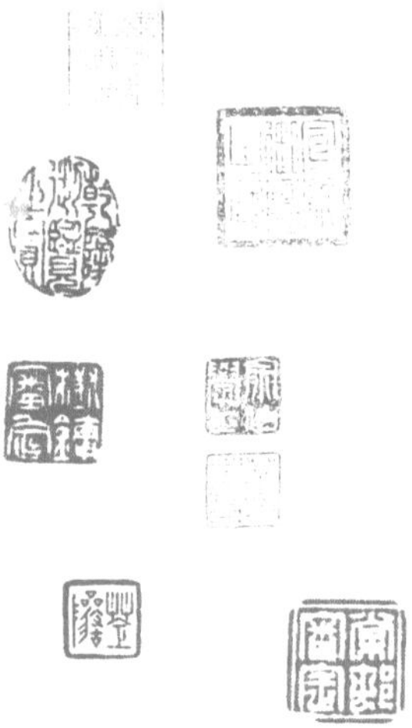

·贰· 旅人的秘密

整幅画中最引人注目的便是画面正中高高耸立的主峰，这是一种中轴巨碑式构图，主峰顶天立地，沉稳厚重。一般的画家构图时都会避免把主峰放在正中，因为这样容易显得重点过于突出，其他要素不好摆放。他们一般会放得偏一点，再用其他山峰来平衡构图。这种中轴巨碑式构图倒与他的名字“宽”相匹配，包容宽厚，不拘礼法，心胸宽广。整座主峰占据了画面的三分之二，有泰山压顶的威严肃穆，也有划破天空的缥缈神秘。想象一下，你站在一座高山前抬头仰望，山与天空的交界变得模糊不清，犹如教堂尖尖的屋顶，那是连接人与神的通道……能做成这样的事情，首先需要你相信这个世界上真的有神仙，人类的渺小面对未知的浩瀚，要有好奇心，更要有敬畏之心。

范宽还做了另外一种处理，用浓重的笔墨苔点来修饰山顶部。这又是一着险棋，山已经够大够笨重了，这样做很容易头重脚轻。他的化解方式

主峰占据了画面的三分之二

是在巨大的主峰中间挂了一条瀑布。“飞流直下三千尺，疑是银河落九天”，说不定范宽作画时心中想的正是李白诗句。一条从天而降的瀑布巧妙地将主峰分割开来，即便再坚硬的山体也能划出一瀑山泉水，以柔克刚，轻盈而坚定。顺着瀑布的方向，自然地将我们带到了中景。

山顶浓重苔点局部

瀑布流向山脚密林之处，那里有一座寺庙若隐若现，画面左边是几位修行者，在密林危桥之上艰难地向寺庙前行。瀑布穿过中景，直达山脚下汇成溪流，不再高不可攀，有了人间烟火。溪流也不是硬生生地汇集在山脚，而是相对于瀑布向左边偏了一些，正好平衡了远景

瀑布

寺庙

修行者

行旅

主峰的过于居中，用无形水化有形山。范宽是修道之人，讲求阴阳平衡，山和水的篇幅不一样，但都是主角。

在画面的前景处，一队行旅走在山路上。两个人拉着四头驴子，驴子身上背负着重重的货物。似是炎炎夏日，两个人都打着赤膊。这一队人走得十分辛苦，看样子是要翻过这座高山，旅程还有很远很远。以主峰那样高不可攀的姿态，也并未发现有山道可以通过。时间就静止在这一刻，不管是修行人还是红尘俗人，都在匆匆赶路，来不及抬头一望。只要抬头便会发现，高山始终伫立在天地之间，未曾改变，不可侵犯。人会莫名产生一种安全感，这座高山里肯定有神仙，有精灵，有人世间向往的美好一切。

在这旅人的身后，掩藏着这幅画的秘密。之前，我们的线索有“不靠谱”的董其昌的题跋，还有北宋《宣和画谱》以及米芾的《画史》对范宽及这幅画具体的记录，除此之外，画本身并没有任何线索。直到一九五八年八月五日，李霖灿先生在驼队身后树荫的缝隙中发现了两个字—— 范宽。宋代之前，画家没有在画上留下名款的习惯，是从元代开始，文人们作画才喜欢在画上写诗留款，诗、书、画、印共同构成一幅完整的画。北

范宽

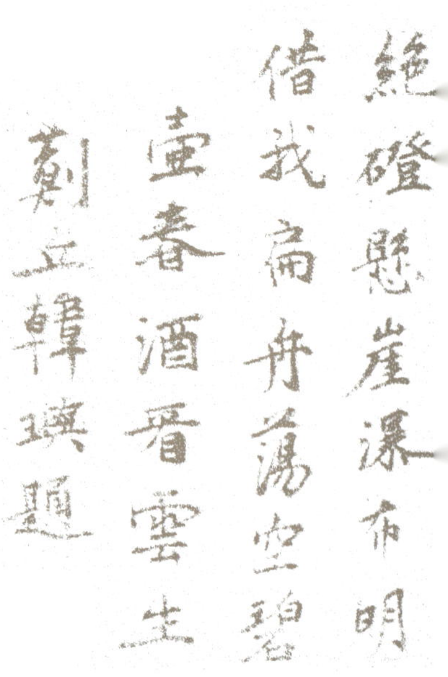

宋的画家们是悄悄地把名款藏在山峰上、树干里，不是害怕被人发现，而是怕破坏了画面的美感。皇天不负有心人，范宽的小秘密终于被李老先生发现，也成为这幅画为范宽所画的决定性证据。

《宣和画谱》中是如此描述范宽的画风：如行夜山。他下笔用墨狠，雨点皴和积墨法是招牌技法。荆浩发明皴擦法之后，每一代画家都有新技法出现，李成是蟹爪皴，范宽是雨点皴。《溪山行旅图》中那极短的线条如雨点般落在主峰之上的便是雨点皴，也叫芝麻皴。这些“雨点”并非随意而为，全部都是有组织、有计划、有布局地一点一点地点在山峰上的，抑扬顿挫，形成如斧凿般坚硬的肌理。同时长线条不拖沓，干净利索，在结尾处往往向上提起，虽沉重但气贯长虹、挺拔峭立。后世很多人不喜欢范宽用墨过重，比如米芾就认为“用墨过浓，土石不分”。《溪山行旅图》经过近千年的时间流逝，更显得“如行夜山”。范宽在每一座山石边轮廓内侧都留出一道白边，整座山峰在浓郁的夜色下也会隐隐发光，像未经雕琢的璞玉，把大自然赋予的灵性隐藏在深山之中。

文献中并未具体记载范宽的生卒年代，也许他跟荆浩一样，一辈子在深山中逍遥自在，最后和山融为一体。他几乎影响了北宋所有画家，以及后来元代的“元四家”、明代的唐寅，直到清代的金陵画派。所以，这幅《溪山行旅图》不仅是台北故宫博物院镇馆之宝，也是我们中国水墨的镇国之宝。

十八

朗朗乾坤
天地间

早春图

为什么宋代是山水画的巅峰时期呢？第一个原因是技术的普及。前人栽树，后人乘凉，五代十国的“荆关董巨”再加上北宋初年的范宽、李成，这几位前辈躲在深山老林修炼出来的“武林秘籍”在宋代得以广传于江湖，山水画技法已经臻于成熟，大山大水全景式构图、雨点皴、披麻皴、蟹爪皴，花样繁多，后辈只需潜心修炼即可。第二个原因是社会大背景的变化。任何艺术作品都不能被孤立地欣赏，要结合当时的历史背景，读画等于读历史，一件艺术作品背后往往牵扯出一个朝代的历史命运。宋代结束了五代十国的混乱，重新统一天下，新朝新气象，更何况是一个超级大国？宋代绘画的主流归于宫廷，代表了皇家贵族的审美，也代表了国家形象、统治者的志向，这与前代并无两样。皇家认为，山石树木特别是高山峻岭，屹立千年，高高在上，不可侵犯，还有什么比这更能代表皇权的长久和威严呢？

《早春图》
北宋 郭熙
纵 158.3 厘米
横 108.1 厘米
绢本水墨
台北故宫博物院

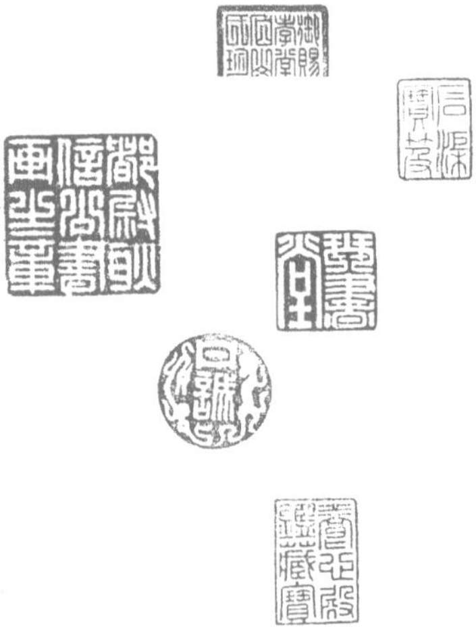

·壹· 寒冰消融

《早春图》创作于宋神宗时期。神宗是大宋朝第六位皇帝，在宋朝历史中尤为引人注目，他还生了一个著名的儿子——宋徽宗。

神宗名赵顼，是英宗嫡长子，二十岁继位，爱书如命，尊师重道，对长辈孝顺恭敬，平日勤俭，还有一颗仁慈之心，这样一位青年才俊，皇位就是为他量身定制的。皇宫内外无不对这位新皇帝交口称赞，他也有志做一个名垂青史的好皇帝，开局大好。可惜什么都想做好往往就都做不好，大多数人是心有余而力不足，神宗这一生也是充满波折。

《早春图》的作者名叫郭熙，是神宗最欣赏的画院画师。

看着这幅画，是不是觉得很眼熟？特别是前景树的画法，像不像李成的《读碑窠石图》？李成影响了整个北宋宫廷画坛，《早春图》就是证据。郭熙完全继承了李成的画法，成就北宋绘画主流。

整幅画为竖轴，大山大水全景式构图，中轴线上一座高远主峰耸立，直冲云霄。这座山跟范宽《溪山行旅图》中那座敦敦实实的高山已经完全不同，有着灵活的曲线、s形的腰身，正如画名所示——早春，万物复苏，山水慢慢“醒”了过来，生机勃勃。

郭熙画山的技法叫作卷云皴，也是学于李成。米芾称赞李成画作“石如云动”，山石如天空中飘着的云朵一样，是不是很形象？卷云皴最大的特点是每一笔都向内卷起，用中锋或侧锋蘸浓墨，勾勒出山石形状，在转折处使用比较大的角度，呈钝状，显示出山石的粗重质感，又兼有云朵形状，一块块叠加上去，山势高低起伏，既厚重又灵动。

早春时节，尚未完全春暖花开，瑞雪也刚刚消融。怎么在画面中表现刚刚消融的雪呢？郭熙继承了五代十国绘画大家的绝招——用水。水墨水墨，在中国绘画中，水和墨绝对是两分天下，模糊其笔，或者说中国绘画的意境，大部分是水的作用。郭熙自己说："用青墨水重叠过之，即墨色分明，常如雾露中出也。"浓墨勾勒好轮廓，接下来就是水墨大戏，用淡墨层层晕染，水在纸上晕开，会造成一种自然晨雾的感觉。他还特意在深远处布置了几流瀑布清泉，结冰的瀑布在早春温暖的晨雾中渐渐消融，汇到山脚下形成溪流。郭熙写了一本在古代非常出名的美学理论作品《林泉高

致》，正式将荆浩开创的三远法上升为理论。“山有三远：自山下而仰山颠，谓之高远；自山前而窥山后，谓之深远；自近山而望远山，谓之平远。”《早春图》中的主峰是高远，山峰间的瀑布是深远。从郭熙开始，三远法正式成为一个法则，中国山水画的法则。

·贰· 画中人间

一幅画就是一个世界，绘画秩序亦是历史秩序，是一个时代的世界观，随着时间不停向前，朝代更替，相应变化。展子虔的《游春图》是一种秩序：“丈山、尺树、寸马、豆人。”郭熙是另一种秩序，代表着宋代皇家形象：“山有三大，山大于木，木大于人，山不数十里如木之大，则山不大，木不数十百如人之大，则木不大。”为什么要定一个秩序呢？郭熙画的其实不只是自然，还有人世，一个皇权的人世。对他来说，主峰最重要，“大君赫然当阳，而百辟奔走朝会”，主峰就是皇帝，就是“金主爸爸”，其他山峰围绕着就好，膜拜膜拜再膜拜。大国气象，就是既要包罗万象，又要好看，当然更需要精准构图，也就是秩序。

这种秩序不只体现在山石树木中，甚至已经严格到画中人物的安排上来。《早春图》中共有十三人，分为三个层次。画面中部，一位骑骡戴帽的主人带着几位随从行进于山中，他们上方依稀还能看到登山人的背影，似乎在探路，远处一片红色的建筑群或许正是他们的目的地。这里要强调一下，看画一定要关注画中的细节，《游春图》中人物的打扮能够帮助我们判断画作的朝代，《早春图》中的建筑也为建筑学家提供了研究北宋建筑的第一手资料。史书上讲不清楚的、抽象的东西，画家给你画出来。

话说回来，在这队行旅的下方，是几位行脚僧打扮的旅人，头戴斗笠，身背行李，缓缓步行，看路径，也是向那建筑群而去。

画面最下方的河边还有好几个人物。右侧岸边有两个渔夫，应该是一对父子，儿子在摇橹，父亲在收网。顺着岸边大石向左侧看过去，岸边有个小男孩，还有一位长辈女性抱着一个婴儿，似乎是在等挑担之人。

这几位应该是一家子，其乐融融，大岩石下简陋的茅屋应该就是他们的家。这样看就很清楚了吧？士农工商，士大夫的地位高于僧侣，僧侣又高于岸边这一家百姓。皇权就是主峰，所有人都要在皇权庇佑下生活。

·叁· 难念的经

这幅画是在神宗授意下画的。开头说过，这位年轻有为的皇帝一心要做一番大事，一场变革迫在眉睫，除了个人的远大抱负外，还有一个原因——穷，国库实在没钱了。

偌大一个王朝，经济发达，繁荣强盛，可是赚钱的速度永远赶不上花钱，国库开销太大，困境频生。没过多久，神宗将眼光落向一个叫王安石的人，发起了一场他在位期间最著名的运动——王安石变法。这幅《早春图》，承载着一位年轻皇帝的野心与希望。

变法初行，便遭到以司马光为首的一众保守派的反对，他们都是德高望重的老臣，朝野内外阻力重重。不过神宗没有退缩，还支持了王安石颇带叛逆性的“三不足”，即“天变不足惧，人言不足恤，祖宗之法不足守”，颇有王者气势。这才是最迷人的少年气，勇敢、坚定、睿智。

接下来的事情我们都知道，王安石两次被罢相，到最后自己都放弃了，神宗只好自己走向前台，亲自主持变法。在一定程度上，变法终于成功了，国库成功扭亏为盈。可惜对西夏的一场败仗，不只让这一切清零，也让这位多年来殚精竭虑的皇帝抑郁而终。

神宗驾崩时只有三十八岁。

他推行的大部分国策，到了南宋还一直在沿用。

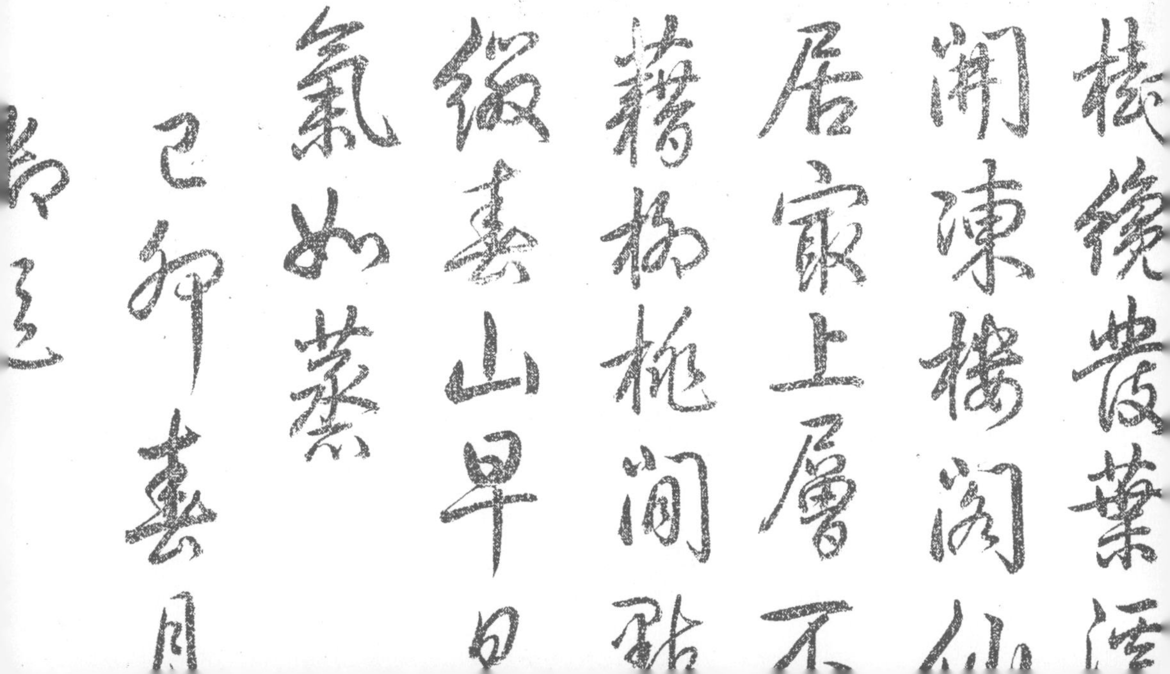

十九

自古宋朝出少年

千里江山图

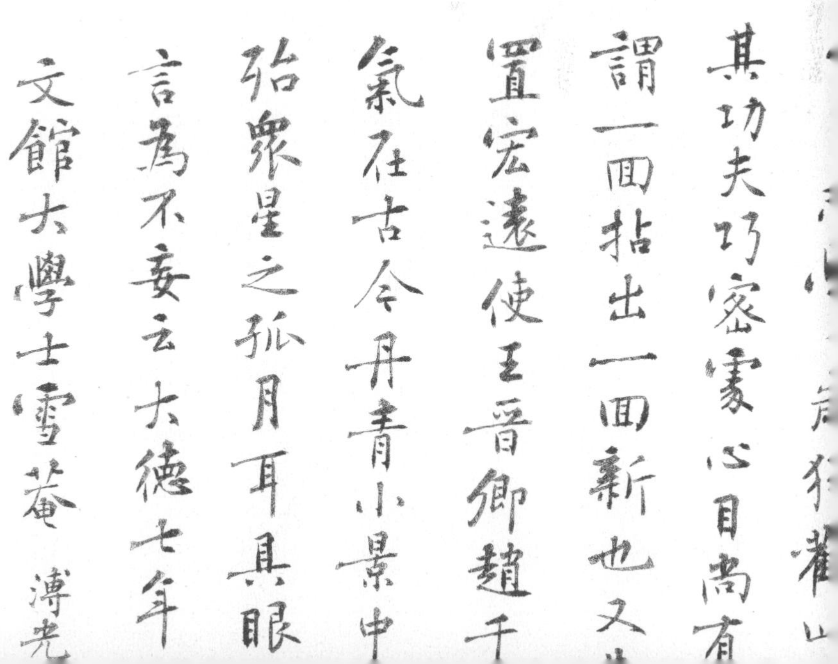

二〇一七年，故宫青绿山水特展，《千里江山图》压轴登上燕翅楼，千万人不远万里排队观摩，气势堪比当年《清明上河图》大展。少年天才，英年早逝，身世之谜，作者迷雾，诸多围绕着国宝的神秘真相比画本身更要吸引人。

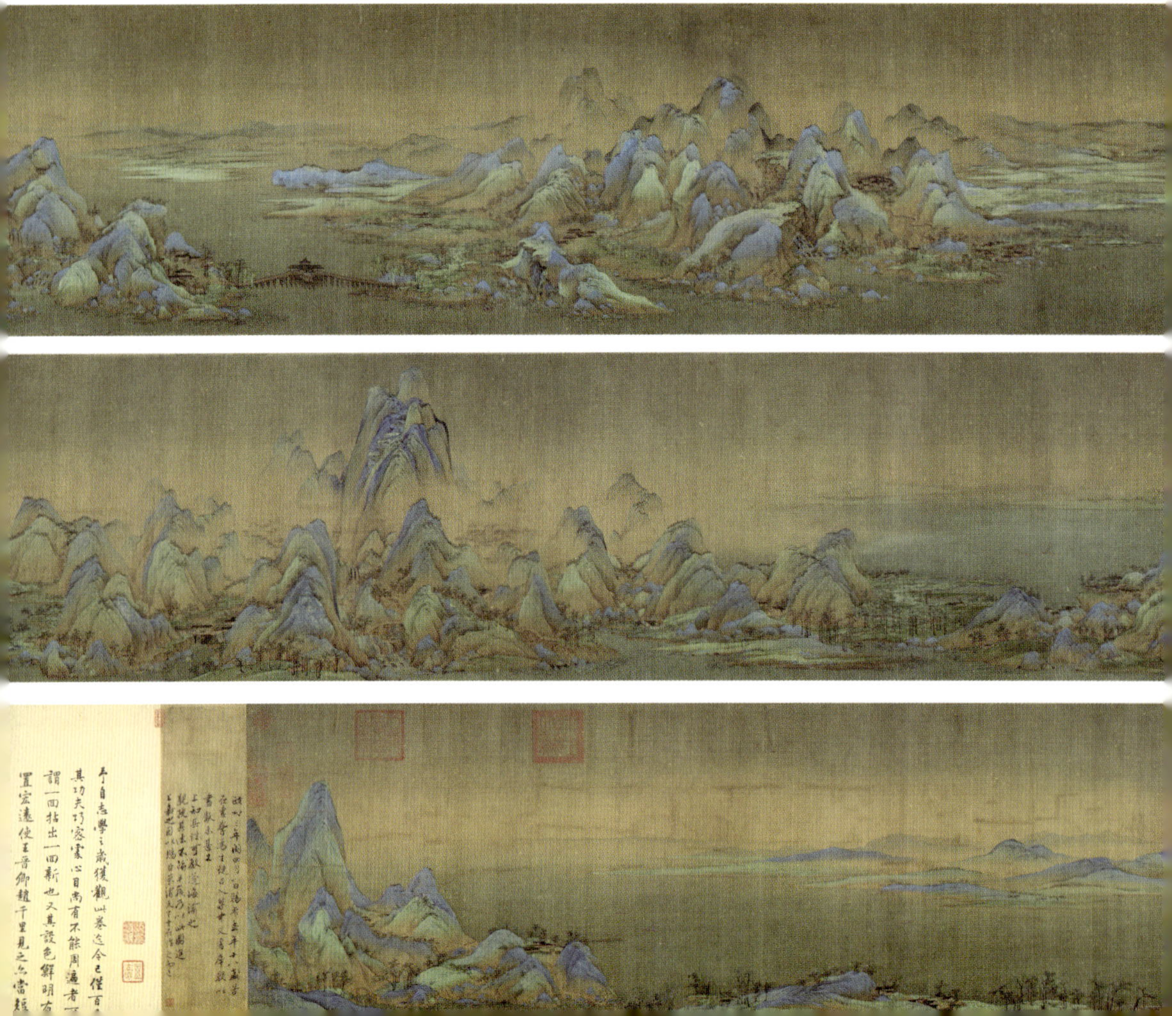

《千里江山图》
北宋 王希孟
纵 51.5 厘米
横 1191.5 厘米
绢本设色
北京故宫博物院

·壹· 题跋断案

这幅画的作者是谁，一直谜团重重，大部分结论都是通过题跋得出的。

《千里江山图》中最重要的题跋是蔡京写的。蔡京说，十八岁的希孟本是个书库的小童工，后来由老板宋徽宗亲自调教，半年就画出这幅画，老板一高兴就赏给我了。宋徽宗和蔡京的关系有好几层，第一层肯定是君臣关系，第二层绝对是艺术好友。宋徽宗本人是艺术家，也极爱才，蔡京的书法、文采令他欣赏不已，俩人惺惺相惜。蔡京基本上应该算宋朝的“文艺委员”，负责编撰《宣和画谱》，对宋徽宗的作品以及画院其

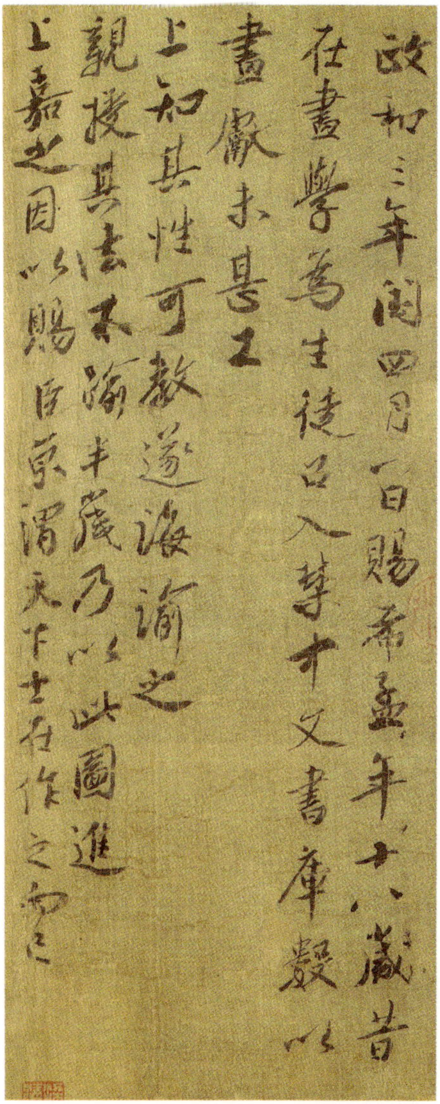

政和三年闰四月一日赐。希孟年十八岁，昔在画学为生徒，召入禁中文书库，数以画献，未甚工。上知其性可教，遂诲谕之，亲授其法，不逾半岁，乃以此图进。上嘉之，因以赐臣京，谓天下士在作之而已。

他画家的作品贡献审美。宋徽宗甚至把他俩搞文艺的事情画了下来，就是那幅著名的《听琴图》，两人处成了家人。以这种关系，宋徽宗赏蔡京一幅画实在不是什么新鲜事。

至于希孟的姓氏，最早的记录并不在宋朝，而是几百年

《听琴图》

北宋 赵佶
纵 147.2 厘米
横 51.3 厘米
绢本设色
北京故宫博物院

后的清朝——这个人凭空消失了几百年。宋荦《论画绝句》说："宣和供奉王希孟，天子亲传笔法精。进得一图身便死，空教肠断太师京。"宋荦的故事与蔡京的题跋结合起来，就是我们今天流传的令人心碎的故事——十八岁的天才少年王希孟得宋徽宗亲自调教，不到半年就画出了巨作，可惜只画了这一幅画便死了。

蔡京写出名，宋荦写出姓，但是他们都没有提到这幅画的名字。

《石渠宝笈》这样记载：

素绢本，著色画，无款。姓名见跋中。卷前缉熙殿宝一玺，又梁清标印、蕉林二印。卷后一印漫漶不可识，前隔水有蕉林书屋、苍岩子、蕉林鉴定三印……有梁清标印、河北棠村二印。押缝有安定、冶溪渔隐二印，引首有蕉林收藏一印。

在清内府收藏之前，大收藏家梁清标是这幅画的主人，并题有"王希孟千里江山图"。这幅画的名字是他起的。"门当户对"这个词在今天看来还是有些道理的，不只是人与人，画与人亦是。一幅好画值得被一位懂它的人收藏。从大方向来讲，一位有名收藏家的藏画，十有八九不会是赝品。"流传有序"既是画作身份的标志，也是画作生命的延续。梁清标的收藏富可敌国，陆机的《平复帖》、顾恺之三个版本的《洛神赋图》、王羲之的《兰亭集序》、杜牧的《张好好诗》长卷书法，随便几件都是上等国宝。后来，他的大部分收藏都被收入清宫，他也成了乾隆的“供货商”。

此外，同时代的另一位大收藏家安岐，无意间也为梁清标背了书。《墨缘汇观录》卷四《唐王维山居图》中提到：

相传宋政宣间，有王希孟者，奉传祐陵左右。祐陵指示笔墨蹊径，希孟之画遂超越矩度，秀出天表，人间罕有其迹。此幅或希孟之作，未可知也。闻真定梁氏有王希孟青绿山水一卷，后有蔡京长题，备载其知遇之隆，惜未一见。

这里就明确了梁清标确实收藏有王希孟的《千里江山图》，安岐本人也认同历史中的王希孟。

以上是根据题跋、收藏传承两个方面做的逻辑推断，也是判定画作的基本方法。曹星原女士曾提出，梁清标以双钩填墨法伪造了蔡京题跋，进而得出王希孟的整个故事皆由梁伪造的说法。作品大过天，这个观点似乎不妥。

·贰·

少年即元气

在中国绘画登上巅峰的宋朝，《清明上河图》算不上出色，也难怪宋徽宗看不上，随手就赏了人。市井百态是文献资料，珍贵至极，但就艺术造诣来说，不算上乘。而《千里江山图》即便是在宋朝，也是国宝级别。

这幅画卷首展开是典型的三段式构图。前景是平缓的群山，山中树木围绕，群山间散落着几座山居，后景是若隐若现的远山，矗立在江河尽头，远在天边。中国长卷山水的开头，一定有自己的宇宙逻辑，《富春山居图》也是这样开篇的，似乎预示着一个伟大故事即将展开。三段式构图，沉静稳定，倪瓒一辈子只画三段式，空旷冷峻，不用多着一丝笔墨。不同的是，《千里江山图》是一幅青绿山水，赭石打底，石青石绿敷色，山体侧面用赭石色，山顶石绿相间，雍容华丽。从展子虔《游春图》开始，山水画以设色山水为主流，唐朝大力发展青绿山水，《明皇幸蜀图》是国之审美。到了宋徽宗这一代，院体绘画依然以青绿山水为主，即便到了清朝，为皇家画画也必然是青绿山水，如《康熙南巡图》，尽显国家的富裕、强大、美丽。就像历朝历代的皇宫都修建得金碧辉煌一样，只有黑白两色的山水如何能表现皇帝拥有整个天下的愉快？

隋展子虔《游春图》局部

唐李昭道
《明皇幸蜀图》局部

《千里江山图》山石林木

清王翚《康熙南巡图第三卷（济南至泰山）》局部

当然，有些皇帝的审美不是很好，比如爱在名画画心上题字盖章的乾隆皇帝。《千里江山图》远峰水天相接处，题着几行不合时宜的赵孟頫体书法，白白糟蹋了美景，正是乾隆亲笔：

江山千里望无垠，
元气淋漓运以神。
北宋院诚鲜二术，
三唐法从弗多皴。
可惊当世王和赵，
已讶一堂君与臣。
曷不自思作人者，
尔时调鼎作何人。

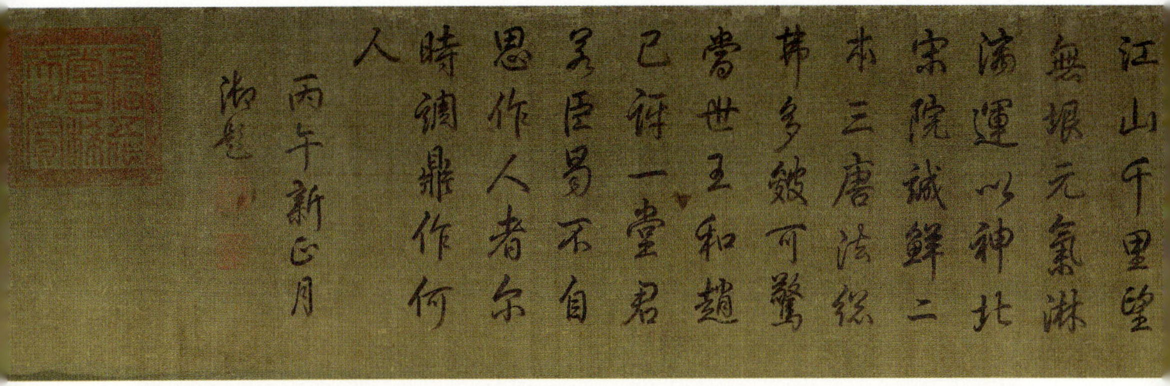

第一段，延绵的群山被水域包裹着，远处若隐若现一座高山，配有乾隆同款独家发售超大印章，和他老人家亲笔御题诗一首。

第二段，水面中央高耸了一座座山峰。王希孟这时候不再客气，故事正式进入了主题。海市蜃楼般的仙山之间还修建了一座跨江大桥，像彩虹般将两组群山连接起来。桥的尽头有一座神秘的宅院，周围不时有白衣隐士在山间活动，或走或停，个个潇洒自在。

第三段，彻底来到了画面的高潮。穿过一片低矮山峰组成的河岸，主峰赫然出现，名副其实的 C 位，如《溪山行旅图》一般几乎要撑破画面。周围的山峰只有它二分之一高，服服帖帖地围绕着。前景以三角形山峰的基本形状不断后退，营造一种越来越远的效果。主峰后方的副峰若隐若现，每一座山峰都以不同的姿态紧紧缠绕在主峰周围。

接下来，故事即将结束，王希孟松了一口气。眼见即将完成，他笔下的山峰越来越平缓，越来越远，半年之功最艰险的部分已经完成，只差一个完美的结局。在你以为他会如《富春山居图》一般，线条越来越潦草、越来越有生命力，并伸向无尽的远方时，他用一座首尾呼应的工笔山峰结束了整幅篇章。毕竟是十八岁的宫中少年，比不上黄公望这个老道士构图老辣。

中国绘画除了水墨，还有“丹青”——有颜色的画作，水墨丹青也就成了中国画的代称。赭石、石青石绿、朱砂、珍珠白，再加上黑色，以这五色为主创作的画作便统称为青绿山水或金碧山水。皇家喜用金碧青绿，文人隐士爱用黑白水墨。隐士朴素，用黑白也好理解。问题是，皇家为什么一定要用这五种颜色？

在古代，最想长生不老的人大概就是皇帝。既然是天子，为何又躲不过死亡？仔细想想，名不副实，尴尬又恐慌。从秦始皇开始，炼丹问道，去昆仑求取长生不老之法，几乎是每一位皇帝的宿命。所以，皇家爱用的这五种颜色其实大有来头，石绿为青，朱砂为红，赭石为黄，珍珠白为白，再加上黑，青红黄白黑五色对应的正好是木火土金水五行。在古人的宇宙观中，宇宙由木火土金水五种元素构成，五行相生相克，循环往复，生生不息。具体到人这个小宇宙身上，这五种颜色又对应的肝心脾肺肾，五脏和谐身体才会好，五脏生生不息，肉身才会长生不老。当然，《周易》远没有这么简单，中国的艺术精神、艺术哲学，源于道家创始人老子，道家的阴阳与水墨画、书法中的线条是同一个系统。

这里要注意，道家与道教不同。皇帝追寻千秋万代、长生不老，所用的大多是道教之术，《易经》、道教、佛教，总之哪个管用用哪个。道教在初唐颇为兴盛。李世民甚至亲自宣布道教地位高于佛教。为了抬高皇族李氏的高贵地位，李世民一家非说自己是老子（李耳）的子孙，李家后人会做一千年皇帝。至于佛教，在唐代有过兴盛时期，也经历过惨

绝人寰的“灭佛运动”。

中国古人一向务实。

宋代是中国历史上用道教年号最多的朝代。

宋徽宗本人笃信道教，除了宠臣蔡京外，还有一位国师，就是个道士，名叫林灵素，名字真好听，像武侠小说里精灵古怪的侠女，可惜并不是。这位林道士原是苏东坡苏大学士身边的小小书童，有一次苏东坡问他的志向，他回答道:“生封侯，死立庙，未为贵也。封侯虚名，庙食不离下鬼。愿作神仙，予之志也。”一个书童，人生的终极目标竟然也跟皇帝一样，想要长生不老。林灵素在开封城里混迹，整天跟人斗法，慢慢有了些名气，得到宋徽宗召见，凭得好口才，竟被封为国师，而宋徽宗自己也号称“教主道君皇帝”。

西方古典绘画题材都与宗教有关，主要目的是宣扬教义，用更直观的方式讲述《圣经》故事，给信徒制造一个无比美好的天堂，中国的佛教、道教壁画也是如此。

那么，皇家宫廷山水画的任务是什么呢？

画仙山。

画出皇帝们永生之后会去的地方。

就像墓葬里的壁画一样，宫廷山水画创造了一个死后世界，画是沟通生死的媒介。既然是媒介，就不能简简单单随便画，画中要蕴含神奇的力量，你可以说是宇宙的神秘力量，也可以说成是道教的“道”。宋徽宗命王希孟画出的“千里江山”实则是海外仙山，从颜色到布局都严格遵守道教之道。如果《千里江山图》是哈利·波特手中的魔杖，那么画上的颜色和布局就是宋徽宗口中念念有词的咒语。

《千里江山图》虽是长卷，画面中央依然有主峰矗立，象征着主君，也就是宋徽宗。周围群山环绕，是臣子臣民。而群山的样子，像极了灵芝。在道教中，灵芝是一种仙草，吃了可以得道成仙，所以主要生长在昆仑、蓬莱这类仙山中。

海市蜃楼般的仙山之间还修建了一座跨江大桥，像彩虹般将两组群山连接起来，桥的尽头有一座神秘的宅院，周围不时有白衣隐士在山间活动，或走或停，个个潇洒自在。白衣人当然就是生活在仙境中的神仙，或许正是宋徽宗本人。

皇家心中的理想世界是道教制造出来的仙界，文人们的理想世界是

陶渊明笔下的桃花源，这也是院体画与文人画之后走向不同方向最核心的思想来源。

《千里江山图》几乎用到了前代所有的技法，隋唐的勾线、敷色法，五代十国到宋朝李成的蟹爪皴、董源的披麻皴。哪怕是水纹，都是一笔一笔手工绘出来的。我特别喜欢陈丹青老师的评价，他说此画有“少年气”。从生物学上讲，“少年气”应该就是荷尔蒙。宋徽宗本人偏重于小写意画法，并不着重于工笔画；齐白石老爷爷年轻时画了好多草虫画稿，将来老了，眼睛看不清时再来补景。当所有人都在做减法的时候，王希孟在做加法，在一幅画中倾注了毕生所学，恨不得一夜白头。

其实，宋徽宗不是没有野心，只是年纪大了画不出来，不肯承认；齐白石老爷爷就有自知之明。我们常常哀叹荒废了少年时代，把最好的时光留给了老师和课本，留给了应试教育，感觉有些天赋常常被现实打击，等你好不容易能松口气想起自己的天赋时，往往已经过了最好的时候。天赋，是老天爷给的礼物，你不抓住，便转瞬即逝。

有天赋，有天底下最好的老师和最好的条件；十八岁，也有这份耐心，身体好、眼睛好。这才有了《千里江山图》，天时地利人和的人间至宝。

传说王希孟是因为画这幅画殚精竭虑而死。天才早逝，除了这幅画竟没有任何记载，这也为我们后人留下了八卦的由头。还是那句话，作品为大，历史上有无数伟大的作品，都是画家战胜死亡的证据。

二十

复兴之路

水村图

大德六年十一月望日爲
錢德鈞作 子昂

《水村图》

元 赵孟頫

纵 24.9 厘米

横 120.5 厘米

纸本水墨

北京故宫博物院

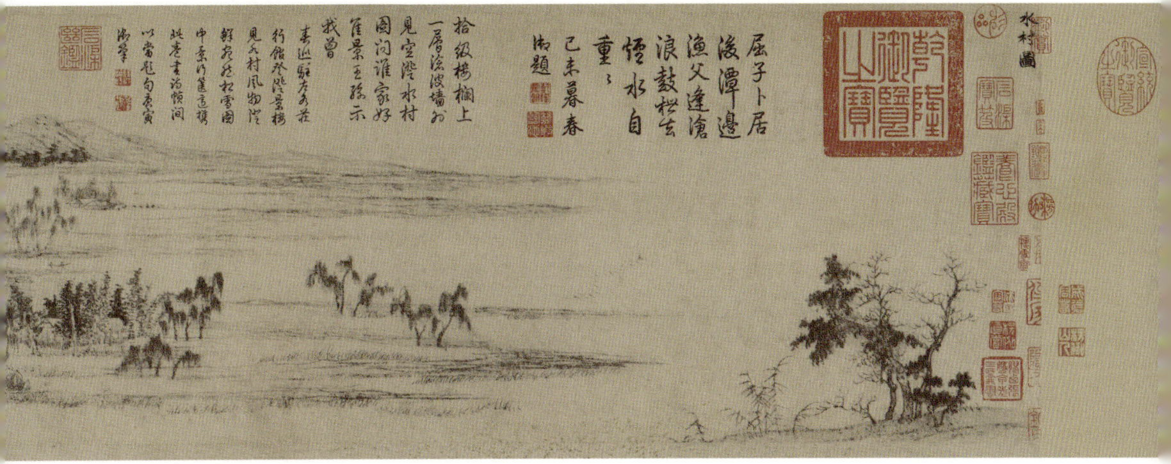

《水村图》诞生于元代，其题咏之盛，六百年来递藏关系之完整无缺，可以说构成了一部元代绘画简史，对明清绘画产生了重要影响。

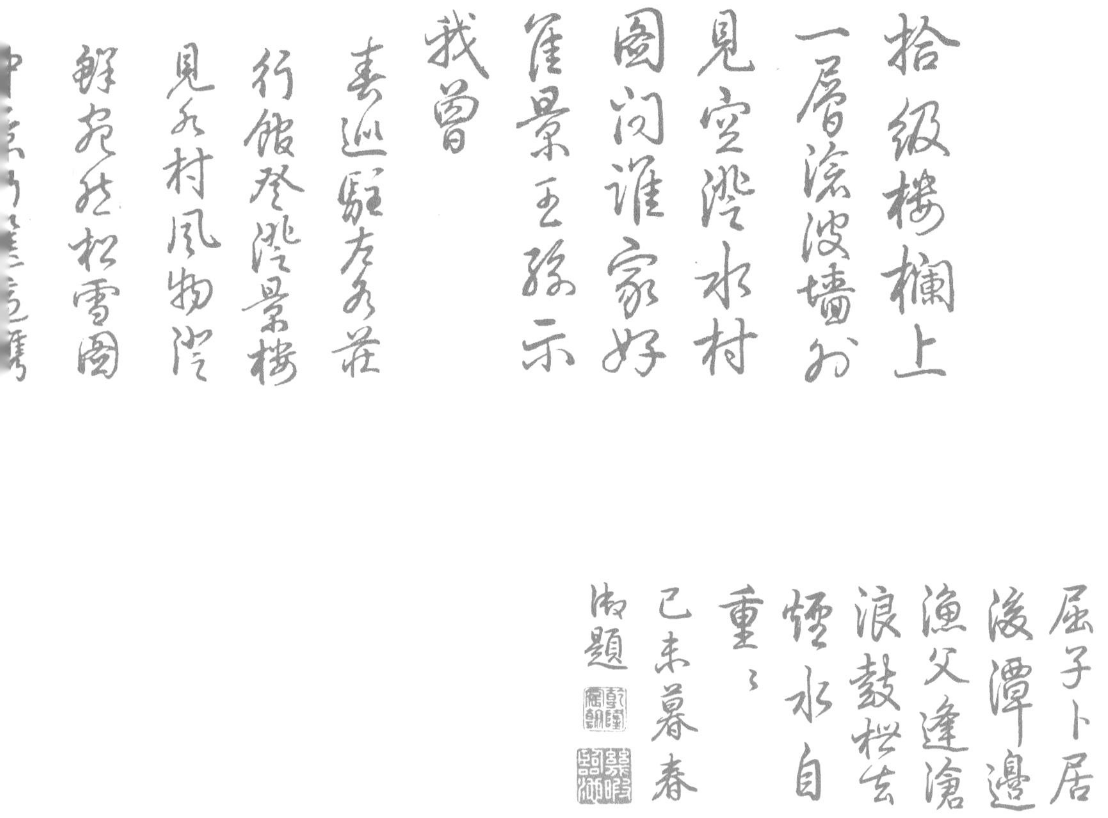

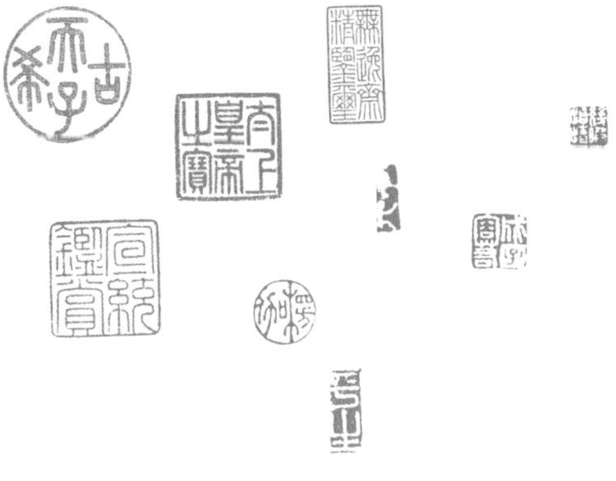

·壹· 绘画史疑似终结

有一种说法很惨烈——厓山之后无中国。南宋与元军在厓山决战，那是中国历史上少有的大型海战。南宋残余力量被彻底击溃，宰相陆秀夫背着南宋小皇帝投海自尽，十万军民也跟着投海殉国。至此，元朝统一了中国。

忽必烈对汉文化一直十分疑惑：“汉人惟务课赋吟诗，将何用焉？”他可能认为正是艺术这种“无用之事”才会导致宋徽宗亡国吧？元军心中只有两个字——占领，中原之地是一块肥沃草场，与其他草场并无不同。

中国绘画体系在宋以前皆由政府主导，民间人才少之又少。那时文化普及率低，民间多匠人，少有艺术家。真正的画家都在高堂之上有一官半职，跟随在皇帝身边，画皇家肖像，记录大事件，如阎立本兄弟。宋徽宗甚至将画学列入科举，挑选天下最好的画师亲自教授，条件无比优渥。

到了元朝，有文化的汉人连官都做不上，如何搞艺术？之前都是有人管着、督促着，现在突然散了伙，大家没了指导方向，不知道绘画该往哪个方向发展。换句话说，此时的艺术突然真的成了一种“无用之事”，再也不能靠它走仕途了。

赵孟頫原本应该是知识分子失业大军中的头号人物，因为他姓赵，是赵宋王朝直系后裔，元朝统治者的死敌。但他的社会关系很尴尬，虽说是宋太祖赵匡胤的后代，可大宋朝偏安一隅之后，国力一年不如一年，不是所有皇族都能锦衣玉食、奢华无度。赵家在当地虽是名门望族，赵孟頫家却只能算中等生活水平。据说，他十四岁就去官府做基层公务员养家。到十八岁，参加国子监考试，进入太学，得到皇帝钦点，这才有可能快速晋升。可惜，刚有点盼头，南宋就被铁蹄碾碎在历史尘埃中——赵孟頫失业了，他的职业生涯甚至生命都可能因此画上句号。

跟大多数前朝遗民一样，赵孟頫悄悄躲了起来，专心研究书画。他这样做，除了兴趣爱好，也跟社会环境有关系。元军既然决定在这里安营扎寨，就不会胡来，一定会大力扶持汉文化以安国本。果然，他以书画在江南声名鹊起，位列江南八大才子“吴兴八俊”之一。不久，他被忽必烈请入宫中，从五品官员做起。还有一种说法，忽必烈初见赵孟頫，便觉得这人长得真是太好看了，于是，才貌双绝的赵孟頫终于走上了人生“开挂”之路，被后世称为“元人冠冕”。

赵孟頫自画像

·贰·

复兴之路

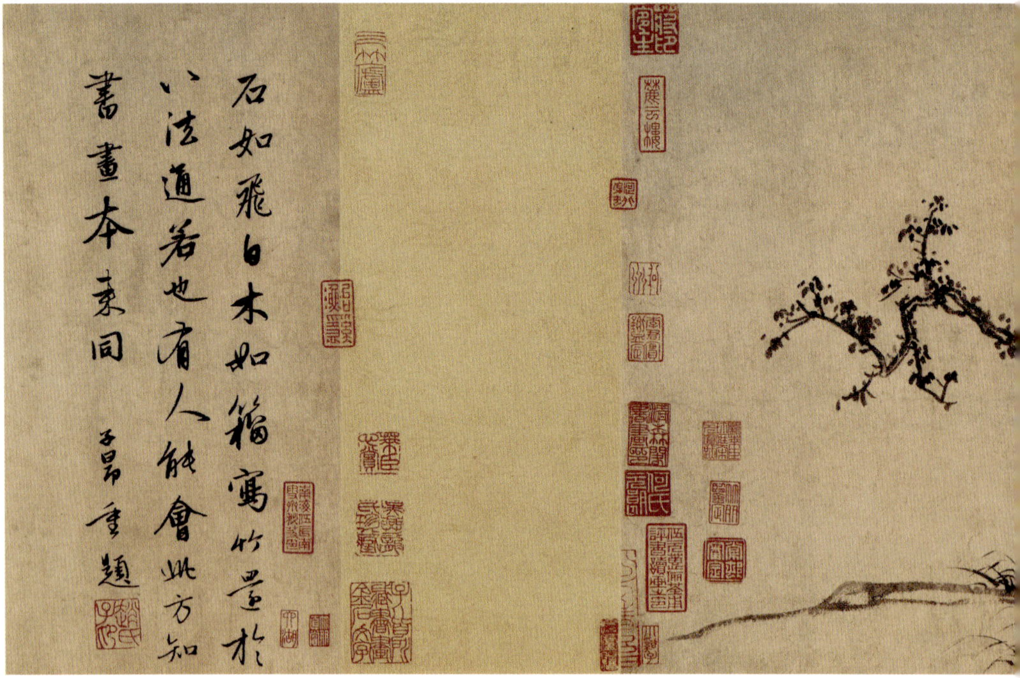

《水村图》创作于大德六年（公元一三〇二年），赵孟頫那时四十八岁，早已找到属于元代文人的绘画之路——文人画。并且他还提出了文人画的创作建议："石如飞白木如籀，写竹还应八法通。若也有人能会

《秀石疏林图》
元　赵孟頫
纵 27.5 厘米
横 62.8 厘米
纸本水墨
北京故宫博物院

此，方知书画本来同。”最后一句尤为重要，画画也可以是写画，用书写的方式去画画，书画本来同根同源。前代画作讲究敷色富丽典雅，哪怕是宋朝已经出现了皴擦法，也并没有人系统性地将皴擦法与书法归为一体，更不用说把书法中惯用的“飞白”纳入绘画体系了。

“飞白”本是书法用语，书法家蔡邕看到粉刷匠们用蘸了白粉的刷子写字，受到启发，发明了“飞白书”。赵孟頫以书法笔力入画，多使用渴笔浓墨，在画面中造成“飞白”效果。

画面前景是几棵摇摇摆摆的树木，低矮的树木似随风摇摆，错落有

致。赵孟頫是书法高手，从这几棵树的画法中就可见一斑。这些树与其说是画出来的，不如说是写出来的，一枝一叶都由侧（点）、勒（横）、努（直）、趯（钩）、策（斜画向上）、掠（撇）、啄（右边短撇）、磔（捺）组成，多用细笔如书法般快速带过，才会有随风摇曳、顾盼生姿的潇洒之感。

前景隔着一条大河，对岸的景色层层递进，近处是低矮的山丘农舍茅屋，远山绵绵一直深入到河流深处。这种画面布景叫作“隔河置景”，这是元代重要的布景特点。前景山坡上几棵枯树，中景河流，后景为连绵的

《水村图》前景

大山，三段式布局万年不变。

赵孟頫画中山石的画法源自董源的披麻皴。董源笔下的南方山水秀丽平缓，笔力朝山峰两侧缓缓滑下去。赵孟頫在其中融入了书法笔力，特别是在山的轮廓和山底延伸处，浓淡疏密，错落有致，随意潇洒，显得更有弹性与生命力。此外，赵孟頫还使用了“苔点法”，表现南方山林的郁郁葱葱。最初使用苔点法的是展子虔的《游春图》，现在看来，好像是宋人把绘画搞“复杂”了。赵孟頫说：“作画贵有古意，若无古意，虽工无益。今人但知用笔纤细，傅色浓艳，便自谓能手，殊不知古意既亏，百病横生，岂可观也？吾所作画，似乎简率，然识者知其近古，故以为佳。”所谓“古意”就是回到源头，回到魏晋的书法，回到隋唐的画中。赵孟頫断然抛弃了赵宋王朝，一头扎回前代，不知道他在心底是否有一种对自家人恨铁不成钢的唏嘘之感。艺术在宋朝达到了巅峰，却忽然亡了国，既然如此，就让宋朝艺术与国家一同长眠吧。不如回到源头，就像回到婴儿时期，纯真勃发，元气满满，定会长出新芽。

·叁·

元代书画四大标配

“书画同源”只是文人画的一部分，一幅画是不是文人画，需要看它是否满足四个元素——诗、书、画、印。“诗”指的是题跋。画家要在画的空白处写一段文字，可以是一首诗，也可以只是记录的文字。比如《水村图》中，赵孟頫就是做了一段记录：“大德六年十一月望日为钱德钧作，子昂。”卷后又补了一段：“后一月德钧持此图见示，则已装成轴矣。一时信手涂抹，乃过辱珍重如此，极令人惭愧。子昂题。”这是考验画家书法和构图的时刻。

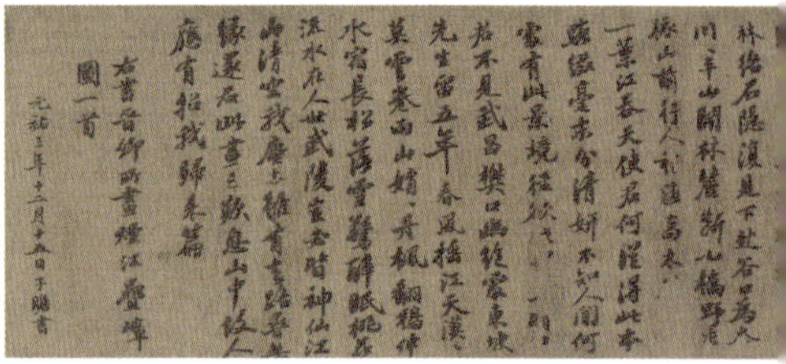

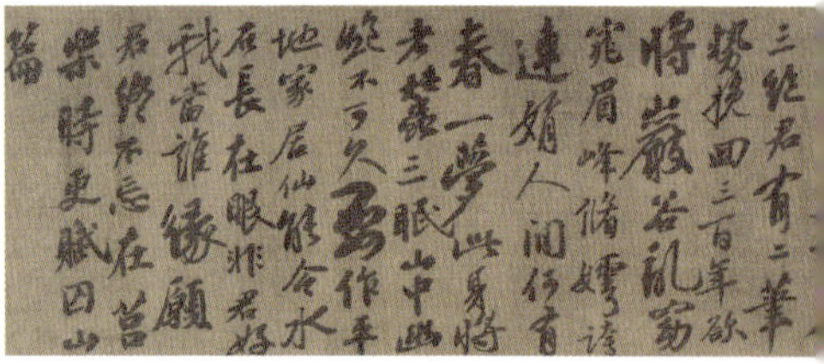

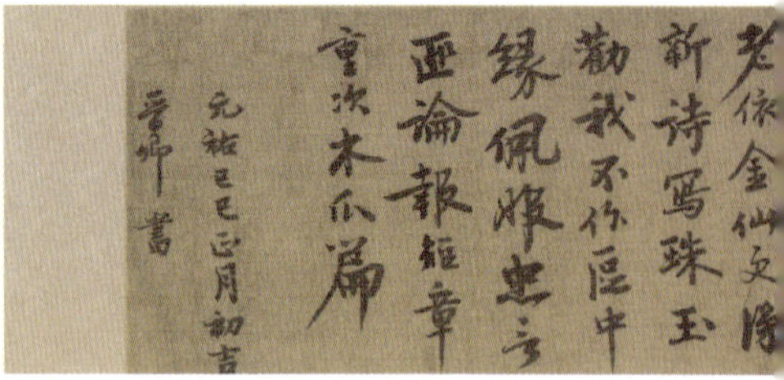

《烟江叠嶂图诗卷》

元 赵孟頫

纵 49.8 厘米

横 413.9 厘米

纸本行书

辽宁省博物馆

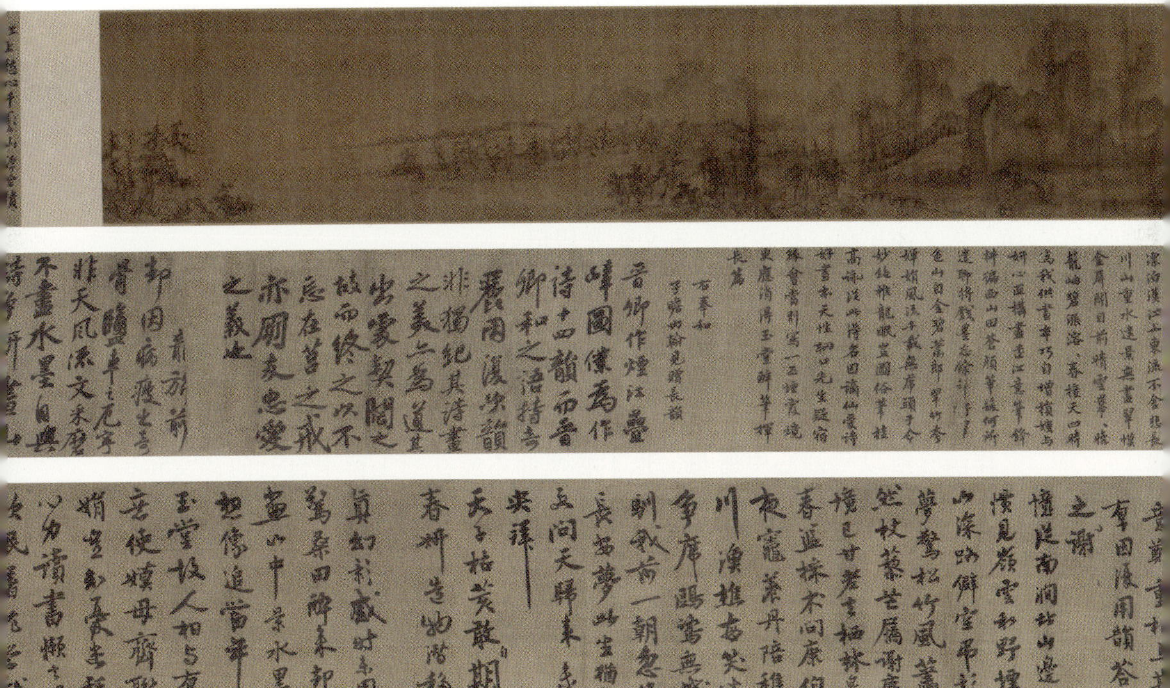

书法要放在合适的位置才能与画完美合为一体，反例请见乾隆。宋朝之前是没有画家在画上写题跋的，那时画面构图并没有给题跋留出合适的位置，乾隆爱在画心处题跋，便大大破坏了画面美感。从元代开始，画家开始大大方方地在画上留下自己的名字。

赵氏子昂

“书”指的便是题跋所用书法。赵孟頫的字比画有名，他独创的赵孟頫体秀丽飘逸。

“画”就是画的主体。

“印”指的是画家的私人印章。《水村图》上留有两枚印章：“赵氏子昂”朱文印记和“松雪斋”朱文长方印记。

在元代，画要好，书法要好，诗文也要好，如此才有资格做一名文人画画家。对倪瓒和黄公望这些大文人来说，元代既是最坏的时代也是最好的时代。朝廷不让做官，只好漂泊江湖，看看大好河山。不再为皇家作画，所以只画心中所想，也不必懊恼不能在画上留下自己的诗文和名字。赵孟頫也是顺应时代，给文人画创造了一个非常宽松的大环境。中国绘画突然从庙堂之上降了下来，从之前对自然的崇拜、求真、求准、求神，转变为描绘心中之山河，与大自然融为一体。

《水村图》经过六百年清晰完整的递藏，整整影响了元、明、清三代人。第一位在画上题跋的是此画的首位收藏者钱德钧，他写了三段题跋，其子钱资深则在卷尾题了诗。到了明代，大收藏家王世懋率先作了题跋。董其昌自然不会放过这幅好画，“独此卷为子昂得意笔，在《鹊华图》之上，以其萧散荒率，脱尽董巨窠臼，直接右丞，故为难耳”。董其昌对《水村图》评价极高，认为这幅画在技术上不但承接了南北两宗之精华，在气韵上更是不落窠臼，直接回到源头，天真平淡，毫无匠气。

乾隆御览之宝

古稀天子

太上皇帝之宝

石渠宝笈

乾隆鉴赏

乾隆印章五枚

明代大收藏家项元汴也收藏过此画，在画心留下了自己的收藏印。现在，《水村图》画心空白处除了赵孟頫自题外，已经写满了字，下笔者正是他的粉丝乾隆，不知赵孟頫泉下有知会作何感想。

容若书画

楞伽真赏

成子容若

楞伽山人

纳兰性德印章四枚

乾隆是盖章狂魔自不用说，但这幅画上竟然出现了另一位盖章狂人—— 纳兰性德。他居然留下了五十二方印章。不过，他只留印，不作诗，不说话。

此外，还有一批大文人在卷后留下了五十五段题跋，光看《水村图》中这些人的书法诗文，就是一部活生生且十分完整的元、明、清艺术史了。

清亡之后，溥仪将《水村图》带往东北。日本投降后，溥仪带着家眷逃到中朝边境上一个小地方—— 大栗子沟，悄悄地变卖书画珍宝，换取食物，《水村图》也就流落到一位老者手中。老者带着画去古玩店，老板发现后，报告给郑振铎，之后更是一波三折。第一次，郑振铎派了一个不懂画的人假扮古董商，花两百大洋换回一幅假画。徐邦达先生得知后，派了一位懂行的人去东北老爷子家里，混了多日终于取得老爷子的信任，以八千元买下，带回北京。最后，国家以高于八千元的价格购回，《水村图》最终收藏于北京故宫博物院。

赵孟頫做官做得极好，他不吝谏言，刚正不阿，宽容厚道，深得元朝统治者信任，一直做到荣禄大夫，从一品。也许，在元朝廷为官，是他作为汉人永远抹不去的一个污点，全仗他德行高尚，书画双绝，后世竟极少有人因此而诟病他。

此后，历史上再难出一个赵孟頫，也再难出一幅《水村图》。

卷而記其顛末於此俾知
予市駿雅懷不同於侈收
藏之富者遠成為葉公之
好耳
乾隆御識

臣梁詩正奉
勅敬書

三

画中之兰亭

富春山居图

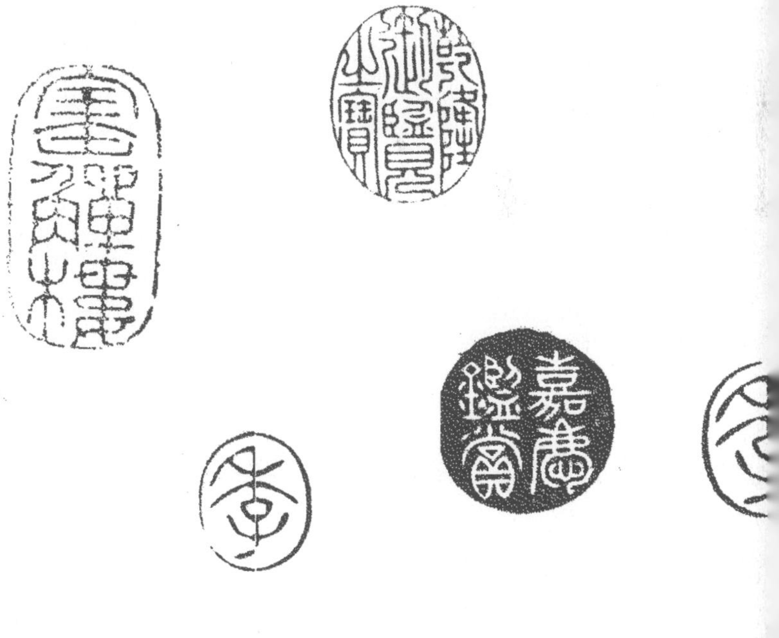

《富春山居图》（无用师卷）
元 黄公望
纵 33 厘米
横 636.9 厘米
纸本水墨
台北故宫博物院

《富春山居图》（剩山图卷）
元 黄公望
纵 31.8 厘米
横 51.4 厘米
纸本水墨
浙江省博物馆

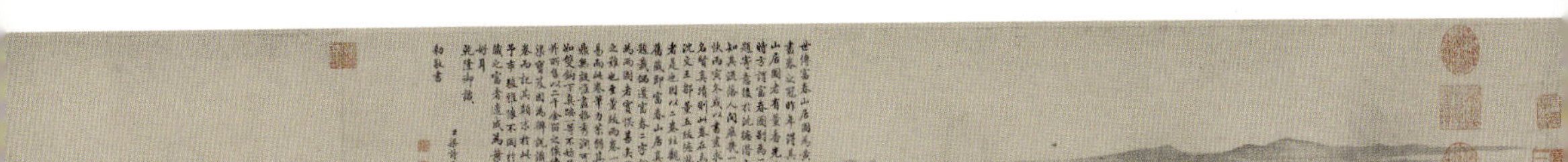

中国书画史悠悠千年，且不说艺术水平高低，一张薄薄的织锦、纸张能躲过无数天灾人祸留存至今，已属不易。可以说，每一件国宝都经历了千难万险。其中，身世最为传奇的莫过于两幅——《兰亭集序》《富春山居图》。前者身世成谜，普遍说法是陪着唐太宗永居地宫。唐太宗还算有良心，留了“神龙本”给后人。后者就更厉害，不但留有真迹，还留了两幅。

听上去，《富春山居图》是国宝中的幸运儿，实际上，它的命运最为颠沛。此画并非双生，而是一幅完整作品的两个部分，一部分在台北故宫博物院，另一部分在浙江省博物馆，至今只合体过一次。故事里常会出现这样的桥段：藏宝图被分成两部分，人们为这两张纸争斗不止，甚至绵延几代人。《富春山居图》并不神秘，它不是什么藏宝图，因为它本身就是宝藏。

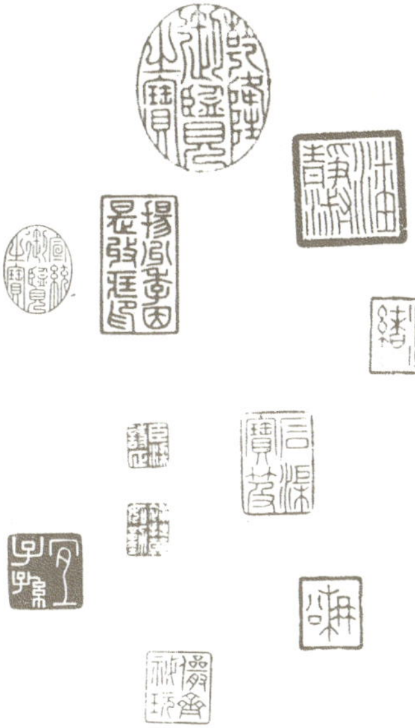

·壹· 囚犯出身的大画家

《富春山居图》的作者——元代四大家之一的黄公望，生平也是一部传奇。

画如其人，谈画要先谈画主人。黄公望，字子久，常熟人，本姓陆，幼时父母双亡，后过继给永嘉黄氏为义子。黄家得子

黄公望像

后，友人来贺：“黄公望子久矣！”于是，他便名为“公望”。这位黄公“望”来的儿子四十岁前一直过着古代文人的正常生活，苦读，科举，走仕途。那时，汉人想靠才学一路高升几乎不可能，黄公望终于在二十四岁时混上一个小官——浙西廉访徐瑛的书吏，负责文书。苦熬几年，他便辞官回家，直到四十二岁才再次入仕。这回，他终于上了一级台阶，在元大都御史台下属察院当书吏。按理说，这下总算是有指望了，苦熬好歹有点盼头。万万没想到，他的上司张闾贪赃枉法激起民愤，被元仁宗下了大狱，黄公望无辜受累，躲不过牢狱之灾。那一年，他四十七岁。

依照古代办事效率，查清这桩案子得用好几年，黄公望出狱时，已是知天命的年纪。对于仕途心灰意冷、再无美好想象的黄公望，做了一个决定：不在体制内混了，铁饭碗捧不上，干脆流浪江湖，归隐山林，做个闲散浪人。

自赵孟頫起，元代文人画逐渐走向成熟。汉族文人不受重视，一类人空有一身好学问，在朝堂却始终无出头之日，如黄公望；另一类人干脆就不屑为政府服务，如倪瓒。这两类人的共同归宿便是漂泊江湖。正是在这样的大背景下，文人画的生命力越来越旺盛。能画善画之人不再像朝堂之上或画院里的画工般为皇帝打工，而是真真正正徜徉在宇宙万物之中，为自己而画。倪瓒说，画画只为“写胸中逸气”。他们有先天优势，有文化，书法诗文无一不通。文人画不是简单再现客观事物，画出的乃是画家心中所感所想，一个人的文艺修养与审美直接决定了画的高度。钟嗣成《录鬼簿》记载：“公之学问，不在人下，天下之事，无所不知，薄技小艺亦不弃。”五十岁的黄公望由好友“元四家”之王蒙介绍，拜赵孟頫为师习画。除了指点画艺，赵孟頫的收藏中还有不少王维、董源、李成的真迹，黄公望大开眼界，从此更是痴迷，自号“大痴”。李日华《紫桃轩杂缀》中这样形容：“黄子久终日只在荒山乱石、丛木深筱中坐，意态忽忽，人不测其为何，又每往泖中通海处，看急流轰浪，虽风雨骤至，水怪悲诧而不顾。”

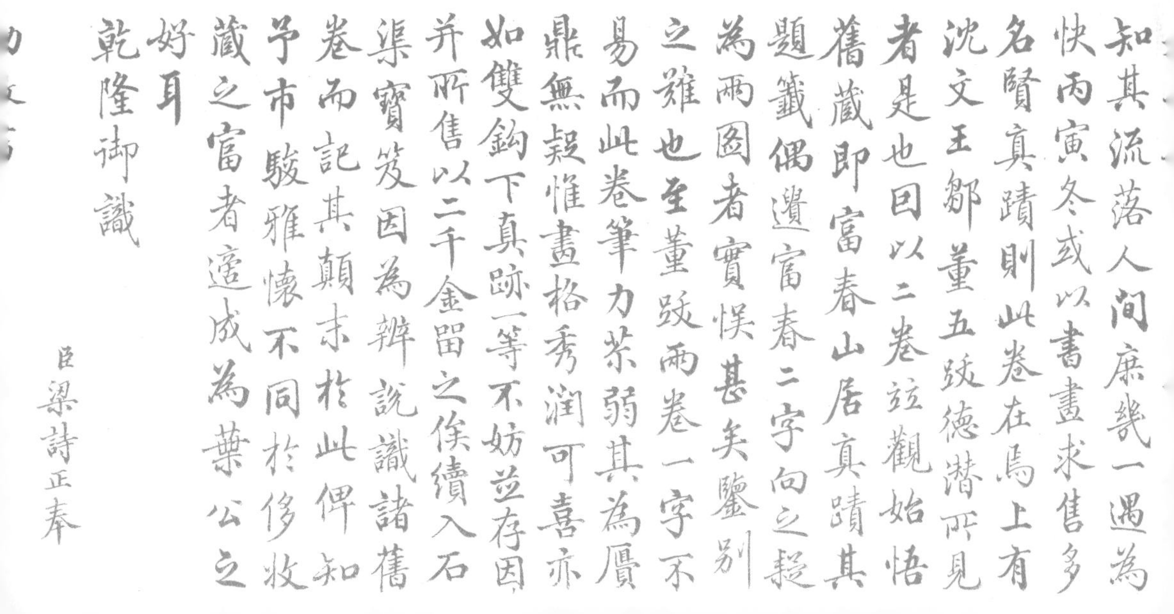
知其流落人間庶幾一遇為快丙寅冬或以書畫求售多名賢真蹟則此卷在焉上有沈文王鄒董五跋德潛所見者是也因以二卷並觀始悟舊藏即富春山居真蹟其題籤偶遺富春二字向之疑為兩圖者實悞甚矣鑒別之難也至董跋兩卷一字不易而此卷筆力苶弱其為贋鼎無疑惟畫格秀潤可喜亦如雙鉤下真跡一等不妨並存因并所售以二千金留之俟續入石渠寶笈因為辨說識諸舊卷而記其顛末於此俾知予市駿雅懷不同於侈收藏之富者適成為葉公之好耳

乾隆御識

臣梁詩正奉

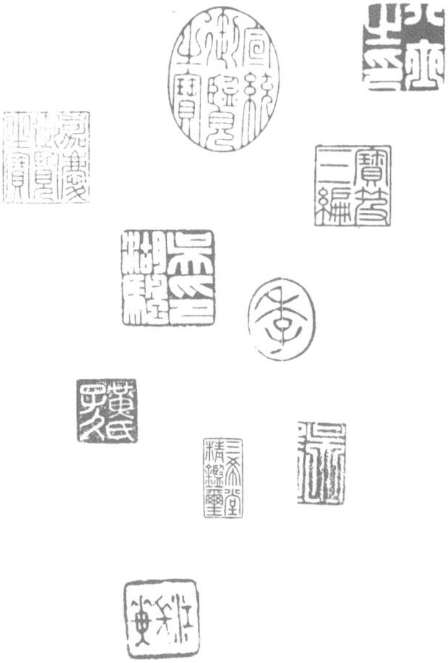

·贰· 画中之兰亭

黄公望回到家乡江南，隐居常熟虞山，游历山河，卜卦为生。巧的是，另一位“元四家”吴镇因画无销路不肯妥协，也以卜卦为生。元代道教盛行，黄公望与忘年交倪瓒都入了全真教。找到组织后，黄公望的创作能力大爆发，连一向骄傲清高的倪瓒都称赞：“黄翁子久虽不能梦见房山、鸥波，要亦非近世画手可及。”

黄公望随身皮囊里装有画具，遇到江河胜景必临摹，笔耕不辍，谓之写生，六十多岁终名满天下。花费人生最宝贵的前四十年求取实实在在的功名，最后一场空；老年之后漂泊流浪，生活无定，追求虚无目标，居然有大成就，果然命运弄人。

到了七十八岁高龄，他应道友无用师父的邀请去浙江富春江写生，这才有了这幅传奇的《富春山居图》。

《渔父图》

元 吴镇

纵 84.7 厘米

横 29.7 厘米

绢本水墨

北京故宫博物院

至正七年，仆归富春山居，无用师偕往。暇日于南楼援笔写成此卷，兴之所至，不觉亹亹布置如许，逐旋填劄，阅三四载，未得完备，盖因留在山中，而云游在外故尔。今特取回行李中，早晚得暇，当为着笔。无用过虑有巧取豪敚者，俾先识卷末，庶使知其成就之难也。十年，青龙在庚寅，歜节前一日，大痴学人书于云间夏氏知止堂。

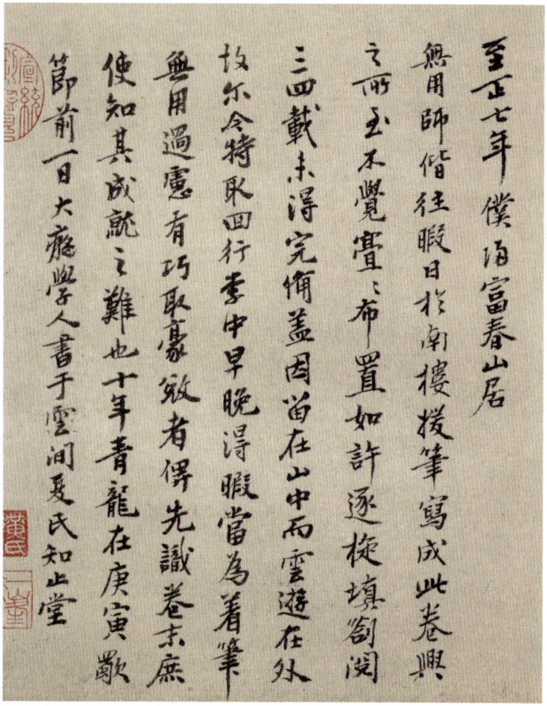

印：黄氏子久

朱文：一峰道人

时间：至正七年（公元一三四七年）

地点：富春山

人物：无用与我

重点：这幅画是我送给无用师父的，他怕人巧取豪夺，一定要我亲手写这段题跋，确定此画归他所有，大家都不容易，觊觎者就罢手吧。

《富春山居图》总共画了三四年。白天，黄公望在山中云游写生，早晚得闲画上几笔，用八张纸接裱而成。八米长卷，全靠八十老翁生生走出来。他并不急于作画，“五日画一山，十日画一水”，灵感来了就画几笔，以随缘的速度慢慢“写就”。

《兰亭集序》贵为天下第一行书，《富春山居图》可说是“画中兰亭”。欣赏《富春山居图》如同欣赏《兰亭集序》，你会被出神入化的线条带入，完全“沦陷”于笔端的变幻。作为赵孟頫的入室弟子，黄公望完全领会了“书画同源”四个字，八米长卷，与其说画成，不如说写就。

黄公望每天白天去富春山里暴走，走到哪儿画到哪儿，回来再根据写生草稿完成《富春山居图》。所以这幅画虽然是平面的，但视角多变，随便打开一点儿都能独立成画，买一幅等于买了很多幅，超值！卷首依然是元代典型的河岸前景，紧接着是几座高山，向左边蜿蜒前行，将画面自然地分割成几部分，这应该是站在一座高山上远看的视角。

再往下山突然变大了，可能是他下了山走到河边平视远方，转眼间他又走到了树林中，郁郁葱葱的树木触手可及。好容易翻过两座山回头望，刚才身在其中的山峰已经变成遥远的倩影。这种视觉上的重叠和拉伸是任何一种“科学”画法永远无法达到的效果。黄公望就像一名称职的导游，带着你游遍富春山美景。

技法方面，他师法董源的披麻皴。山的体积感和葱郁感完全由细笔“书写”而成，不加渲染，皴擦也比以前的画中少了很多，越往后越“潦草”，律动感却越来越强。近景山脊部分多用干笔淡墨，山脊上的树用湿笔浓墨来突出，正好也显示出了山的质感。远山只用干笔一笔带过，水面更是不加修饰，蜿蜒在山林之间，自然天成。书法是抽象的，“抽象”也是元代文人画的主题曲，如黄公望自己所说：“画不过意思而已。”与其老老实实地表现山水，不如坐在山水之间，与之融为一体。

这幅画，七十八岁的黄公望一直画到了八十一岁，无一笔不灵动，完全由气韵牵动，《富春山居图》可算得上时间与生命之书了。

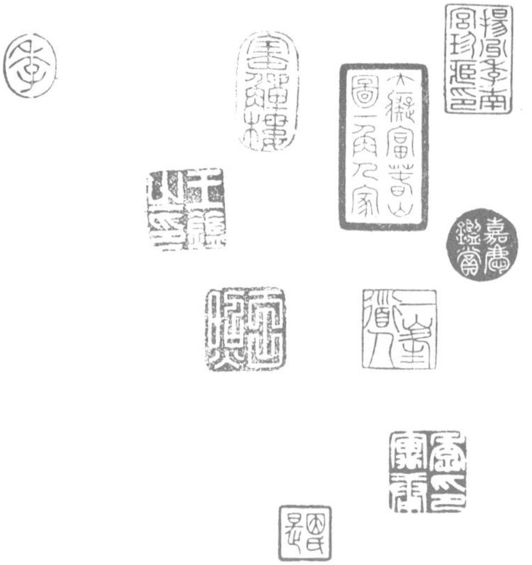

·叁· 国宝历险记

这幅画的第一位主人是题跋里提到的无用道长。明成化年间，大画家沈周得了此画，爱若珍宝，挂在家中，吃饭睡觉前都要看一眼才能安心，这一挂就是二十二年。后来，他发现题跋部分有些字迹不清，便专门请了位朋友重写题跋，岂料竟被朋友的儿子拿去卖了！沈周痛失爱画，又不好跟朋友撕破脸，一气之下又画了一幅，凭着二十二年的朝夕相处，几可乱真。

《富春山居图》流落民间二十六年后，在明万历年间被董其昌收藏。这回，董其昌没像《雪江归棹图》那般闹笑话，承认此画是“子久生平最得意笔”，还说自己“自谓一日清福，心脾俱畅”。告老还乡之时，他带着这幅画回到华亭老家，晚年心灰意冷，一狠心便把这幅画卖给了宜兴吴之矩。这位富商吴先生专门建了一座云起楼，将《富春山居图》存放在楼上一间名叫富春轩的房子里。说实话，这名字起得一般，像家常菜酒楼包间。

总之，这一传就是三代，《富春山居图》好歹安稳了一阵子。到了清顺治年间，吴之矩的后人吴洪裕对书画的喜爱达到了变态的地步。临死前，他打算把喜爱的宝贝全部焚毁，“先一日焚《千字文真迹》，自己亲视其焚尽。翌日即焚《富春山居图》，当祭酒以付火，到得火盛，洪裕便还卧内”。

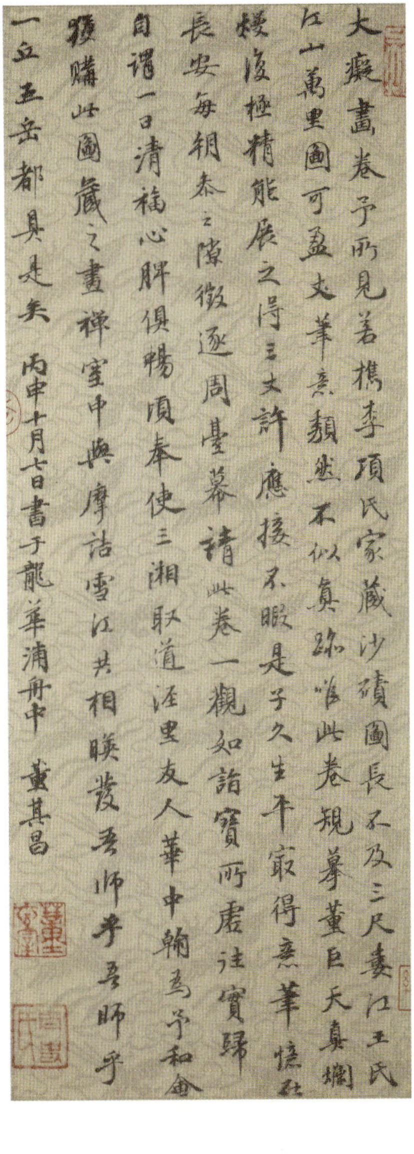
大癡畫卷予所見若檇李項氏家藏沙磧圖長不及三尺婁江王氏
江山萬里圖可盈丈而筆意頹然不似真跡唯此卷規摹董巨天真爛
熳復極精能展之得三丈許應接不暇是子久生平最得意筆憶在
長安每朝參之隙徵逐周臺幕請此卷一觀如詣寶所虛往實歸
自謂一日清福心脾俱暢頃奉使三湘取道涇里友人華中翰為予和會
獲購此圖藏之畫禪室中與摩詰雪江共相映發吾師乎吾師乎
一丘五岳都具是矣 丙申十月七日書于龍華浦舟中 董其昌

就当“洪裕便还卧内”之时，侄子吴静庵以迅雷不及掩耳之势将画抢了出来，顺手扔了另一幅长卷进去，狸猫换太子，这幅画才幸免于难。可惜，一幅长卷被烧成两段，开头处更是惨不忍睹，被烧出几个大洞。吴家弟子吴寄谷将这两段画卷分别修复重新装裱。幸好烧毁最严重的开头处还有一丘一壑可做一幅册页山水，高三十一厘米、长五十二厘米，被称为《剩山图》，而另一段较长的画卷则被称为《无用师卷》。

乾隆年间，民间进贡了大批前代珍贵书画给乾隆皇帝，其中就包括一幅假的《富春山居图》，名《山居图》。这本长卷画得也极好，乾隆以为是真迹，爱不释手，隔三岔五地在画上题字，从开始到末尾都题满了。丙寅年，这幅《山居图》改名为《富春山居图》，后世称为《子明卷》，人送外号“乾隆爱侣，常伴君侧”。

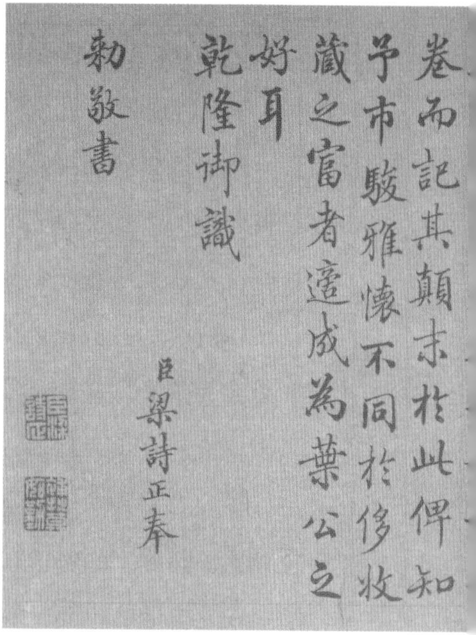

后来，《无用师卷》也被送入宫中，乾隆找来沈德潜和梁诗正帮着鉴定。这二位以董其昌的题跋做切入点，说《子明卷》中董其昌的题跋比较真，所以《子明卷》才是真的《富春山居图》。不知道是不是不想让乾隆皇帝毁了真宝物，又或者是不敢说当今皇帝眼力太差，两位鉴定大师一口咬定后进宫的《无用师卷》是假的，这幅真迹才逃过题跋一劫，清清白白地躺在西暖阁中长达一百八十七年。与其同时，《剩山图》则一直流落民间。

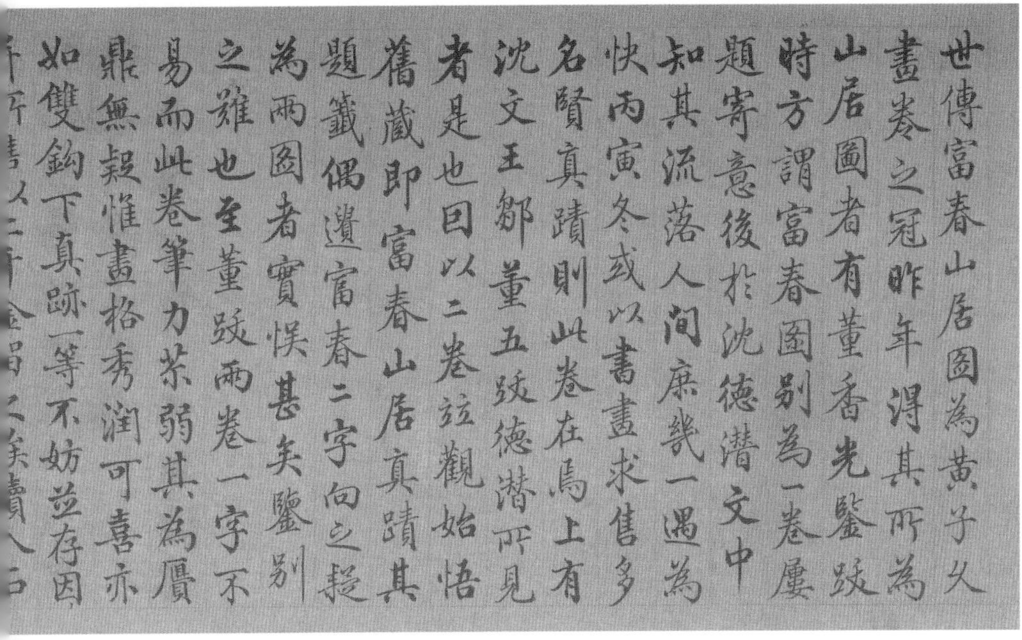
世傳富春山居圖為黃子久畫卷之冠昨年得其所為山居圖者有董香光鑒跋時方謂富春圖别為一卷屢題寄意後於沈德潛文中知其流落人間庚戌一遇為快丙寅冬或以書畫求售多名賢真蹟則此卷在焉上有沈文王鄒董五跋德潛所見者是也因以二卷兹觀始悟舊藏即富春山居真蹟其題籤偶遺富春二字向之疑為兩圖者實惧甚矣鑒别之難也至董跋兩卷一字不易而此卷筆力柔弱其為贗鼎無疑惟畫格秀潤可喜亦如雙鈎下真跡一等不妨並存因

一九三二年，国民党政府决定将故宫南迁，请了五位专家来鉴定文物。吴湖帆先生和黄宾虹先生看到两卷对比之后，正本清源，拨乱反正，《无用师卷》终于沉冤昭雪，重见天日，后随国民党迁入台北故宫博物院。

说来都是宿命，在吴湖帆先生与《无用师卷》相遇的第二年冬天，上海古董商人曹友卿购得一幅古画，无头无尾，拿来让吴湖帆鉴定。他一眼便认定这正是《富春山居图》丢失的部分，便用家传的商彝青铜鼎与曹友卿交换，还请卖画之人从废品中找出了丢弃的两截题跋，从此，《剩山图》完整了。《剩山图》与《无用师卷》的接缝处各有半枚印章，为吴之矩白文骑缝印，大火烧毁痕迹也十分吻合。若换成任何一个人，没有见过《无用师卷》，定无法判定《剩山图》的真假，会与曹友卿一样当一般古画处理了。吴湖帆先生题跋：“山川浑厚，草木华滋。画苑墨皇，大痴第一神品富春山图。己卯元月书句曲题辞于上。吴湖帆秘藏。”此后几十年，这幅画紧随先生，在战火纷飞中得以保全。

一九五六年，上海西泠印社社长沙孟海筹建浙江

《富春山居图》
明末清初 王鉴
纵 50.9 厘米
横 118.1 厘米
纸本水墨
北京故宫博物院

省博物馆。他各种软磨硬泡，又托谢稚柳等先生说情，终于说动吴湖帆将家藏宝贝《剩山图》捐给了浙江省博物馆，成为镇馆之宝。

二十世纪三十年代末，吴湖帆先生曾将《无用师卷》的影印本与《剩山图》合二为一，算是第一次重逢。过了八十年，二〇一一年六月九日至九月二十五日，台北故宫博物院与浙江省博物馆联合主办“山水合璧——黄公望与《富春山居图》”特展，《剩山图》与《无用师卷》同展同收，开展两个月。

分开三百六十多年之后，一幅画，两段故事，终于合二为一。至于黄公望，在将《富春山居图》送给无用道士的那一刻，他就自认这幅画跟他没关系了。四年时间，他早与富春山神形交会，难分你我。传说他脸上没有一丝皱纹，如孩童一般，修道经年，幻化成仙。

《仿黄子久富春长卷笔意》
清 王原祁
纵 33.8 厘米
横 393.7 厘米
纸本水墨
澳大利亚墨尔本
维多利亚国家美术馆

·番外·其一

故宫与《石渠宝笈》

故宫六百岁了。

公元一四〇六年，永乐四年，明成祖朱棣开始按照南京宫殿的样式修建北京皇宫，耗时十四年建成。公元一四二一年，永乐十九年，朱棣迁都北京，将这座明朝宫殿群命名为紫禁城。“紫”是紫微星，代表天子。“禁”是皇家威严，未经召唤，平民不得入内。“城”是城邦、城市，紫禁城内是皇家城市，紫禁城外才是大明朝的北平城。

紫禁城是明清两朝皇帝的家。几百年来，这里发出过无数道命令，是皇权最有力的象征，也是全中国最神秘的所在。直到一九二四年，冯玉祥将末代皇帝溥仪赶出紫禁城，城门洞开，皇权陨落。中国人念旧情，明亡之后人们称大明为“故明”，清亡之后紫禁城变成了“故清的皇宫”，也就是故宫。

故宫就像一位长寿老人，硬朗得很，六百年来全年无休，无惧风吹日晒雨淋，每天坚持营业。这个家太有安全感。皇帝们安安心心大张旗鼓地将全天下最好的东西搬进家里，攒着存着，给自己看，给子孙看，反正家里地方大，用不着断舍离。于是，故宫不仅成了皇权威严的象征，也成了中国最大最顶尖的艺术品博物馆。这些艺术品浓缩了五千年精华，是故宫的血脉，也是中国的血脉。

我们现在看到的珍贵古书画上，多多少少都有乾隆皇帝那些大大小小的红章，很大程度上影响了美感，这几年甚至被吐槽出了喜感。不过，从乐观角度看，多亏了乾隆皇帝爱往紫禁城里搬宝贝，否则多年之后战火纷飞，我们可能就要与无数老祖宗留下的宝贝无缘了。

清朝皇帝喜爱汉族文化，最开始可能是为了统治需要，架不住几千年的汉文化博大精深，像黑洞一样把清朝贵族牢牢吸进去，想出来都难。康熙皇帝爱董其昌，字能乱真；乾隆皇帝爱赵孟頫，题诗都是赵孟頫体，买一送一，捧出个“网红”。如此一代一代，慢慢地，清朝皇帝大多被熏陶成了文化鉴赏家。

乾隆皇帝收藏古书画，并没有将它们集中放置，而是物尽其用，要么挂起来做装饰，要么安置在紫禁城各个宫殿之中。作为一个专业收藏家，乾隆皇帝将紫禁城中历年收罗来的书画整理成册，编辑成书，公元一七四五年（乾隆十年），《石渠宝笈》初编成书，共四十二卷。

上一次这么干的皇帝，是宋徽宗赵佶。

宣和年间，宋徽宗花费近十年时间，亲自主持编撰了《宣和画谱》

和《宣和书谱》，故而我们才能看到展子虔、顾恺之、李思训、李昭道、阎立本……这些闪闪发光的艺术家以及无数顶尖的杰作。金人攻破北宋首都东京，顷刻间，他们和它们离开了温暖舒适的家园，散落民间。

直到清朝，它们才陆陆续续来到新家——紫禁城。

它们的名字才再次被写进一本书——《石渠宝笈》。

那么故宫里到底有没有“石渠”这个宫殿呢？

其实，“石渠阁”是汉代皇家藏书之地。刘邦打进咸阳之后，萧何派人把秦朝皇宫里所有典籍文献收集起来，待刘邦称帝后，就在皇宫里修建了“石渠阁”和“天禄阁”，收藏这些典籍文献。“石渠阁”位于长安未央宫殿北，因为紧挨着一条流水的石渠而得名。汉末一本地理书《三辅黄图》卷六《阁》记载：“石渠阁，萧何造，其下砻石为渠，以道水，若今御沟，因为阁名。所藏入关所得秦之图籍。至成帝，又于此藏秘书焉。”

汉代四百年，政府鼓励私人藏书及抄录典籍，重金向民间悬赏遗书珍本，建立了皇家收藏制度，藏书总量多达一万三千二百多卷。司马迁的《史记》就是根据石渠阁、天禄阁中的档案典籍写成的。

乾隆皇帝以“石渠”二字命名，显然是在回望汉朝盛世，满族皇帝推崇汉族文化，煞费苦心。

《石渠宝笈》的书画分散在御书房、乾清宫、重华宫、养心殿、三希堂各处。今天，我们走进故宫，这些建筑依旧矗立，不卑不亢，不应不逆。那些书画长年存放于此，日日夜夜相伴，早已与这些木头有了无数对话，或许也沾染到了一些“灵气”。

去故宫，首先要去的当然是三希堂。

三希堂位于养心殿西暖阁，是乾隆的书房，现在墙上还挂着乾隆手书的“三希堂”匾额。三希堂原名“温室”，后因收藏了三件宝贝而改名，分别是王羲之的《快雪时晴帖》、王献之的《中秋帖》，再加上王珣的《伯远帖》。“三希”的第一层意思，便是有这三件稀世珍宝。三希堂收藏过的书画上，都会有一枚“三希堂精鉴”印章。“三希”的第二层意思，来自北宋理学家周敦颐对士人的希望，“士希贤，贤希圣，圣希天”，士人（知识分子）希望成为贤人，贤人希望成为圣人，圣人希望成为掌握天道之人。

乾隆爷或许是太过谦虚了，毕竟他是天子，天下是他的，其他人能修成贤德之人，已经算到头了，哪还敢成为圣人或者天人？

“三希堂”这个名字的灵感来自乾隆的臣子——帝师蔡世远。他是宋代理学家蔡元鼎的后人，奉“北宋五子”为先贤（周敦颐正是五子之一），家学渊源，熟读经典，不仅是乾隆的老师，也是嘉庆的老师。他给自己定了一个小目标，做学问起码要近似南宋的真希元（德秀），事业要近似北宋的范希文（仲淹），所以取了“二希”这个堂号。蔡世远熟读周敦颐，怎能不知道“三希”的典故，最后一个“希”都要上天了，谁敢用？“或者谓予不敢希天，予之意非若是也。”

这个仅四点八平方米的小小温室，乾隆皇帝的安乐窝、理想国，收藏过晋以后历代名家墨迹三百四十件、拓本四百九十五种，其中最受皇帝喜爱的当然还是右将军王羲之的《快雪时晴帖》。自从乾隆十一年得了这件宝贝，每年下雪，乾隆必定要拿出来赏玩一番，写个题跋，几十年的时间，原本只有二十八个字的帖子周围竟然有题跋五十多处，作品也从十几厘米的手帖变成了五米长卷，更别提盖在画心的那些大大小小的红印章了……

如今，这幅《快雪时晴帖》收藏在台北故宫博物院，《中秋帖》和《伯远帖》已回归北京故宫博物院。不知几时，“三希”才能重聚。

第二要去的，是乾清宫。

乾清宫本就是故宫最重要的建筑之一，内廷正殿，后三宫中的第一座，不仅是后宫权力斗争的中心，也是国家政治旋涡的中心。《石渠宝笈》中的大部分书画都藏在乾清宫，就连《石渠宝笈》的一至九卷也曾放在这里，或许乾隆也是为了方便自己在欣赏宫斗之余还能看看书画，把玩个玉器什么的换换脑子。

还有一座建筑，世人去得不多，那就是重华宫。

乾隆还是和硕宝亲王弘历的时候，曾居住在这里，雍正赐名“乐善堂”。乾隆登基之后，“堂”升为“宫”，取名重华，寓意太平盛世。

在上一本书《山山水水聊聊画画·元明清卷》中，我以《鹊华秋色图》为例，详细讲解了如何“欣赏”乾隆的收藏印，这些印章看似杂乱无章，其实有着严格的规制。这里可以补充一点，乾隆将书画分散在各处收藏，编撰《石渠宝笈》著录时，规定作品藏在哪个殿，就得盖哪个殿的章，“何者贮乾清宫，何者贮万寿殿、大高殿等处，分别部居，无相夺伦，俾后人披籍而知其所在”，这种印章叫“殿座章”，比如重华宫就有“重华宫鉴藏宝”印章。《兰亭集序》冯承素摹本上就有一方重华宫印章，以表示作品收藏在重华宫内，各位以后再看画时可以注意找找这些殿座章。

所以，我们也不必再一味地嫌弃这些碍眼的乾隆红印章，正因为有这样大规模的集中保存，这些国宝才能在战火中统一转移，将损失降到最小。

国宝在，紫禁城在，中国人走到哪儿都有家。

·番外·其二 紫禁城最后的主人

木质结构建筑的天敌是火，紫禁城自明朝起发生过多次火灾，有天灾也有人祸。李自成被清军赶出紫禁城，仓皇出逃之前，一把火烧得紫禁城仅有几座宫殿幸存。

清朝统治时期，紫禁城也发生过几次大火灾。康熙年间，一间宫殿起火，大火顺着风势，差一点烧到太和殿。嘉庆年间更夸张，一个小太监用火不慎，用过的取暖炭复燃，居然把乾清宫都烧了，最可惜的是乾清宫中藏书尽毁，其中就包括一部《永乐大典》。最后一次也是最著名的一次，是一九二三年六月二十六日晚的建福宫大火。前面写到，清宫皇家收藏到乾隆时期达到顶峰，每个宫都放了不少宝贝。作为毫无争议的继承人，嘉庆皇帝把这些宝贝集中放在了建福宫库房，几百年间，很少打开。

紫禁城最后一个主人爱新觉罗·溥仪在自传中写道：“我十六岁那

年（一九二二年），有一天由于好奇心的驱使，叫太监打开建福宫那边一座库房，库房封条很厚，至少有几十年没有开过了。我看到满屋都是堆到天花板的大箱子，箱皮上有嘉庆年的封条，里面是什么东西，谁也说不上来。我叫太监打开一个，原来全是手卷字画和非常精巧的古玩玉器，后来弄清楚了，这是当年乾隆自己最喜爱的珍玩。乾隆去世之后，嘉庆下令把那些珍宝玩物全都封存，装满了建福宫一带许多殿堂库房，我所发现的不过是其中一库。”

建福宫是紫禁城存放珍宝最多的地方，溥仪在紫禁城里坐关门皇帝，外面革命已经好几年，“名存实亡”都不能形容他那时的处境，也就少数遗老遗少和留在紫禁城里没去处的太监还认他。一个皇帝，寒酸得只剩下钱了。

同时，溥仪也在为性命担忧。虽然革命党在《优待清室条例》中规定“大清皇帝辞位后，其原有之私产由中华民国特别保护”，可谁知道闹革命的军阀哪天会不会一个不高兴杀进来，搞个人财两空？况且溥仪自己都不是保皇派，一个人被关在一座城里十几年，少年心气，世界那么大，为什么不出去看看？

在师父庄士敦的鼓励下，他想去英国读书，像所有风流贵公子一样，有钱有闲，周游世界，学自己喜欢的东西。可他毕竟是个皇帝，并不想靠双手实现梦想，于是老祖宗们留下来的堆积如山的宝贝就派上了用场。这些宝贝对绝大多数人来说是天上难以触摸的星星，永远闪耀在中华民族头顶，对溥仪来说却只是盘缠，是实现飞出紫禁城梦想的兑换券。

从一九二二年开始，溥仪的探宝游戏变成了盗宝行动。在《我们行动的证词》中，他回忆道："我们行动的第一步是筹备经费（指留学外国的费用）。方法是把宫里最值钱的字画和古籍，以我赏溥杰为名，运出宫外，存在天津英租界的房子里。溥杰每天下学回家，必然带走一个大包袱。这样的盗运活动，几乎一天不停地干了半年多的时间，运出去的字画古籍都是出类拔萃精中取精的珍品……因为那时正值内务府大臣和师傅们清点字画，我就从他们选出的最上品中挑最好的拿。我记得有王羲之、王献之父子的墨迹《曹娥碑》《二谢帖》，有钟繇、僧怀素、欧阳询、宋高宗、米芾、赵孟頫、董其昌等人的真迹，有司马光的《资治通鉴》的原稿，唐王维的人物，宋马远、夏圭及马麟等人画的《长江万里图》，张择端《清明上河图》，还有阎立本、宋徽宗的作品；古版书籍方面，乾清宫西昭仁殿的全部宋版、明版书的珍本，都被我们盗运来了，运出去的总数大约有一千多件手卷字画、二百多种挂轴和册页、二百种上下的宋版书。"

相比起来，像乾隆那样把东西都藏在小房间没事拿出来"破坏"一下的行为，都显得没那么烦人了。宫里的遗老遗少老太妃老太监们，眼见着小皇帝每天倒腾东西，自己也赶紧行动了起来。三希堂的《伯远帖》和《中秋帖》随他们流落宫外。君臣各忙各的，每个人都心照不宣，紫禁城渐渐被掏空了。

建福宫体量太大，溥仪打算放在最后搬。可等他开始准备食材的时候，太监们早都做好了饭，留给他的只是些残羹冷炙。一九二三年六月二十六日晚，建福宫的清点刚刚开始，便发生了火灾，整个宫殿化为灰烬。溥仪回忆道："究竟在这一把火里烧掉了多少东西，至今还是一个谜。"内务府后来发表的一部分糊涂账里说，这把火总共烧毁了金佛二千六百六十五尊、字画一千一百五十七件、古玩三百三十五件、古画几万册。事实是不是这样，"只有天晓得"。

此后，溥仪遣散了滞留在紫禁城的太监，而自己也在一九二四年被冯玉祥赶了出去，这座紫禁城改名成了故宫博物院，对外开放。多年后溥仪想进故宫，还被要不要买门票这件事困扰了一番。他倒不曾当自己还是皇帝，只是把这里当作自己的家、故园。

我们今天还能在故宫看到"墨皇"《平复帖》、中国现存第一幅山水画《游春图》、诗仙李白的《上阳台帖》，要时时刻刻感谢一位老先生，把他的名字铭记于心，他就是张伯驹，是他捐赠了"半个故宫"。

张伯驹出身清末大家族，是袁世凯的表侄，与袁克文、张学良、溥侗并称"民国四公子"，一来指他们皆出身名门、家世显赫，二来是指他们个个风流倜傥、才华出众，为世人仰慕。

张伯驹爱的不是名车美女，而是京剧、书画。他曾担任民国时期故宫博物院的委员，负责收购清宫流散书画国宝的审定工作。当时的中国乱是一方面，更重要的是穷。流散到琉璃厂的书画，都是几方竞价，日本人、欧美人跟着趁火打劫，有些无良商人见财眼开，哪顾得上什么民族大义。在“游春图”和“平复帖”两章中，我已详细讲述了张伯驹先生如何散尽家财历尽千难万险护住这两件国宝的故事，这里不再赘述。之所以在这里又重提张先生，是因为本书写到的国宝，许多都是先生旧藏，饮水思源，如果没有先生，我们想看国宝，恐怕要跨越重洋。

故宫六百年，承蒙先生看顾。

图书在版编目（CIP）数据

国宝来了 / 马菁菁著 . — 北京 : 北京联合出版公司 , 2020.10
ISBN 978-7-5596-4567-8

Ⅰ . ①国… Ⅱ . ①马… Ⅲ . ①文物－中国－通俗读物 Ⅳ . ① K87-49

中国版本图书馆 CIP 数据核字 (2020) 第 175810 号

国宝来了
作　　者：马菁菁
出 品 人：赵红仕
责任编辑：管　文

北京联合出版公司出版
（北京市西城区德外大街 83 号楼 9 层　100088）
北京盛通印刷股份有限公司印刷　新华书店经销
字数 250 千字　700 毫米 ×880 毫米　1/16　印张 28
2020 年 10 月第 1 版　2020 年 10 月第 1 次印刷
ISBN 978-7-5596-4567-8
定价：89.00 元